Susanne Fritzsche

Pferde, meine große Liebe

Susanne Fritzsche
wurde 1965 in Langenhagen bei Hannover geboren.
In der Schule war sie »nicht übermäßig motiviert«,
sie verbrachte viel lieber ihre Nachmittage im Reitstall.
Mit etwa zwölf Jahren begann sie Gedichte und
Kurzgeschichten zu schreiben. Erst Jahre später
reichte die Energie auch für längere Erzählungen.

Susanne Fritzsche

Pferde, meine große Liebe

Teil 1:

Natalie und die Pferdediebe

Zebra

Illustration: Gion Aquin
Cover: gettyimages
Gesamtherstellung: westermann druck GmbH, Braunschweig
Printed in Germany

ISBN 3-401-45208-8

www.arena-verlag-de

Hilfe, Pferdediebe!

»Sieh mal«, mummelte ich mit vollem Mund, »hier is' Karins Anzeige …«
Ein paar Kuchenkrümel benützten meine Zunge als Sprungschanze und flogen meiner Schwester Bianca in hohem Bogen entgegen.
»Mensch, Natalie, hör doch auf, mich zu bespucken! Findest du das etwa lustig?«, giftete sie mich an und wischte angewidert die Krümel von ihrem dunkelblauen T-Shirt.
Ich kicherte und hielt mir sicherheitshalber die Hand vor den Mund, während Bianca mich wütend ansah. Sie konnte es nicht leiden, wenn man über sie lachte. Na ja, wer kann das schon!

Ich riss mich zusammen und schluckte – Kuchen und Kichern.

»Hier, Karins Anzeige«, sagte ich noch einmal, nun etwas deutlicher, und hielt ihr die bereits über eine Woche alte Ausgabe von »Unser Pferd« unter die Nase. Das war eine regional erscheinende Pferdezeitschrift, die wir abonniert hatten.

»Friesenfohlen v. Züchterin zu verkaufen,
Vater ›Wietse‹, Körungssieger und dressurerfolgr., Tel.: ...«

»Jetzt schon?«, wunderte sich Bianca. »Sie sind doch noch gar nicht abgesetzt.«

Absetzen, hatten wir von Karin gelernt, bedeutet, dass die Fohlen von der Muttermilch entwöhnt werden und nicht mehr mit ihren Müttern zusammen sein dürfen, zumindest eine Zeit lang. Karin sagt, das sei normal und alle Tierkinder würden sich früher oder später von ihren Müttern trennen. Wir Menschenkinder ja auch.

»Und warum schreibt sie nur ›Friesenfohlen‹?«, ereiferte sich Bianca weiter. »Das hört sich an, als hätte sie nur eines, aber es sind drei.«

»Ich finde es gut so. Da ruft jeder an, der ein Friesenfohlen möchte.«

»Und warum inseriert sie, obwohl die Fohlen noch nicht abgesetzt sind?« Bianca blieb stur.

»Das macht nichts«, klärte ich sie auf und wunderte

mich, dass sie es nicht selbst wusste. »Natürlich bleiben sie bei Karin, bis sie abgesetzt werden, aber verkaufen kann man sie jetzt schon.«
»Hm«, meinte Bianca wenig überzeugt. »Also, wenn ich mal ein Pferd kaufe, will ich es sofort mitnehmen und nicht monatelang darauf warten. Und gerade ein Fohlen. Stell dir vor, du bekommst es Wochen später und es gefällt dir nicht mehr. Nee!«
Vor meinem geistigen Auge tauchte ein hübsches Friesenfohlen auf, dazu ich und der Züchter. Begeistert unterschrieb ich einen Kaufvertrag mit »Natalie Schreyer« – ich war plötzlich erwachsen, obwohl ich noch genauso aussah wie jetzt mit zwölf, und durfte Kaufverträge unterschreiben. Ich verabredete mit dem Züchter, dass ich mein Fohlen in drei Monaten abholen würde. Als ich es dann bekam, hatte es krumme Beine, lange Ohren, einen plumpen Kopf und kleine, trübe Augen. Ich war entsetzt und wollte es zurückgeben, aber der Züchter hielt mir den Kaufvertrag unter die Nase und wies erbarmungslos auf meine Unterschrift.
»Na ja«, meinte ich leicht verunsichert, »bei Fohlen ist das eben so. Und wenn man zu lange wartet, sind die guten alle weg.«
»Karin kann ihre Fohlen bestimmt ganz schnell verkaufen. Wietse ist ein besonders schöner Hengst.«
Karin züchtet Friesen. Außer drei bildhübschen Stu-

ten, die jetzt alle ein Fohlen bei Fuß hatten, besitzt sie den schon erwähnten Wietse. Das ist ein holländischer Name, hat Karin erklärt. Ich hätte den Hengst bestimmt anders genannt.
Aber davon mal abgesehen, ist Wietse das allerschönste Pferd, dem ich jemals begegnet bin. Er ist ganz schwarz, wie alle Friesen, und hat einen perfekten Kopf mit einem Schopf, der ihm bis zu den Nüstern reicht. Sein Schweif ist lang und schwer und seine Mähne ist über einen halben Meter lang und gewellt. Er bewegt sich ungeheuer elegant, und wenn er stolz über die Koppel trabt oder galoppiert, verschlägt es einem glatt den Atem. Karin und ihr Mann haben ihn vor knapp zwei Jahren in Holland gekauft und hier kören lassen. Das heißt, die Richter vom Zuchtverband hatten ihn genauestens begutachtet – ihn schreiten, traben und galoppieren lassen und ihn dann für gut befunden. Sein Name wurde in ein Zuchtbuch eingetragen; damit wurde ihm offiziell die Erlaubnis erteilt, Vater von Friesenfohlen zu werden. Er wurde sogar Körungssieger der Spezialrassen! Zu den Spezialrassen gehört so ziemlich alles, was nicht deutsches Warmblut, Kaltblut oder Pony ist, also Araber, Pasos, Lipizzaner, Andalusier und eben auch Friesen. Seine Leistungsprüfung hat Wietse ganz hervorragend bestanden. Und jetzt verkaufte Karin seine ersten Fohlen.

»Ich hätte auch gern ein Fohlen von Wietse«, meinte ich versonnen. Ein schönes Fohlen, das drei Monate später immer noch so hübsch ist. Später würde ich mit ihm an Vorführungen teilnehmen und die Zuschauer wären hellauf begeistert. Sie spendeten minutenlang tobenden Applaus und beglückwünschten mich zu diesem Bild von Hengst.
Ich kehrte in die Wirklichkeit zurück, dachte an meine Isländerstute Blikka und bekam ein schlechtes Gewissen.
Du bist ebenfalls wunderschön, liebste Blikka, und auch von dir werde ich mich nie trennen!
»Da, schau mal, in Steinberg wurden zwei Pferde gestohlen.« Bianca hatte weitergeblättert und deutete auf einen kurzen Artikel mit zwei Fotos.
»Zwei Pferde von der Weide gestohlen«, lautete die Überschrift. Auf den Fotos waren die Pferde nur unscharf zu erkennen. Wie sollte irgendjemand anhand dieser Fotos die Tiere identifizieren, falls er sie tatsächlich irgendwo sah? Hatten die Besitzer keine besseren Bilder? Papi hatte unsere beiden Ponys gleich nach dem Kauf von allen Seiten fotografiert, für den Fall, dass sie – auf welche Art auch immer – abhanden kommen sollten.
»In so einem Fall«, hatte Papi erklärt, »seid ihr auf die Hilfe anderer Menschen angewiesen. Und wie sollen die eure Ponys erkennen, wenn sie auf dem Foto nur

ein verschwommenes braunes oder auch schwarzes Etwas sehen?« Damit hatte er völlig Recht.
Im Artikel stand, dass die Diebe die beiden Pferde einfach nachts von der Weide geholt hatten. Niemand hatte etwas gehört oder gesehen, obwohl die Koppel direkt am Haus lag. Man ging davon aus, dass die Diebe die Pferde erst ein Stück geführt hatten, bevor sie verladen wurden. Es folgte eine genaue Beschreibung der Pferde und die Adresse der Besitzer, die dringend um Hinweise baten.
»Steinberg, das ist doch nur achtzig Kilometer von hier!«, rief ich erschrocken.
Mir wurde mulmig. Was, wenn …
»Stell dir bloß vor, jemand klaut unsere Ponys!« Natürlich, Bianca war wieder schneller als ich. Sie sprach bereits aus, worüber ich noch nachdachte.
Unsere beiden Isländerstuten standen bei Karin. Jetzt im Sommer waren außer Wietse alle Pferde auch nachts draußen.
»Vielleicht sollten wir Karin bitten, Blikka und Skeifa nachts in den Stall zu bringen?«, schlug ich vor, ausnahmsweise bevor Bianca die Idee von sich geben konnte. Meine Blikka in der Gewalt von Pferdedieben, die sie vielleicht an jemanden verkauften, der sie nicht gut behandelte! Oder noch schlimmer – ich wagte den Gedanken gar nicht zu Ende zu denken –, an einen Pferdemetzger? Mit Schaudern erinnerte ich

mich an diesen Marktstand, der samstags »Rosswurst« anbot. Es gab tatsächlich Menschen, die dort einkauften. Unglaublich. Für mich war das der reinste Kannibalismus.
»Zumindest so lange, bis die Diebe gefasst sind, falls man sie überhaupt erwischt.«
»Auf jeden Fall sprechen wir mit Karin«, stimmte Bianca zu. »Und jetzt können wir uns langsam auf den Weg machen.«
Ich sah auf die Uhr. Es war fast neun. Schnell nahm ich noch ein Stück Kuchen. Schließlich gibt es nicht jeden Tag Hefekranz zum Frühstück und außerdem hatten wir einige Kilometer Radweg vor uns. Das macht hungrig.
Es ist schon toll, wenn man Ferien hat. Die ersten Tage sind immer die schönsten. Keine Schule, keine Hausaufgaben. Aufstehen, frühstücken, zu den Ponys fahren. So hätte es immer weitergehen können.
Es machte mir nichts aus, dass es draußen bewölkt war und längst nicht so warm, wie man es im Sommer erwartete.
Unsere Mutter war in die Stadt gefahren und hatte glücklicherweise unsere kleine Schwester mitgenommen. Trixi ist erst vier, und wenn sie auch meistens recht lieb ist, kann man doch wenig mit ihr anfangen. Sie hat keine Ahnung von Pferden.
Bianca und ich fanden ja ein drittes Kind überflüssig,

aber Mami und Papi wollten unbedingt noch eines haben. Und obwohl wir keine Geschwister mehr wollten, müssen Bianca und ich immer wieder auf Trixi aufpassen. Sicher, ab und zu ist es ganz lustig mit ihr, aber trotzdem, wir verlangen von Mami und Papi schließlich auch nicht, dass sie sich um unsere Ponys kümmern.
Allerdings… Vielleicht sollte ich der Ehrlichkeit halber erwähnen, dass Papi Futter und Unterstand für die Ponys bezahlt. Hm. Aber schließlich sind wir seine Kinder.
Heute stand dem Vormittag bei den Ponys jedenfalls nichts im Weg, und so waren wir zehn Minuten später unterwegs. Von unserem kleinen Haus, das in einem Wohngebiet am Stadtrand liegt, bis zu Karin sind es gut vier Kilometer. Erst fährt man auf dem Radweg neben der Hauptstraße, dann in eine Nebenstraße und von dieser biegt man in einen Feldweg ab, der durch ein kurzes Waldstück führt und nach etwa zwei Kilometern bei Karins Hof endet. Von hier aus gibt es nur noch Fußwege. Und Reitwege natürlich.
Karin wohnt sehr abgelegen, überlegte ich, während wir den Feldweg entlangfuhren. Es war sehr unwahrscheinlich, dass irgendwelche zwielichtigen Gestalten mal eben dort vorbeifuhren, die Pferde entdeckten und sie nachts mit einem Wagen abtransportierten. Demnach müssten unsere beiden Ponys – und Karins

Pferde natürlich auch – hier sicher sein. Und wenn ein Dieb auftauchte, würde er bestimmt eher eine Friesenstute stehlen als eine Ponystute. Friesen sind viel teurer, und da sie alle schwarz sind, ist es für Außenstehende praktisch unmöglich, so ein Pferd zu identifizieren, solange es nicht eine besondere Narbe oder eine eingebrannte und noch lesbare Nummer hat.
Karin war gerade im Stall beschäftigt, wie fast immer um diese Zeit.
Wietse stand schon draußen auf seiner Koppel. Von dort hatte er die Stuten immer in Sichtweite. Jetzt äugte er mit gespitzten Ohren zu uns herüber. Karins Hunde, ein langhaariger Schäferhund namens Jack und der Rottweiler Jim, hatten uns bereits entdeckt und rannten freudig auf uns zu.
»Ist ja gut, ihr zwei, beruhigt euch!«
Wir waren von den Fahrrädern gestiegen, um die beiden zu begrüßen. Wenn Jim voller Begeisterung mit seinem ganzen Gewicht auf einen zugerast kam, war es günstig, wenn man einen festen Stand hatte.
Die letzten Meter schoben wir die Fahrräder.
»Hallo!«, riefen wir Karin zu, die gerade mit der Schubkarre vom Misthaufen wiederkam.
»Hallo, ihr beiden! Schön, wenn man keine Schule hat und den ganzen Tag frei, was? So gut möchte ich's auch noch mal haben!«
Immer die Erwachsenen mit ihren Sprüchen!

Karin stellte die Schubkarre weg, nahm einen Ballen Stroh und ging in den Offenstall, wo sich die Pferde im Sommer Tag und Nacht unterstellen konnten. Wir folgten ihr.
Das Thema Pferdediebstahl lag mir auf der Zunge. Ich wollte am liebsten gleich darüber reden, noch bevor wir unsere Ponys begrüßten.
»Du, Karin«, begann da Bianca, »hast du gehört, dass in Steinberg zwei Pferde gestohlen wurden?«
Ich war wütend. Dass sie auch immer so vorlaut sein musste! Ich war schließlich älter, also stand es mir zu, ein so wichtiges Thema zur Sprache zu bringen.
»Ja, Horst und ich haben es gelesen«, antwortete Karin. Horst war Karins Mann.
Für uns war er allerdings immer noch Herr Bernauer. Wir hatten nicht sehr viel mit ihm zu tun und bisher hatte er uns nicht angeboten, ihn mit seinem Vornamen anzureden.
»Hoffentlich findet man die Pferde bald wieder«, fügte Karin hinzu.
Um Bianca dieses Mal zuvorzukommen, sagte ich schnell: »Meinst du nicht, es wäre besser, unsere Pferde in der nächsten Zeit nachts in den Stall zu bringen?«
Karin schüttelte das Stroh mit der Gabel auf. Die drei Friesenstuten, ihre Fohlen und unsere beiden Ponys sahen sie und kamen freudig angetrabt. Stroh, hmm! Gleich würde es noch ein wenig Heu geben, da muss-

te man sich ranhalten. Ich bekam von Blikka einen leichten Nasenstüber zur Begrüßung und streichelte sie kurz, bevor sie die Nase wohlig schnaubend im Stroh versenkte.

»Ja, Horst und ich haben heute Morgen auch darüber geredet«, erklärte sie, während wir die Friesenstuten und ihre niedlichen Fohlen begrüßten. »Wir sind zu dem Schluss gekommen, dass es im Stall sicherer ist. Auch wenn wir zwei Hunde haben.«

Bianca und ich nickten beruhigt. Dann konnte eigentlich nichts passieren. Tagsüber war immer jemand da und nachts standen die Pferde im Stall. Schließlich gab es auch noch Jack und Jim.

»Na, habt ihr heute schon was Bestimmtes vor?«, fragte Karin.

»Erst am Nachmittag, da reiten wir in den Stall und gönnen uns mal wieder eine Reitstunde«, erwiderte Bianca.

»Habt ihr Lust, mir beim Reparieren des Zauns zu helfen?«, fragte Karin.

»Oh ja!«, riefen wir begeistert.

Zäune reparieren war mal etwas anderes. Außerdem war es eigentlich eine Erwachsenenarbeit und deswegen machte es doppelt Spaß.

Ich weiß, dass es Mamis größter Wunsch ist, dass wir auch einmal so begeistert »Oh ja!« rufen, wenn sie uns auffordert, unsere Zimmer aufzuräumen oder die

Wäsche zusammenzulegen. Leider haben diese Arbeiten nichts, aber auch gar nichts mit Pferden zu tun. Es sind reine Hausarbeiten und dafür eigne zumindest ich mich überhaupt nicht.
Karins Koppeln waren von einem Holzzaun umgeben. Seit kurzem hatte sie auch einen Elektrozaun, der die Pferde davon abhielt, zu dicht an die Holzstangen heranzugehen und sie anzuknabbern. Aber bis zum Eintreffen des Elektrozaunes hatten sie gründliche Arbeit geleistet. Etliche Bretter und Balken mussten erneuert oder wieder festgenagelt werden. Das war eine Arbeit nach meinem Geschmack! Nageln und Hämmern gefällt mir unheimlich. Ich kann es sogar besser als Papi. Na ja, er ist eben ein Büromensch. Wenn er hämmert, dann höchstens auf den Tasten seines Computers.
Wir hatten bis Mittag zu tun und dann mussten wir erst mal nach Hause zum Essen.
»Vielen Dank für eure Hilfe«, sagte Karin.
»Es hat Spaß gemacht«, erwiderte ich.
Wir halfen Karin öfter bei ihren Arbeiten. Zum einen hielten uns unsere Eltern dazu an, »weil eure Ponys dort wirklich supergünstig stehen, sonst könnten wir sie uns nämlich nicht leisten«, wie sie sagten. Zum anderen machte es Freude zu helfen und wir lernten dabei viel.
Dass wir Karin bald nach unserem Umzug kennen ge-

lernt hatten und unsere Ponys bei ihr unterstellen konnten, war ein Glücksfall gewesen. Vorher standen sie bei unserem Opa, der natürlich nur das Geld für Futter und Streu haben wollte.
Dann hatte Papi die Leitung der Abteilung »Reklamationen« in der hiesigen Niederlassung seiner Firma übernommen und wir mussten umziehen.

Am Nachmittag fuhren wir wieder zu Karin, sattelten unsere Ponys und ritten in Richtung Reitstall. Wenn man gemütlich Schritt und Trab oder Tölt reitet, braucht man etwa zwanzig Minuten. Praktischer wäre es schon, dachte ich bei mir, wenn der Reitstall gleich nebenan wäre, so wie bei Opa, aber es war besser als gar kein Reitstall.
Man braucht als Reiter einfach immer wieder mal ein kritisches Auge. Auch wenn Bianca und ich keine allzu großen Ansprüche stellen.
Wir reiten hauptsächlich im Gelände. Wir wollen keine Dressurcracks werden. Wir müssen auch keine Hindernisse überwinden, die mit jedem Galoppsprung, den man näher an sie herankommt, größer zu werden scheinen, bis sie schließlich die Ausmaße eines mittelgroßen Hauses angenommen haben. Nur bei Geschicklichkeitswettbewerben machen wir ab und zu mit. Die machen richtig Spaß.
Was die Ponys bei solchen Geschicklichkeitswettbe-

werben können müssen sind praktische Übungen, die man als Reiter immer gut brauchen kann: Etwa über eine Plane reiten oder irgendwelche Dinge mitnehmen, die laut klappern oder den Pferden Angst machen könnten.
Ich träumte manchmal vom eigenen Reiterhof und von einer Isländerzucht am liebsten in Kanada. Unsere Ponys wären alle besonders nett und hübsch. Blikka, meine achtjährige Fuchsstute, und Skeifa, Biancas neunjährige Rappstute, wären die Grundpfeiler unserer Zucht.
Ich war so in meine Gedanken vertieft, dass ich einen Ast übersah. Er stieß gegen meine Reitkappe und zog mich einen Augenblick nach hinten, bevor er über mich hinwegglitt und zurückschnellte.
Bianca lachte laut auf. »Hahaha, das habe ich kommen sehen!«
»Hättest du mich nicht warnen können?«, fauchte ich sie an. »Da hätte schließlich etwas Schlimmes passieren können.« Okay, das war ein bisschen übertrieben. Bei meinem Tempo, aber trotzdem!
»Hihi, das kommt davon, wenn man beim Reiten vor sich hin träumt!«
Ich ärgerte mich. Natürlich sollte man beim Reiten nicht vor sich hin träumen, aber musste sie sich deswegen so aufführen? Das war ja lächerlich. Wahrscheinlich war es die Retourkutsche von heute Mor-

gen. Die Sache mit den Krümeln, als ich kichern musste. Aber war das vielleicht ein Grund, gleich so loszulachen, dass selbst ein gutmütiges Pony wie Blikka zusammenzuckte?

»Pah! Sieh mal lieber zu, dass dein lahmes Pony in Schwung kommt!«

Damit trieb ich Blikka in einen flotten Tölt. Blikka ist nämlich viel schneller als Skeifa, die oft galoppieren muss, um hinterherzukommen. So grinste ich voller Genugtuung vor mich hin, als ich am Takt hörte, dass Bianca wieder galoppierte.

Der Reitstall ist eher klein. Acht Privatpferde stehen hier und vier Schulpferde. Herr Stich, der Reitlehrer, ist schon etwas älter und sieht mit seinen abgetragenen, weit ausgestellten Reithosen aus, als wäre er einem Heimatfilm entsprungen. Er ist sehr nett und versteht etwas vom Reiten und von Pferden.

Als wir eintrafen, war die vorhergehende Stunde bereits zu Ende. Die Pferde gingen am langen Zügel und wir durften gleich in die Halle.

Da wir noch nicht lange hier wohnten und nur ein- oder zweimal wöchentlich im Stall aufkreuzten, meist zu unterschiedlichen Zeiten, kannten wir bisher nicht allzu viele Leute. Eigentlich war es schade, es wäre sicher lustig gewesen, mit gleichaltrigen Mädchen zusammen zu sein, die auch Pferde hatten. Aber alle, die hier ein eigenes Pferd hatten, waren schon

erwachsen. Immerhin kannten wir ein paar Schulreiterinnen flüchtig.
Schließlich verließen die Privatreiter die Halle, bei zwei Schulpferden wechselten die Reiter, und zwei neue Schulpferde wurden hereingeführt. Damit waren wir sechs Leute. Das ging gerade. Ich kann es nicht leiden, wenn wir so viele sind und man ständig aufpassen muss, wohin man reitet und mit wem man möglicherweise am Ende der offenen Zirkelseite zusammenstoßen könnte.
Die Stunde war ganz annehmbar. Blikka ist kein Dressurtalent und sieht wohl keinen Sinn darin, fünfmal den gleichen Kreis zu beschreiben oder überhaupt in einem geschlossenen Raum hin und her zu laufen: Man läuft doch wohl nur, wenn man von einem Ort zum anderen gelangen will. Als ich zum zweiten Mal auf den Zirkel reiten wollte, beschrieben wir statt eines Kreises ein sehr langes, dünnes Ei. Herr Stich sah mich tadelnd an.
»Mensch, Blikka!«, schimpfte ich leise, als der Lehrer gerade wegschaute. »Reiß dich doch zusammen! Es gibt so viele Isländer, die ganz wunderbar Dressur gehen können, warum du nicht?«
Skeifa zeigte mehr Interesse. Eifrig trippelte sie auf dem Zirkel umher. Aber dafür ist sie viel langsamer. Und solange Blikka Skeifa im Gelände um Längen hinter sich lässt, macht es mir nichts aus, dass sie in

der Halle – nun, drücken wir es vorsichtig aus – etwas lustlos wirkt.
Man könnte auch sagen, dass sie einfach zu intelligent ist, als dass sie stupide durch die Bahn trabt und alles tut, was der Reiter verlangt, sei es auch noch so unsinnig. Sie ist eben kreativ und will geistig nach ihren Bedürfnissen gefordert werden.
Als wir die Ponys anschließend wieder aus der Halle führten, saßen draußen drei Mädchen auf einer Bank. Eine kannte ich mit Namen, sie hieß Annette, eine kannte ich vom Sehen, und die Letzte kannte ich überhaupt nicht.
»Hi, Natalie! Hallo, Bianca«, grüßte Annette. »Habt ihr von dem Pferdediebstahl in Steinberg gehört?«
Gab es jemanden im Umkreis von hundert Kilometern, der nicht davon redete?
»Klar«, erwiderte Bianca. Schon wieder war sie schneller als ich! »Unsere Ponys bleiben jetzt nachts nicht mehr auf der Weide.«
»Wo habt ihr denn eure Ponys stehen?«, fragte das Mädchen, das ich nicht kannte.
»Wir haben sie privat untergestellt. Bei jemandem, der Friesen züchtet«, erklärte ich.
Das Mädchen nickte. »Wenn ich ein eigenes Pferd hätte, würde ich mir auch Sorgen machen. Ich habe ja schon Angst, dass jemand Alissa stiehlt.« Alissa ist eines der Schulpferde, eine nette kleine Fuchsstute.

»Ach was«, meinte Bianca, »die Pferde hier sind doch nachts im verschlossenen Stall. Die beiden, die gestohlen wurden, hat man von der Weide geholt. Ich glaube nicht, dass die Ganoven sogar in einen Stall einbrechen.«

»Man kann nie wissen«, ereiferte sich das Mädchen, das ich vom Sehen kannte. Jetzt fiel mir ein, dass sie Jenny hieß. »Bei meiner Tante haben sie auch mal im Stall eingebrochen, obwohl er abgesperrt war, und vier wertvolle Pferde mitgenommen, die nie wieder aufgetaucht sind.«

»Ich habe mal von einem sonderbaren Fall gehört«, mischte sich Annette ein. »Zwei Pferde sind aus dem Stall eines Züchters verschwunden und keiner hat gewusst, wie. Die Tür war nicht aufgebrochen, und außer dem Züchter selbst hatte niemand einen Schlüssel. Die Polizei hat überhaupt keine Spuren gefunden, und auch der Wachhund hat nicht gebellt. Keiner konnte sich das erklären. Es geschah wie von Geisterhand«, behauptete Annette.

Wie von Geisterhand? Ich wusste nicht, ob ich das glauben sollte.

Vielleicht hatte Annette ein bisschen übertrieben. Sicher gab es eine Erklärung für den Vorfall. Vielleicht hatte jemand unbemerkt einen Nachschlüssel anfertigen lassen oder den Hund mit einem leckeren Steak bestochen. Aber mulmig wurde mir doch zumute.

War Blikka im Stall wirklich sicher? Am liebsten hätte ich sie jeden Abend mit nach Hause genommen. Ein paar Stufen zu steigen machte ihr nichts aus, und bei mir wäre sie in Sicherheit. Ich würde ihr beibringen, in eine Kiste zu äpfeln, und kein Dieb würde es wagen, Blikka aus meinem Zimmer zu stehlen.
»Seid ihr eigentlich Zwillinge?«, fragte das fremde Mädchen völlig unvermittelt.
»Nein, natürlich nicht«, wehrte ich ab. Schließlich bin ich ein Jahr älter als Bianca und mindestens drei Zentimeter größer, das musste man doch sehen!
»Ihr seht euch aber unheimlich ähnlich.«
»Ja, wissen wir«, erwiderte Bianca eifrig. Sie fand es immer toll, wenn es nicht auffiel, dass sie die Jüngere war. »Kommt öfter mal vor, dass die Leute glauben, wir wären Zwillinge.«
Na, aber höchstens zweieiige!
Bianca und ich haben grüne Augen; wir sind blond und haben die Haare zu einem Pferdeschwanz zusammengebunden. Außerdem haben wir beide ein paar Sommersprossen auf der Nase. Es macht mir nichts aus, dass wir uns so ähnlich sehen, solange jeder bemerkt, dass ich größer und älter bin. Aber vielleicht sollte ich über eine neue Frisur nachdenken. Eine, die mich mindestens ein Jahr älter macht.
Wir redeten noch ein bisschen über den Pferdediebstahl und machten uns dann auf den Rückweg.

»Meinst du, dass unsere Ponys im Stall sicher sind?«, fragte Bianca, als wir im Wald waren.
»Ich denke schon«, erwiderte ich wenig überzeugt. »Jim und Jack sind ja auch noch da.«
»Dieser Züchter hatte angeblich auch einen Hund«, warf Bianca ein.
»Na ja, der war vielleicht nicht so gut ausgebildet wie Jim und Jack. Sie lassen bestimmt keinen an die Pferde ran.« Ich merkte, dass ich durch mein eigenes Gerede zuversichtlicher wurde. Jim und Jack, auf die konnte man sich wirklich verlassen. Im Geist sah ich mehrere dunkle Gestalten, die sich des Nachts an Karins Stalltür zu schaffen machten, als urplötzlich Jim und Jack bellend angesprungen kamen und die Männer aufschreckten. Es waren fünf. Drei liefen weg und zwei wurden von Jim und Jack bis zum Eintreffen der Polizei festgehalten. Die beiden Diebe waren so in Panik, dass sie der Polizei bereitwillig Namen und Adressen ihrer Kumpane verrieten, wenn man nur endlich die Hunde entfernen würde. So weit meine blühende Phantasie.
Karins Friesen und unsere Ponys kamen also nachts in den Stall. Manchmal fragte ich mich schon, ob wir nicht etwas überängstlich waren, wo Karins Hof doch so abgelegen lag, und dazu die Hunde ...
Doch nur fünf Tage später stellte sich unsere Vorsicht als keineswegs übertrieben heraus.

»Stellt euch vor, Kinder«, empfing uns Mami zum Frühstück, »in Weihershausen, keine vierzig Kilometer entfernt, sind vorgestern Nacht wieder zwei Pferde von der Weide gestohlen worden. Hier, es steht heute in der Zeitung.«
Sie hielt uns die Tageszeitung hin. Auf Seite zwei war ein kurzer Artikel mit der Überschrift: »Wer hat diese Pferde gesehen?« Daneben unübersehbar zwei Fotos in Schwarzweiß. Man konnte die Tiere nicht allzu gut erkennen. Etwa die Hälfte aller Warmblutpferde sah recht ähnlich aus.
Bianca und ich schauten uns erschrocken an. Ohne ein weiteres Wort lasen wir den Artikel.
Es war so wie beim letzten Mal. Die Pferde waren nachts von der Weide geholt und offenbar noch ein Stück auf dem Weg geführt worden, denn Reifenspuren waren keine zu finden. Die Straße war allerdings nicht weit entfernt. Die Polizei vermutete, dass die Diebe nur einen ganz gewöhnlichen Transporter für zwei Pferde hatten, denn auf der Weide waren drei weitere Pferde gewesen, die nicht gestohlen wurden. Das Risiko, noch einmal zurückzukommen und diese anderen Tiere zu holen, war den Dieben offenbar zu groß gewesen.
»Ist das zu fassen?«, fragte ich Mami und freute mich, dass ich den Artikel schneller zu Ende gelesen hatte als Bianca.

Trixi saß mit verschmiertem Mund in ihrem Kinderstuhl und löffelte Schokomüsli.
»Ich will auch mal sehen!«, verlangte sie und streckte die klebrigen Hände aus. Ich zog entsetzt die Zeitung weg. Das fehlte noch, Müsli auf dieser wichtigen Information.
»Nein, Trixi, jetzt lass deine Schwestern die Zeitung lesen«, tadelte Mama.
»Die Pferdebesitzer tun mir Leid.« Ich fing vor Mitleid fast zu heulen an. »Gleich zwei Pferde gestohlen. Sie haben ja geradezu Glück gehabt, dass nicht alle fünf weg sind.«
»Trotzdem kann ich nicht verstehen, warum sie ihre Pferde nachts nicht in den Stall gebracht haben, wo doch erst vor kurzem in der Gegend Pferde gestohlen wurden«, bemerkte Bianca kopfschüttelnd.
Ich zuckte mit den Schultern. »Vielleicht haben sie gar nichts davon mitbekommen? In der Tageszeitung stand es nicht, und vermutlich lesen sie ›Unser Pferd‹ nicht.«
»Jeder Pferdebesitzer liest doch ›Unser Pferd‹. Und wenn nicht, kennt er bestimmt jemanden, der es regelmäßig kauft. Im Reitstall haben auch alle Bescheid gewusst, es hatte sich sofort herumgesprochen. Ich finde, diese Leute hätten vorsichtiger sein müssen«, sagte Bianca nachdrücklich.
»Klar, Vorsicht ist besser als Nachsicht«, meinte

Mami und beobachtete, wie Trixi ihren fast leeren Teller gefährlich nahe an die Tischkante schob.
»Bist du fertig, mein Schatz?«
Trixi nickte eifrig.
»Hm, vielleicht hast du ja Recht«, räumte ich widerwillig ein. »Aber das ›Was wäre gewesen, wenn‹ hilft ihnen jetzt auch nicht mehr. Ich finde, wir sollten beide Artikel ausschneiden und sie mitnehmen. Wenn wir irgendwo ein Pferd sehen, können wir mit den Fotos vergleichen, ob es vielleicht eines von den gestohlenen ist.«
»Ach, Natalie«, mischte sich Mami ein, während sie Trixi Mund und Hände abwischte. »Meinst du denn wirklich, dass das Erfolg hat? Die Diebe haben die Pferde sicherlich schon irgendwohin gebracht, wo sie keiner kennt.«
»Na ja, immerhin wäre es möglich, dass wir eines der gestohlenen Pferde sehen.«
»Möglich ist alles, aber versprich dir nicht zu viel davon. Passt nur auf, dass eure Pferde nachts im Stall sind. Auf Karin ist doch Verlass?«
»Natürlich, Karin hat auch Angst um ihre eigenen Pferde.«
»Wollt ihr heute Vormittag schon wieder hin?«
Bianca und ich sahen uns an. Was für eine Frage!
»Klar«, antworteten wir nachsichtig.
Man durfte es Mami eben nicht übel nehmen, dass sie

der Meinung war, es gebe etwas Wichtigeres als Pferde und es sei nicht nötig, sich den ganzen Tag mit ihnen zu beschäftigen. Sie wusste einfach zu wenig von Pferdehaltung.
Hätte sie damals auf mich gehört und sich ein Pony gekauft anstatt noch ein Kind zu bekommen, wüsste sie jetzt sicherlich besser Bescheid.
»Dann tut mir aber einen Gefallen und passt kurz auf Trixi auf; ich habe ein paar Sachen in der Stadt zu erledigen. Es dauert nicht lange.«
Doch nicht jetzt, wir wollten gerade in den Stall!, hätte ich am liebsten erwidert, tat es aber nicht.
Stattdessen bemühten Bianca und ich uns, nicht allzu lange Gesichter zu ziehen, sonst mussten wir uns wieder den Vortrag anhören, was Mami alles für uns tat und dass wir auch mal was für sie tun könnten. Eine Stunde auf Trixi aufzupassen, das sei doch wirklich nicht zu viel verlangt.
»Ist gut«, sagte ich als die Ältere schließlich. Dabei achtete ich sorgfältig auf einen freundlichen Tonfall.
Also hingen wir genau eine Stunde und sieben Minuten herum und bemühten uns, Trixi zu beschäftigen. Wir spielten ein neues Lieblingsspiel mit ihr: Sie war ein Hund und wir führten sie abwechselnd an der Leine durchs Haus. Dann ließen wir sie »apportieren«. Wir dachten, dass es ihr bald zu blöd werden würde, immer wieder den kleinen Ball zu holen, den wir

wegwarfen, aber sie war hellauf begeistert und bellte freudig.
Endlich kam Mami zurück. Wir konnten uns umziehen und zu Karin fahren.

Unverhofft kommt oft

Unser erstes Gesprächsthema war überraschenderweise nicht der Pferdediebstahl, sondern Jim. Er hatte eine Maus gefangen.
Karin war ganz stolz. »Er ist der klügste Rottweiler, den ich je erlebt habe, ich habe es ja immer gesagt! Jetzt kann er sogar Mäuse fangen. Er ist ein wahres Allroundtalent. Als Nächstes muss ich ihn abrichten, im Sommer und Herbst die Vögel von den Obstbäumen zu verjagen.«
Endlich kamen wir auf das unausweichliche Thema. Karin war besorgt, weil die Diebe im Umkreis ihr Unwesen trieben. »Ich bringe die Pferde nicht mehr auf die hintere Koppel«, erzählte sie, »weil ich sie dort nicht unter Beobachtung habe. Ich notiere sogar die Nummer der Autos, die den Feldweg entlangfahren. Ich frage mich, woher die Diebe wussten, dass in Weihershausen Pferde stehen. Ich kenne den Hof, er liegt zwar näher an der Straße als meiner, aber genauso versteckt. Woher wussten die Diebe also, dass dort

Pferde gehalten werden? Ich finde, das sollte die Polizei mal überprüfen. Na, mich fragen sie ja nicht. – Ach übrigens, Themawechsel: Der Reitverein in Obershausen hält morgen ein paar kleine Wettbewerbe ab, nichts Besonderes, ein bisschen Springen, ein paar leichte Dressurwettbewerbe und eine Geschicklichkeitsprüfung. Ich dachte, die wäre was für euch, ich habe es zufällig gestern Abend von einer Freundin gehört. Wollt ihr nicht mitmachen?«

»Wie, morgen?«, fragte ich entgeistert. Warum nicht gleich in zehn Minuten?

»Na ja, es ist vielleicht ein bisschen knapp«, gab Karin zu. »Ihr habt aber immerhin noch einen ganzen Tag, um euch vorzubereiten, und so schwer kann das doch gar nicht sein.«

»Ich finde auch«, meinte Bianca, »wir sollten es versuchen. Es macht sicher Spaß und bringt ein bisschen Abwechslung.«

Bianca hatte leicht reden, sie war viel flexibler als ich. Ich hingegen wusste gerne genau, was wann auf mich zukam, damit ich mich darauf einstellen und rechtzeitig planen konnte.

»Aber morgen schon!«, wandte ich ein. »Wir müssen die Ponys herrichten und jemand muss uns fahren. Bis Obershausen können wir nicht reiten, das sind vierzig Kilometer. Außerdem habe ich seit mindestens zwei oder drei Wochen überhaupt nicht mit Blik-

ka trainiert, sie hat bestimmt alles vergessen. Um wie viel Uhr findet der Wettbewerb statt? Ist es jetzt nicht schon zu spät für eine Anmeldung?«
»Also, anmelden könnt ihr euch morgen noch, der Geschicklichkeitswettbewerb kommt nämlich als Letztes. Nur falls ihr an den anderen Wettbewerben teilnehmen wollt, wäre es nicht mehr möglich.«
Springen? Mit Blikka? Alles was höher als ein halber Meter ist, wird von ihr nicht mehr als Hindernis erkannt, sondern als Grenze respektiert, die man keinesfalls überspringen darf.
Und Dressur? Höchstens, wenn es einen Wettbewerb für das unlustigste Pony gäbe. Vielleicht ...
»Gibt es auch ein Rennen?«, fragte ich mit plötzlich erwachtem Interesse.
»Ein Rennen?« Karin sah mich amüsiert an. »Nicht dass ich wüsste.«
Ach, kein Rennen! Das wäre endlich mal eine Möglichkeit, Blikka von ihrer besten Seite zu zeigen.
Blikka, das schnellste Pony der Welt. Sogar gegen Großpferde erfolgreich. Schon tauchte die Szene vor meinem inneren Auge auf. Mindestens zwanzig Mitstreiter, lauter Großpferde. Araber, englische Vollblüter. Dazwischen Blikka und ich wie Zwerge. Eine zottelmähnige Isländerstute neben all diesen Grazien. Die anderen Reiter lächelten mitleidig oder gehässig auf mich herab und rissen Witze. »Hey, bist du der

Joker?« – »Was zahlen sie dir dafür, dass du Letzte wirst?« Aber ich lächelte nur still in mich hinein. Und Blikka war sowieso völlig gelassen, während die hysterischen Vollblüter sinnlos auf der Stelle tanzten und ihre Kräfte vergeudeten.
Dann endlich der Startschuss. Wir kamen gut weg. Ich hielt Blikka ein wenig zurück, blieb absichtlich im Mittelfeld. Drei, vier lagen bereits zurück, sie hatten ihre Pferde weit überschätzt. Die anderen behaupteten sich recht wacker. Die Strecke führte über Wiesen, auf denen überholt werden konnte, und zwischendurch wieder über Wege, auf denen nur drei oder vier Reiter nebeneinander Platz hatten. Langsam schob ich mich mit Blikka weiter nach vorn.
Das Feld hatte sich mittlerweile geteilt, gut die Hälfte der Pferde lag jetzt abgeschlagen hinten, sie waren zu langsam oder hatten nicht genügend Kondition. Neben mir ritt einer von jenen, die eine blöde Bemerkung gemacht und gelacht hatten.
Jetzt lachte er nicht mehr. Sein Gesicht war rot vor Anstrengung. Ich lächelte ihm kühl zu, gab Blikka die Zügel etwas länger und ließ den Typen hinter mir. Jetzt waren es noch ungefähr achthundert Meter. Ganz vorn, der Rappe, der war gefährlich. Er war schnell und gut trainiert.
Blikka und ich schoben uns auf Platz vier, drei, zwei. Noch fünfhundert Meter. Dreihundertfünfzig. Jetzt!

Ich gab Blikka den Kopf frei und brüllte: »Hey, Blikka laaaauuf!«
Und Blikka schoss davon. Wir rasten über die Wiese, nur noch der Rappe mit seinem Reiter und wir. Die anderen hatten mindestens zwanzig Meter Abstand. Jetzt lieferten sich Blikka und der Rappe ein Kopf-an-Kopf-Rennen. Ungläubig sah mich der Reiter des Rappen einen Augenblick an. Ich konzentrierte mich auf Blikka, feuerte sie an und sie wurde immer schneller. Wir ließen den Rappen hinter uns und gingen mit einer Pferdelänge Vorsprung durchs Ziel! Das Publikum war außer sich, alle jubelten uns zu. Die anderen Reiter trafen ein und keiner spottete mehr. Alle sahen uns respektvoll an.
»Wir müssen Mami fragen, ob sie uns morgen fahren kann, Natalie.« Bianca brachte mich völlig aus dem Konzept. Gerade hatte ich mich so wohlig in der Bewunderung der Rennreiter gesonnt und jetzt wurde ich aus meinem Tagtraum gerissen.
»Wann geht es denn los?«, fragte Bianca und sah Karin voller Tatendrang an.
»Der Geschicklichkeitswettbewerb beginnt um vier Uhr. Horst kommt meist um Viertel nach vier heim, und normalerweise könnte ich den Hof schon mal ein, zwei Stunden allein lassen, aber unter diesen Umständen … Es wäre mir recht, wenn euch eure Mutter fahren würde.«

»Ach, das macht sie sicher«, meinte Bianca. »Wettbewerbe schaut sie sich gerne an. Trixi kann ja mit. Wir werden gleich nachher fragen.«
»Ich komme später nach«, erklärte Karin.
»Dann fangen wir am besten gleich an, ein bisschen zu üben«, sagte Bianca munter.
Musste es denn wirklich morgen sein? Warum war die Veranstaltung nicht erst nächste Woche?
Wenig begeistert begann ich Blikka zu putzen. Wenn wir morgen tatsächlich mitreiten wollten, dann musste ich Blikka heute noch waschen, ihre Mähne picobello bürsten und ihren Schweif verlesen, damit sie ordentlich aussah.
Dieser Aufwand war nicht eingeplant. Und Blikka war heute besonders dreckig. Auch Sattel und Trense mussten geputzt werden.
Wenig später ritten wir auf eine kleine Koppel, auf der wir die Sachen hatten, mit denen wir übten: einen alten Autoreifen, eine große weiße Plane, einen mit Dosen gefüllten Plastiksack, eine leere Tonne, einen knallbunten kaputten Regenschirm. Ein paar Stangen und mehrere Dosen, die aneinander gebunden waren. Eine breite Wippe und ein Gestell, an dem von oben lange Plastikstreifen zum Durchreiten hingen, hatte Papi für uns bauen lassen.
Im Sommer räumten wir die meisten Gegenstände in eine Ecke. Der Reifen, das Gestell, die Tonne und die

Wippe blieben auf der Koppel, dann konnten sich die Pferde an ihren Anblick gewöhnen.
Wir stiegen ab und gingen auf die Wippe zu. Blikka lief mir hinterher. Skeifa marschierte ebenfalls los. Das kam davon, wenn man wochenlang nicht übte. Sinn und Zweck dieser Übung war es nämlich, dass die Ponys brav stehen blieben, egal was passierte.
»Halt!« Ich hob den Arm und bedeutete Blikka, stehen zu bleiben. Sie gehorchte. Auch Skeifa blieb stehen. »Haaalt!«, rief ich noch einmal beschwörend und ging langsam weiter.
Blikka sah mich aufmerksam mit ihren dunklen Augen an und machte dann erneut einen vorsichtigen Schritt vorwärts.
»Halt!«, rief ich zum dritten Mal.
Blikka blieb sofort stehen. Auch Skeifa bewegte sich nicht.
Wieder ging ich ein paar Schritte. Tatsächlich, die Pferde rührten sich nicht von der Stelle. Schon beim dritten Versuch. Das war wirklich toll. Ich überlegte, wie groß unsere Chancen waren, platziert zu werden. Bianca und ich fingen an, die kleinen Hindernisse auf dem Platz zu verteilen. Wir breiteten die Plane aus und befestigten sie mit ein paar Steinen. Dann begannen wir mit dem Üben. Wir ritten über den Autoreifen, über die Plane, unter dem Gestell mit den herunterhängenden Plastikstreifen durch, zogen den Sack

und die leeren Dosen hinter uns her und wedelten mit dem Regenschirm.
Blikka hatte heute wohl ihren nervösen Tag. Als ich den Schirm aufspannte, erschrak sie und machte einen kleinen Satz. Als sie durch den am Boden liegenden Reifen steigen sollte, lief sie erst zweimal außen vorbei. Die Plane überquerte sie leicht beunruhigt und sehr schnell, und als ich unter dem Gestell durchreiten wollte, blieb sie erst einmal stehen. Es war eine Show für sich, bis ich sie zwischen den Stangen hindurchmanövriert hatte. Das konnte ja heiter werden! Skeifa dagegen machte alles ganz wunderbar.
An Tagen wie diesen fragte ich mich, ob ich damals das richtige Pony ausgesucht hatte. Wahrscheinlich würde ich mich morgen entsetzlich blamieren. Wir würden den letzten Platz belegen, hinter lauter graziösen Arabern und englischen Vollblütern. Ich sah das mitleidige Lächeln der anderen Reiter vor mir. Wie sollte ich bloß beweisen, dass Blikka das schnellste Pony der Welt war?
Missmutig stieg ich später vom Pferd.
»Ich halte es nach wie vor für eine Schnapsidee, morgen beim Wettbewerb mitzumachen«, grummelte ich vor mich hin.
»Ach was, nur weil Blikka heute nicht so gut drauf war«, versuchte Bianca mich zu trösten.
Wollte sie das wirklich oder freute sie sich insgeheim

und hoffte, am nächsten Tag viel besser abzuschneiden als ich?
»Das kann morgen schon viel besser aussehen«, fuhr Bianca fort. »Und außerdem ist es oft so: Wenn das letzte Training ganz schlecht war, läuft die Prüfung dafür super.«
»Bei anderen Leuten vielleicht, aber nicht bei mir.«
Meine einzige Hoffnung war, dass Mami morgen keine Zeit hatte.
Aber auch dieser heimliche Wunsch zerschlug sich beim Mittagessen.
»Natürlich fahre ich euch«, flötete Mami begeistert. »Ich sehe Wettbewerbe immer gerne, und Trixi auch. Wann müssen wir los?«
Ich ergab mich in mein Schicksal. Schade, dass Papi nicht da war. Er hätte Mami und Bianca klargemacht, was für ein Unsinn es war, so unvorbereitet bei einem Wettbewerb zu starten. Ob ich heute mit Blikka doch ein bisschen trainieren sollte? Ach was, es hatte ohnehin keinen Zweck, und wir mussten die Ponys noch gründlich putzen. Wenn ich schon Letzte wurde, dann wenigstens auf einem sauberen Pferd.
Den Nachmittag verbrachten wir also damit, die Ponys gründlich mit Shampoo zu waschen, die Hufe einzufetten, die Schweife zu verlesen, die Mähnen zu bürsten und einzuflechten, damit sie morgen leicht gewellt waren und nicht mehr verzottelten.

Schließlich mussten die Sättel und Trensen eingefettet werden.
Meinen Stoffzügeln hätte eine kleine Wäsche auch nicht geschadet, ebenso dem Sattelgurt, aber man soll nicht übertreiben. Außerdem war alles viel zu kurzfristig. Man sollte eben keine überstürzten Entscheidungen treffen, aber das glaubte mir hier ja keiner.
Als ich abends im Bett lag, war ich heilfroh, dass uns die Leute in Obershausen nicht kannten. Sonst würde ich mir vielleicht noch Wochen danach spitze Bemerkungen anhören müssen.

Flop oder Top?

Am nächsten Morgen fuhren wir wieder zu Karin. Blikka und Skeifa sahen einigermaßen anständig aus. Wir beschlossen, ein bisschen ins Gelände zu gehen, damit sich die beiden austoben konnten und heute Nachmittag nicht aus Übermut Unsinn anstellten. Damit war das Hufewaschen von gestern zwar sinnlos geworden, aber auf dem Reitplatz würden sie sowieso dreckig werden. Würden die Richter oder sonst irgendjemand erkennen, wie mühsam wir sie gewaschen und gestriegelt hatten?
Gleich nach dem Essen fuhr Mami mit Bianca, Trixi und mir zum Turnierplatz.

Vorher hatten wir die Ponys in den Hänger verladen. Als wir in Obershausen eintrafen und überall Transporter herumstanden, herausgeputzte Pferde und Reiter in Turnierkleidung herumliefen, spürte ich tatsächlich eine leichte Vorfreude aufkommen. Es war nicht so schlimm, wenn wir uns blamierten, redete ich mir ein. Niemand kannte uns hier.
»Hi, Natalie, was machst du denn hier?« Jana, ein Mädchen aus unserem Reitstall, winkte und kam zu mir her. »Hallo, Bianca, ich habe dich erst gar nicht gesehen. Wollt ihr etwa auch mitmachen? Meine große Schwester ist bei der Springprüfung und zwei Dressurwettbewerben gestartet. Sie hat eine goldene und zwei silberne Schleifen bekommen, ist das nicht super? Bei was macht ihr denn mit?«
»Bei der Geschicklichkeitsprüfung«, antwortete Bianca. Sie war wie immer schneller als ich. »Wir wollten uns gerade anmelden.«
»Klasse, das muss ich sehen! Annette, Peter, Gerhard und Moni sind übrigens auch da, sie werden bestimmt zuschauen.«
»Wir müssen melden«, drängte ich Bianca und wir gingen weiter.
»Oh Hilfe, unser halber Reitstall ist da!« Kaum waren wir außer Hörweite, machte ich meinem Unmut Luft. »Das kann ja was werden!«
»Wieso, ist doch schön«, meinte Bianca.

Schön? Na ja, manch einer fand es vielleicht auch schön, in einer Schlammgrube zu planschen. Ich jedenfalls nicht.
Wir meldeten unsere Ponys an und luden sie dann aus. Mami und Trixi wünschten uns viel Glück. Dann verzogen sich die beiden zu den anderen Zuschauern, die um den Außenplatz herumstanden. Dort fand gerade ein Springen statt. Eine richtige Tribüne gab es natürlich nicht, es war ja nur ein kleiner Reitverein. Nach dem Springen würde umgebaut werden und anschließend waren wir dran.
Wir sattelten und trensten die Ponys, wischten noch einmal mit dem Staublappen über das Fell, kontrollierten die Hufe, zupften an Mähne und Schweif herum und saßen dann auf. Blikka sah sich um, interessiert und doch gelassen. Skeifa wirkte leicht unruhig. Wir ritten ein wenig auf dem Abreiteplatz umher. Das Springen war mittlerweile zu Ende und etliche Helfer waren mit dem Umbau beschäftigt.
Ich saß auf Blikka und schaute ihnen ruhig zu. Ich war selten richtig aufgeregt vor einer Prüfung, meist hatte ich nur ein Kribbeln im Magen, so wie heute. Ein bisschen freute ich mich jetzt sogar. Vielleicht würde ich ja wenigstens Vorletzte werden.
Es hatten achtundzwanzig Teilnehmer gemeldet, und da Bianca und ich uns erst so spät entschlossen hatten, starteten wir ziemlich weit hinten. Sie mit Num-

mer 23 und ich mit der 24. Es wäre mir lieber gewesen, vor Bianca zu starten, denn wenn ich als Zweite drankam, war ich immer leicht unter Druck, weil ich es besser machen wollte als sie. Heute allerdings war es eigentlich egal. Außerdem hatte ich auf dem Abreiteplatz einige Pferde gesehen, die einen – vorsichtig ausgedrückt – etwas hektischen Eindruck machten. Nervosität war nicht gut für einen Geschicklichkeitswettbewerb. Besonders ein großer dunkelbrauner Wallach wirkte reichlich aufgeregt und schreckhaft. Also kein Grund zur Panik, sagte ich mir, der vorletzte Platz war mir sicher.

Der Parcours war teilweise recht schwierig. Am Anfang musste man ein Gatter öffnen, hindurchreiten und wieder schließen, ohne es loszulassen. Das hatte ich erst ein paarmal mit Blikka geübt, meist mit nur mäßigem Erfolg.

Dann musste man mit seinem Pferd in einen weißen Kreis reiten, absteigen und einmal um das Pferd herumgehen. Es war diese Übung, bei der das Pferd sich nicht rühren durfte. Ja, genau, die Prozedur, die gestern erst im dritten Anlauf geklappt hatte ... Dann ritt man weiter und musste einen Sack mit Dosen von einem Strick lösen. Ein paar Meter weiter sollte man an einer Linie halten, den Sack öffnen und die drei Dosen nacheinander in die Tonne werfen.

Als Nächstes musste man unter einem Gestell mit

herunterhängenden bunten Plastikstreifen durchreiten, wie wir es zu Hause geübt hatten. Eine weiße Plane, über die man reiten sollte, war ebenfalls da. Nur die Autoreifen fehlten. Aber darüber war ich nach dem gestrigen Training nicht besonders traurig. Das nächste Hindernis waren zwei unmittelbar hintereinander stehende Wippen. Ich hatte bisher immer nur mit einer Wippe geübt. Das würde nicht einfach werden. Gleich danach jeweils zwei Stangen im rechten Winkel, die parallel im Abstand von etwa einem Meter auf der Erde lagen und zwischen denen man mit seinem Pferd rückwärts hindurchreiten sollte, möglichst ohne die Stangen zu berühren.
Als Letztes musste man eine große Stoffpuppe abnehmen, die an einer Art Galgen hing, aufs Pferd legen, eine Runde um den Platz reiten und sie wieder aufhängen. Und schließlich über die Ziellinie. Das war die leichteste Übung. Für den Fall, dass es mehrere Teilnehmer mit der gleichen Punktzahl gab, sollte die Zeit entscheiden.
Als die Prüfung begann, zeigte sich sehr schnell, dass etliche Reiter solche »Spielchen« offenbar zum ersten Mal machten. Wahrscheinlich waren sie bisher nur in anderen Prüfungen gestartet und hatten sich gedacht, es wäre sicher lustig, bei so einem Wettbewerb mitzumachen. Wenn man Dressuraufgaben reiten konnte oder einen Parcours bewältigte, war so eine

Geschicklichkeitsübung doch bestimmt Pipifax dagegen. Auch die Reiterin des dunkelbraunen Wallachs, der mir vorhin schon aufgefallen war, musste wohl so gedacht haben. Nachdem sie und ihr Pferd etwa fünf Minuten am Gatter vertan hatten, ohne es überhaupt öffnen zu können, weil der Wallach so herumhampelte, entschloss sich die Reiterin, jemanden zu bitten, es zu öffnen und sie hindurchzulassen, damit sie sich den restlichen Aufgaben widmen konnte. Natürlich gab das Punkteabzug.
Als die Reiterin in dem weißen Kreis abstieg und um ihr Pferd herumlief, marschierte es auch schon entschlossen los. Sie erwischte es gerade noch, saß mit leichten Schwierigkeiten wieder auf und ritt weiter. Den Sack mit den Dosen konnte sie zwar losmachen, aber dem Wallach schien dieser Sack äußerst gefährlich. Er tänzelte nervös herum und wollte mehrmals davonstürmen. Den Versuch, den Sack zu öffnen und die Dosen in die Tonne zu werfen, ließ das Mädchen gleich bleiben. Das Gestell mit dem Plastikstreifen und die Plane kamen dem Wallach außerordentlich verdächtig vor. Zweifelsohne waren das höchst gefährliche Dinge, an denen man in gebührendem Abstand vorbeilaufen musste. Auf die Wippe setzte er zwei Hufe, überlegte es sich dann anders und lief daneben vorbei. Das Mädchen wirkte beschämt und die Zuschauer lachten vor sich hin.

Die Stangen, zwischen denen man rückwärts durchreiten sollte, schafften die beiden dagegen einwandfrei. Sicher war der Wallach ein Dressurpferd.
Stangen und Rückwärtsgehen, das kannte er. Die Stoffpuppe dagegen lehnte er entschieden ab. Und so verließen beide mit der bis dahin niedrigsten Punktzahl verlegen grinsend – wirklich, auch das Pferd grinste – den Platz. Bei aller Schwarzseherei, es war völlig unmöglich, dass Blikka sich auch nur annähernd so aufführen würde.
Einige Teilnehmer absolvierten den Parcours allerdings recht ordentlich; man merkte, dass sie bei solchen Vergnügungen öfter mitmachten und mit ihren Pferden regelmäßig übten.
Endlich war Bianca dran. Skeifa hatte nicht ihren besten Tag. Bereits beim Gatter hatte Bianca Probleme und musste es loslassen, bevor sie es schließen konnte. Als Skeifa in dem weißen Kreis stehen bleiben sollte, während Bianca um sie herumlief, machte sie ein paar Schritte, blieb aber im Kreis. Dann traf Bianca nur mit einer Dose in die Tonne, die anderen beiden warf sie daneben. Auch bei den beiden Wippen hatte sie Schwierigkeiten. Eine Wippe war Skeifa gewöhnt, aber zwei hintereinander? Dass sie bei den Stangen mehrmals anschlug oder darüber trat, war fast zu erwarten. Die Übung mit der Stoffpuppe bewältigte sie ordentlich.

Meine Chancen stiegen. Ich fühlte mich entspannt und gelassen, als ich losritt. Nicht einmal das Gatter konnte meine Laune trüben.
Ich platzierte Blikka zunächst so davor, dass ich es öffnen konnte. Dann trieb ich sie hindurch, gerade so weit, dass sie ihr Hinterteil an dem Pfosten vorbeischieben konnte. Blikka machte keinen Schritt mehr, als ich verlangte. Ich konnte das Gatter wieder schließen, ohne es einmal losgelassen zu haben. Perfekt! Die Zuschauer applaudierten. So gut hatte es noch niemand geschafft.
Bestens gelaunt ritt ich in den weißen Kreis. Als ich abstieg, murmelte ich ein leises »Halt!« zu Blikka, sah sie mit einem hypnotischen Blick an und begann um sie herumzulaufen. Sie machte nur einen kleinen Schritt, blieb dann aber stehen.
Ich stieg wieder auf, ritt zum Sack, löste die Schleife und ritt mit dem Sack weiter bis zur Markierung. Dann nahm ich die erste Dose und warf. Daneben! Aber mit den nächsten zwei Dosen traf ich die Tonne. Jetzt schnell wieder zum Gestell. Blikka trabte darunter durch, als wäre es nicht vorhanden. Da konnte sich der dunkelbraune Wallach ein Beispiel nehmen!
Weiter ging es im Trab über die Plane, die sie heute im Gegensatz zu gestern völlig ungefährlich fand. Die beiden Wippen würden nicht einfach werden. Über die erste ging Blikka ohne Zögern. Als dann gleich

die zweite kam, blieb sie einen Moment stehen, aber auf mein Treiben und ein leises »Los, Blikka!« ging sie brav weiter. Ob ich die Stangen jetzt schaffte oder nicht, war eigentlich egal, weil bislang alles prächtig gelaufen war. Also blieb ich ruhig.

Ich ritt zu den Stangen, wendete Blikka und bugsierte sie vorsichtig rückwärts. Wir stießen zweimal an, als es um die Ecke ging, aber sonst klappte es recht gut. Jetzt bloß noch die Stoffpuppe. Ich trabte hin, nahm sie vom Haken, legte sie über den Sattel und galoppierte mit Blikka los, einmal um den Platz. An den langen Seiten gab ich ordentlich Zunder, damit endlich mal Blikkas Schnelligkeit gewürdigt werden konnte. Ich bildete mir ein, verschiedene »Ohs« von den Zuschauern zu hören. Dann hängte ich die Puppe wieder hin, trieb Blikka noch einmal zum Galopp und überquerte die Ziellinie. Geschafft! Wir waren super gewesen! Die Zuschauer klatschten Beifall. Ich war begeistert von Blikka und auch von mir. Strahlend ritt ich auf den Abreiteplatz zu Bianca. Gleich darauf tauchten Mami und Trixi auf.

»War Blikka nicht Klasse! Sie ist das absolut beste Pony, das es gibt!« Nanu, wo war meine schlechte Laune von gestern? Mein Ärger über ein Pony, mit dem man weder Dressur noch Springen reiten konnte? Wo waren meine Zweifel, ob ich damals nicht ein anderes Pony hätte auswählen sollen?

»Die Teilnehmerin mit der Nummer vierundzwanzig, Natalie Schreyer auf Blikka, hat dreiundzwanzig Punkte!« Das Publikum klatschte wieder. Ich strahlte von einem Ohr zum anderen. Das war die bisher höchste Punktzahl!
»Das war ganz toll!«, rief Mami und auch Bianca meinte neidlos: »Das war wirklich super. Siehst du, ich habe Recht gehabt, in der Prüfung läuft es oft besonders gut, wenn das letzte Training mies war. Aber du wolltest es ja nicht glauben, du mit deiner ewigen Schwarzseherei. Meine Güte, wenn ich daran denke, wie du gemeckert hast!«
»Ach, das ist doch jetzt nicht mehr wichtig«, murmelte ich. Musste man mir das ewig vorhalten, nur weil ich einmal Unsinn geredet hatte? Ich klopfte Blikka hoch zufrieden und streichelte sie.
Gerhard und Peter kamen auf den Abreiteplatz und beglückwünschten mich ebenfalls.
»Echt Klasse, Natalie!«, meinte Peter. »Das gibt eine Goldene.«
»Ach was«, wehrte ich ab. »Es kommen noch welche, vielleicht ist jemand besser.«
Doch es war niemand besser. Ich hatte tatsächlich den ersten Platz belegt! Ich konnte es kaum fassen. Wochenlang übte man nicht, und dann das!
Aber da zeigte es sich wieder: Blikka war einfach ein Profi. Wenn sie auch sonst keine tollen Talente hatte,

so etwas konnte sie. Zu schade, dass es kein Wettrennen gab.
Wenig später durfte ich stolz zusehen, wie Blikka eine goldene Schleife angesteckt wurde. Der Richter schüttelte mir die Hand und lobte mein zuverlässiges, ruhiges Pony.
Ich bedankte mich strahlend. »Und schnell ist sie auch, Sie sollten sie erst mal rennen sehen!«, fügte ich hinzu und wurde rot. Vielleicht interessierte das den Richter gar nicht?
Aber der lachte. »Ja, es geht nichts über einen echten Isländer.« Dann ging er weiter zu den anderen Reitern, darunter Bianca, die immerhin den vierten Platz belegt hatte.
Ich sah mich um und bemerkte, dass mir jemand zuwinkte. Es war Karin. Ich winkte zurück und ritt eine Ehrenrunde. Sämtliche Zuschauer, die dageblieben waren, klatschten, und ich winkte vor Freude allen zu. Es war erst das zweite Mal, dass ich einen Geschicklichkeitswettbewerb gewonnen hatte. Nur schade, dass nicht mehr Publikum anwesend war. Und wo blieb eigentlich die Presse?
Leider war auch niemand vom Fernsehen zu entdecken. Also verließen wir die Bahn und ritten alle zum Abreiteplatz hinüber. Dort ließ ich Blikka ein paar Runden am langen Zügel gehen.
Karin tauchte auf und gratulierte mir. Eine Frau war

bei ihr, die sie uns als ihre Freundin Margret vorstellte. Margret trug eine noch weiße Reithose und nicht mehr ganz saubere Stiefel; offenbar hatte sie ebenfalls an einer Prüfung teilgenommen. Außerdem sah sie aus, als könnte sie unheimlich gut reiten. Ich weiß nicht, aber manche Leute sehen nun mal so aus. Sie strahlen es förmlich aus.
Etwas später stiegen Bianca und ich von den Ponys und brachten sie in den Transporter. Als dann Mami, Karin und Margret ihre Gesprächsrunde beendet hatten, fuhren wir heim. Zufrieden saß ich neben Mami auf dem Beifahrersitz und sinnierte vor mich hin: Wie komisch das Leben doch manchmal ist. Wenn man sich Mühe gibt, verpatzt man alles, und wenn man völlig gelassen losreitet, weil man sowieso keine Platzierung erwartet, dann läuft alles bestens.
Ich sollte von nun an immer mit dieser Einstellung in eine Prüfung gehen.

Morgendlicher Schreck

Am nächsten Morgen fuhren wir schon gegen neun Uhr zu Karin. Als wir den Feldweg entlangradelten und ich wie üblich vor mich hin träumte, rief Bianca aufgeregt: »Das ist doch ein Polizeiauto, was macht das denn hier?«
Ich schrak aus meinem Tagtraum hoch und blickte auf den Weg vor mir. Tatsächlich, ein Polizeiauto näherte sich. »Ob etwas passiert ist?« Verstört sah ich Bianca an. Plötzlich hatten wir beide den gleichen Angst erregenden Gedanken.
»Meinst du, die haben unsere Ponys geklaut?« Bianca heulte fast.
Auch mir kamen die Tränen. »Ich weiß nicht. Komm, beeilen wir uns!«
Wir radelten, so schnell wir konnten, vorbei an dem Polizeiwagen, weiter den Weg entlang. Nie zuvor war er uns so lang vorgekommen. Mein Herz schlug wie verrückt. Ich keuchte und bekam kaum Luft, wohl auch vor Aufregung.
Atemlos schafften wir die letzte Biegung – und sahen Karins Friesen und unsere beiden Ponys auf der Koppel übermütig herumtoben.
»Da sind sie, da sind sie!«, rief ich erleichtert.
»Sie sind da!« Bianca lachte vor Freude. »Gott sei Dank, sie sind tatsächlich noch da!«

Wir warfen die Fahrräder ins Gras, rannten an den Koppelzaun und kletterten drüber, um unsere Ponys zu begrüßen. Wir streichelten sie und lobten sie, als hätten sie wundersame Taten vollbracht.
Jack und Jim kamen zu uns und hatten überhaupt kein Verständnis dafür, dass wir sie heute nur wie nebenbei begrüßten. Dann nahmen wir unsere Fahrräder wieder auf und fuhren mit wackligen Knien, aber unendlich froh die letzten Meter zum Hof, wo uns Karin bereits entgegenkam.
»Hallo, Karin! Was ist denn los, wieso war die Polizei hier?«, fielen wir über sie her.
»Regt euch nicht auf«, sagte sie. Dabei sah sie selbst sehr aufgeregt aus. »Dass eure Ponys noch da sind, habt ihr ja gesehen. Aber die Diebe waren heute Nacht hier. Jack und Jim haben Alarm geschlagen. Ich ließ die Hunde sofort ins Freie. Die Diebe müssen weggerannt sein, als sie das Bellen hörten. Jedenfalls haben die Hunde sie nicht mehr erwischt. Horst hat gleich die Polizei angerufen, die auch schnell da war, gegen halb drei Uhr nachts.
Man sieht die Spuren am Schloss der Stalltür, an dem sich die Typen zu schaffen gemacht haben. Gut, dass ich den Stall immer abschließe und dass wir die Hunde haben.
Na, jedenfalls hat die Polizei in der Nacht und heute Morgen noch mal nach Spuren gesucht. Auf dem

Feldweg haben sie Reifenspuren entdeckt, aber das war es auch schon.
Ich kann euch sagen, wir sind vielleicht erschrocken, als die Hunde plötzlich wie verrückt gebellt haben. Erst dachte ich, ich träume. Mein nächster Gedanke war: die Pferdediebe!
Und schon bin ich aus dem Bett gesprungen und im Schlafanzug auf den Hof gelaufen, den Hunden hinterher. Horst kam dann auch gleich.
Meine Güte, wenn ich nur daran denke, dass die Pferde im Sommer normalerweise nachts auf der Koppel stehen, wird mir ganz schlecht.«
Karin war blass wie ein Gespenst. Man sah ihr an, dass ihr die Angst in den Knochen saß.
»Ja – und jetzt?«, fragte Bianca. Ihre Stimme klang zittrig.
»Hm«, meinte Karin. »Nichts und jetzt. Wir haben Glück gehabt. Aber Hinweise, mit denen die Polizei etwas anfangen könnte, gibt es wieder einmal nicht. Die Reifenspuren waren zu undeutlich, die Polizei ist ja selbst über den Weg gefahren. Ich werde auf jeden Fall ein weiteres Schloss für die Stalltür kaufen, die Pferde auch weiterhin nicht auf die hintere Koppel bringen und sie möglichst wenig unbeobachtet lassen. Gott sei Dank ist der Wallach von Horsts Bekanntem noch nicht bei uns; wir sollen ihn verkaufen, wisst ihr. – So, jetzt muss ich mich endlich um meine

Arbeit kümmern. Ihr kommt zurecht?« Natürlich kamen wir zurecht. Karin verschwand im Stall.
Bianca und ich konnten uns an diesem Tag auf nichts Sinnvolles konzentrieren.
Wir setzten uns auf die Koppel zu Blikka, Skeifa und den drei Friesenstuten Rinke, Romy und Pia, deren Fohlen samt den sie umschwirrenden Fliegen immer wieder neugierig zu uns kamen, um an unseren Haaren zu schnuppern, an unseren T-Shirts oder an den Schnürsenkeln unserer Turnschuhe zu zupfen.
Meine Gedanken begannen abzudriften: Die Diebe wollten unsere Pferde stehlen, aber ich übernachtete im Stall und hatte ihnen eine Falle gestellt. Jack und Jim waren bei mir. Es waren zwei Männer, die angesichts der zähnefletschenden Hunde sofort alles fallen ließen und sich nicht mehr rührten. Mit einem Handy alarmierte ich die Polizei und dann verlangte ich von den Dieben zu wissen, wo ihr Fahrzeug sei. Jack und Jim standen immer noch knurrend vor den beiden und warteten nur auf meinen Befehl, die Diebe in die Waden zu beißen. Da verriet mir der eine Gauner schlotternd, dass ihr Fahrer mit dem Fahrzeug auf dem Feldweg im Waldstück wartete. Flugs holte ich meine Blikka aus der Box, für die ich weder Sattel noch Trense brauchte. Ich kommandierte Jim ab, auf die beiden aufzupassen, und ritt vom Hof, Jack an meiner Seite. Im Galopp jagten wir den Feldweg entlang.

Kurz vor dem Waldstück parierte ich zum Trab durch. Und dann überraschten wir den Ganoven, der am Wagen lehnte und eine Zigarette rauchte. Der Kerl ergab sich ohne Gegenwehr. Da kam auch schon, gerade rechtzeitig, die Polizei den Feldweg entlanggefahren. Sehr schnell konnte ermittelt werden, wo die bereits gestohlenen Pferde abgeblieben waren. Und das Allergrößte war: Die überglücklichen Besitzer schenkten mir als Dank für meinen heldenhaften Einsatz einen Monat Reiterferien in Island.
»Du, Bianca«, platzte ich heraus, noch ehe ich genauer nachgedacht hatte, »meinst du nicht, wir sollten selbst versuchen die Diebe zu fangen?«
Meine Schwester sah mich entgeistert an. »Hast du sie noch alle?«
»Aber warum denn nicht? Wir werden ganz systematisch die Fakten zusammentragen und…« Ja, was? »… dann weiterüberlegen.«
»Ach, und was glaubst du, macht die Polizei?«
Die Polizei? Ach so, natürlich, die arbeiteten ja auch an dem Fall.
»Ähm – die sind doch nicht vom Fach, vielleicht entgeht ihnen ein wesentliches Detail«, meinte ich. Etwas Besseres fiel mir gerade nicht ein.
»Und was willst du tun? Zu den bestohlenen Leuten fahren und sie verhören? Glaubst du, sie nehmen uns überhaupt ernst? Die lachen sich doch kaputt. Oder

sie glauben, dass wir sie veräppeln wollen, und werden stinksauer.«
Verhören? Das war keine schlechte Idee. Darauf war ich bisher nicht gekommen. Ich hatte ja noch nicht so genau nachgedacht, wie üblich eben. Ich versuchte eine schlaue Miene zu machen.
»Wir brauchen sie doch nicht richtig zu verhören. Wir reden einfach mit ihnen. Schließlich waren die Diebe auch bei uns, also haben wir einen Grund.«
Bianca sah mich zweifelnd an.
»Na los!«, rief ich ungeduldig. »Wir können wenigstens versuchen etwas herauszufinden. Ganz unauffällig. Wir erzählen vorläufig niemandem davon, dann blamieren wir uns auch nicht, wenn es nicht klappt. Was ist schon dabei?«
»Ich weiß nicht. Ich halte es für Blödsinn«, meinte Bianca widerwillig. »Und bestimmt werde ich niemanden verhören. Aber wenn es dich glücklich macht, können wir ausklügeln, was wir sonst tun könnten. Also, was schlägst du vor?«
Hm, ja, was könnte ich vorschlagen? Wie ermittelte man in so einem Fall?
»Nun«, meinte ich gedehnt, um Zeit zu gewinnen, »ich finde, wir sollten erst mal alle Artikel über die Diebstähle zusammenkramen. Dann«, ich war selbst gespannt, was jetzt kommen würde, »dann könnten wir… eine Analyse machen und nach Übereinstim-

mungen suchen: Haben die Diebe eventuell nur ganz bestimmte Pferde gestohlen? Und wir könnten nach Weihershausen fahren und mit den Leuten reden. Natürlich unauffällig.« Ich bemerkte Biancas Blick. »Na gut, wenn du nicht willst, kann ich auch allein hinfahren.«
Konnte Bianca nicht ein bisschen mehr Begeisterung aufbringen? Ich wurde das Gefühl nicht los, dass sie meine Idee nach wie vor für Blödsinn hielt. Und mich für völlig übergeschnappt.
Schließlich fuhren wir zum Mittagessen nach Hause, ohne irgendetwas anderes getan zu haben als im Gras zu sitzen und zu grübeln.
Dort erzählten wir erst einmal Mami in allen Einzelheiten, was gestern Nacht passiert war.
Mami wirkte sehr erschrocken. »Kinder, meint ihr nicht, wir sollten eure Ponys vorübergehend woanders unterbringen? Irgendwo, wo sie sicher sind?«
»Nein, wieso, sie sind doch sicher bei Karin«, entgegnete ich. »Die Diebe kommen bestimmt kein zweites Mal, vor allem jetzt, wo sie wissen, dass Karin zwei Hunde hat.«
Wir diskutierten eine Zeit lang über das Thema, dann verzog ich mich; ich hatte schließlich noch etwas Wichtiges vor.
Zunächst kramte ich aus dem Altpapier die Tageszeitung mit dem Bericht über den Pferdediebstahl her-

vor. Die Ausgaben von »Unser Pferd« hoben wir sowieso auf.
Während Bianca noch mit Mami sprach und ihr freiwillig in der Küche half – ich fand es unverzeihlich, dass sie nicht lieber wichtige Detektivarbeit leistete –, schnipselte ich die beiden Artikel aus und klebte sie auf einen Papierbogen. So, dachte ich, wollen mal sehen, was wir haben. Alles kann wichtig sein, auch scheinbare Kleinigkeiten.
Dann nahm ich ein anderes Blatt aus der Schublade und begann zu schreiben:

Ort:
Telefonnummer:
Datum und Uhrzeit des Diebstahls:
Anzahl der gestohlenen Pferde:
Geschlecht:
Rasse:
Farbe usw.:
Besonderes:

Ich schrieb die Liste ein zweites Mal und füllte dann beide aus. Die genaue Adresse war in den Artikeln leider nicht angegeben, aber das war vorerst nicht so wichtig.
Bei den gestohlenen Pferden in Steinberg handelte es sich um eine neunjährige und eine dreijährige Stute.

Die neunjährige Stute hatte im Übrigen verkauft werden sollen.
»Natalie, Essen ist fertig!«, rief Mami von unten.
Ach Mist, gerade jetzt, wo ich so in meine Nachforschungen vertieft war! Ich hatte das Gefühl, als läge die Lösung meines Falles zum Greifen nah.
»Jaaa, ich komme schon.« Widerwillig räumte ich das Ergebnis meiner bisherigen Ermittlungen in meine Schreibtischschublade.
Papi war bereits da. Bianca und Mami hatten ihm sofort brühwarm von den Ereignissen der letzten Nacht erzählt, ohne auch nur die geringste Kleinigkeit für mich aufzusparen. Typisch.
Nach dem Essen flitzte ich wieder in mein Zimmer. Bianca folgte mir.
Stolz präsentierte ich ihr meine erstklassigen Listen. Leider war sie wenig beeindruckt. Sie würdigte meine Leistungen mit keinem Wort. Unter diesen Umständen verriet ich natürlich nicht, dass ich der Meinung war, die Auflösung des Falles stehe unmittelbar bevor. Zugegeben, auf dem Papier sahen meine Ermittlungsergebnisse nach nicht sehr viel aus, aber in Gedanken, da war das Ziel nicht fern.
Bianca sollte sich hinterher nur nicht beklagen, wenn ich vom Fernsehen für eine Krimiserie entdeckt wurde, weil ich den Fall gelöst hatte.
Immerhin durchkämmte sie gemeinsam mit mir den

zweiten Artikel über den Diebstahl in Weihershausen, wenn auch halbherzig. Ich trug alles in die Listen ein. Diesmal waren die Opfer ein Wallach und eine Stute, beides Freizeitpferde.
Ich suchte verzweifelt nach möglichen Übereinstimmungen, aber ich fand keine. Was wiederum nicht viel bedeuten musste, vielleicht fehlten mir lediglich einige wichtige Fakten.
Schließlich legte ich eine dritte Liste an und vermerkte alles über den versuchten Diebstahl bei Karin. Bei Rasse, Geschlecht und Farbe der Pferde schrieb ich alle Möglichkeiten auf, auch wenn wir davon ausgingen, dass es die Diebe eher auf zwei Friesen abgesehen hatten als auf unsere beiden Ponys.
»Sicher Wietse und eine Stute«, meinte Bianca.
»Hm, und das Fohlen? Das hätten sie doch nicht dalassen können. Vielleicht hätten sie nur eine Stute mit Fohlen gestohlen. Oder der Transporter ist so groß, dass zwei Pferde und ein Fohlen hineinpassen.«
»Meinst du, dass die Größe des Transporters wichtig ist?«, fragte Bianca zweifelnd, ja ausgesprochen gelangweilt. Unerhört!
Ich überlegte kurz. »Alles kann wichtig sein«, meinte ich weise.
Wir lasen die Aufzeichnungen noch einmal durch. Ich hatte gehofft, dass mir blitzlichtartig irgendetwas ins Auge springen müsste, etwas Logisches oder was

auch immer, eine Erkenntnis jedenfalls, aber – nichts. Wir waren genauso schlau wie vorher. Ehrlich gesagt fühlte ich mich leicht geknickt.

Als wir am Nachmittag bei Karin eintrafen, parkte ein fremdes Auto im Hof. Ich richtete mich bereits darauf ein, dass es möglicherweise die Diebe wären, die am helllichten Tag zurückgekommen waren, weil sie sich den Friesenhengst nicht entgehen lassen wollten. In meiner Phantasie bedrohten sie Karin mit Waffengewalt und würden Bianca und mich gleich als Geiseln nehmen.
Es stellte sich heraus, dass nur ein Reporter von der Tageszeitung zu Gast war, der über den versuchten Diebstahl berichten sollte.
Er wollte auch uns befragen und normalerweise hätte ich nichts Eiligeres zu tun gehabt als ihm zu erzählen, dass Blikka nicht nur unglaublich schnell war, sondern dass wir gestern bei einem Geschicklichkeitswettbewerb sogar den ersten Platz belegt hatten. Aber so, unter diesen Umständen, war es mir am liebsten, wenn niemand wusste, dass Blikka und Skeifa überhaupt existierten. Man musste ja keine schlafenden Hunde wecken.
Bianca ging es wohl genauso. »Ach, wissen Sie«, meinte sie und wirkte dabei wie ein genervter Filmstar, »mir wäre es recht, wenn Sie mich und mein

Pony da raushalten würden. Sicher wollten die Diebe sowieso nur die Friesen stehlen.«
Der Reporter sah meine Schwester amüsiert an und wollte sich gleich mit mir befassen, aber ich sagte nur lässig: »Meine Rede!«
Dann drehten wir uns um und schlenderten zu unseren Ponys. Wir waren wirklich verdammt cool.

Am nächsten Tag stand in der Zeitung ein kurzer Bericht über den versuchten Pferdediebstahl bei Karin. Der Reporter betonte die Wachsamkeit der beiden Hunde, die den Diebstahl vereitelt hatten. Blikka und Skeifa erwähnte er nur als »zwei Ponys, die dort untergestellt sind«. Das war uns mehr als recht.
Wir schnitten den Artikel aus und klebten ihn auf ein weiteres Blatt. Dennoch: keine erfolgsträchtigen Erkenntnisse. Es war viel schwieriger, Detektiv zu spielen, als ich mir das gedacht hatte. Bianca hatte wohl Recht gehabt. Natürlich durfte ich das ihr gegenüber nicht zugeben.

Sherlock Holmes und Dr. Watson

Zwei Tage später saßen wir abends wieder in meinem Zimmer. Bianca wollte gleich fernsehen, während ich nach wie vor auf die Erleuchtung hoffte und auf die Listen starrte.

Um überhaupt etwas zu tun, nahm ich »Unser Pferd«, schlug die Seite mit den Annoncen auf und schnitt Karins Verkaufsanzeige aus, um sie neben den Artikel zu kleben.

Mittlerweile stellte ich mir immer vor, ich wäre Sherlock Holmes, weil ich gerade eine Geschichte von Sir Arthur Conan Doyle las. Meine reichlich eintönige und erfolglose Detektivarbeit machte auf diese Weise mehr Spaß.

Bianca war Dr. Watson, wenn sie davon auch keine Ahnung hatte.

»Was soll das denn?«, fragte Watson.

»Ach, nur so. Damit alles beisammen ist.«

Plötzlich hatte ich eine Idee. Vielleicht hatten auch die anderen beiden Bestohlenen inseriert?

Ich sah einige Anzeigen durch, aber dort standen meist weder Namen noch Adressen. Also prägte ich mir eine der beiden Telefonnummern ein und verglich sie mit den Anzeigen.

»Was machst du denn jetzt?«, fragte Bianca und ihre Stimme klang ein bisschen gereizt.

Offenbar hatte sie Angst, ich könnte fündig werden, bevor sie auch nur das Geringste herausgefunden hatte. Dabei weiß doch jeder, dass nun mal Holmes der schlauere Kopf ist und die wirklich wesentlichen Details durchschaut.
»Ach, weiß nicht. Ich hatte nur so eine Idee, ob die anderen auch inseriert haben, so wie Karin. Hilf mir doch mal, such nach der anderen Telefonnummer.«
Wir waren beschäftigt... Gemeinsam sahen wir schließlich die Verkaufsanzeigen durch. Es waren mehrere Seiten.
»Da!«, rief Bianca plötzlich und deutete hektisch auf eine Anzeige. Es war die Telefonnummer des Züchters in Steinberg.
»9-j., geländesichere Stute zu verkaufen«, stand da, dazu ein paar Angaben über das Pferd und die Telefonnummer. Na also!
Ich griff zur Schere, schnitt die Anzeige aus und klebte sie neben den entsprechenden Artikel.
»Das ist vielleicht eine Spur«, behauptete ich. »Jetzt müssen wir noch nach der Anzeige von dem Typen in Weihershausen suchen. Wenn der auch inseriert hat, gibt es bestimmt einen Zusammenhang.«
Bianca und ich überflogen die weiteren Annoncen und ich bemühte mich, die Anzeige möglichst vor meiner Schwester zu entdecken.
»Eigentlich war es klar«, meinte ich, um sie abzulen-

ken, während ich weiterhin die Texte überflog, »dass eine Anzeige in der Zeitung stand.« Ich versuchte so überlegen und klug zu klingen, wie ich mir Sherlock Holmes in dieser Situation vorstellte.
»Wieso?«, fragte Bianca verblüfft.
»Na, ist doch logisch, es stand ja in dem Artikel, dass eines der gestohlenen Pferde verkauft werden sollte.« Es war mir eben erst eingefallen, aber ich tat so, als hätte ich es schon vorher gewusst. Ich genoss Biancas geradezu ehrfürchtigen Blick. Tja, Watson, daran haben Sie wohl nicht gedacht!
»Daran hab ich gar nicht gedacht.«
Ich zuckte lässig mit den Schultern. »Macht doch nichts«, murmelte ich vor mich hin. Hoppla, ich musste aufpassen, dass ich beim Suchen nicht ins Hintertreffen geriet. »Immerhin könnte es bedeuten, dass alle Pferdebesitzer, die bestohlen wurden oder bestohlen werden sollten, eine Verkaufsanzeige aufgegeben haben. Das wäre eine Verbindung.«
»Tja, möglich«, gab Bianca zu. »Bis jetzt haben wir allerdings die Anzeige noch nicht. Außerdem, glaubst du denn, dass die Diebe die Annoncen studieren, sich ein Pferd aussuchen und es dann stehlen? Ach nein«, beantwortete sie ihre Frage gleich selbst, »das geht ja gar nicht. Die Pferde in Steinberg waren schon gestohlen, als ›Unser Pferd‹ erschienen ist.«
Stimmt! Das passte nicht.

»Ja«, meinte ich. »Und was ich außerdem nicht verstehe: Wieso inseriert jemand für sein Pferd, wenn es bereits gestohlen wurde?«
»Hm. Weiß ich auch nicht.«
Wir saßen da und suchten weiter.
»Guck mal da!«, rief ich plötzlich, als hätte ich den Stein der Weisen gefunden, und deutete auf die Zeitung. »›Redaktionsschluss für Anzeigen für die Juli-Ausgabe ist der 7. Juni‹. Die Pferde sind doch erst später geklaut worden; klar, da konnte bei den Anzeigen wohl nichts mehr geändert werden.«
»Genau, das muss es sein«, stimmte Bianca mir zu. »Oder die bestohlenen Leute haben einfach nicht daran gedacht, die Anzeige zurückzuziehen. Aber trotzdem, wenn wir keine Anzeige von dem zweiten finden, dann passt es nicht zusammen. Dann haben die Diebstähle nichts mit der Zeitung zu tun.«
»Es ist bestimmt eine da. Ich bin ganz sicher«, sagte ich beschwörend.
Doch es half nichts. Die Anzeige fand sich nicht.
»Was jetzt?«, fragte Bianca.
»Wieso fragst du mich?«
»Na, es war doch deine Idee.«
»Ach, ich weiß auch nicht. Ich muss erst überlegen. Komm, wir gehen runter und sehen fern.«
Hätte Sherlock Holmes das auch gesagt? – Ach, Watson, mir fällt leider nichts ein. Kommen Sie, mein

Lieber, sehen wir einfach ein wenig fern. Kommt Zeit, kommt Rat.
Wir gingen ins Wohnzimmer zu Mami und Papi und setzten uns auf die Couch. Trixi saß auf dem Boden und ließ Plastikfrösche springen.
»Warum hat sie denn ihren Fahrradhelm auf?«, fragte ich entgeistert und betrachtete das rosa Ding.
»Lass sie doch, wenn es ihr Spaß macht«, meinte Mami. »Außerdem ist das gar nicht so schlecht. Vorhin ist sie gestolpert und hat sich den Kopf am Schrank gestoßen. Wenn sie keinen Helm aufgehabt hätte, hätte sie jetzt eine Riesenbeule. Nicht wahr, Trixi?«
Unser Dreikäsehoch grinste. »Helm ist wichtig«, behauptete sie. »Oh, hat mein Telefon geläutet?« Fragend sah sie Papi an.
»Ja, mein Kind«, säuselte Papi, »ich glaube, dein Telefon hat tatsächlich geläutet. Geh mal ran, wer es ist.« Trixi stand auf und nahm ihr Plastiktelefon vom Tisch. »Ja, wer ist da?«
Ich sah Bianca an. Wir grinsten verstohlen vor uns hin. Trixi lief mit ihrem Telefon auf und ab und telefonierte mit todernster Miene.
»Ja. – Ja. – Nein, das geht nicht. Ich kann nicht kommen. – Nein, ich bin nicht krank, nur verletzt. Ich hatte heute einen Unfall.«
Bianca und ich brüllten los. Auch Papi lachte sich kaputt. Nur Mami bemühte sich, einigermaßen ernst zu

bleiben. Trixi sah uns erstaunt an und sprach dann entschieden in die Sprechmuschel: »Ich muss jetzt Schluss machen. Ich rufe dich morgen an, wenn ich Zeit habe.« Damit stellte sie das Telefon zurück auf den Tisch.
»Wie ihr Onkel!« Papi schüttelte lachend den Kopf. Dann quetschte er hervor: »Wer war es denn?«
»Hm«, meinte Trixi unbestimmt, »geschäftlich.«

In den nächsten Tagen machte meine Detektivarbeit sehr wenig Fortschritte. Um ehrlich zu sein, sie war auf dem Nullpunkt angelangt. Ich hatte keine Ahnung, was ich tun könnte. Nach Weihershausen zu fahren und die Leute zu suchen, bei denen der zweite Diebstahl stattgefunden hatte, kam mir mittlerweile selbst wie ein blöder Einfall vor.
Wenn Bianca mich darauf ansprach, versuchte ich möglichst unauffällig das Thema zu wechseln.
Holmes hätte sicher Watson an den Tatort geschickt. Aber das ging nicht, denn Watson wusste nicht, dass er Watson war, und fand die Idee sowieso doof.
So verbrachten wir die Tage damit, zu reiten, ein wenig zu trainieren, Karin zu helfen, und zweimal wöchentlich nahmen wir an der Dressurstunde im Reitstall teil. Ich wusste nicht genau, was ich damit bei Blikka bezweckte, aber ich finde, ein Pony sollte gewisse Dressurkenntnisse haben.

Außerdem lernten wir jetzt in den Ferien im Stall ein paar Mädchen besser kennen und blieben nach der Stunde jedes Mal noch ein bisschen länger, um uns zu unterhalten.
Zweimal ritten wir nur zum Vergnügen in den Stall, ohne an der Stunde teilzunehmen. Es war schön, endlich mehr Kontakt zu haben.
Man möchte zwischendurch mal ein anderes Gesicht sehen als das der eigenen Schwester, die einem zudem verblüffend ähnlich sieht.
So vergingen genau acht Tage ziemlich ereignislos in Sachen Diebstahl.
Bis uns Mami morgens in der Küche empfing: »Stellt euch vor, Kinder, es ist wieder passiert!« Sie griff nach der Zeitung und hielt sie uns aufgeschlagen unter die Nase.
»Wieder zwei Pferde gestohlen!«, prangte in fetten, großen Buchstaben über dem Artikel. Offenbar maß man dem Problem jetzt auch bei der Tageszeitung mehr Bedeutung zu.
Es handelte sich diesmal um zwei Wallache, die von ihren Besitzern vorwiegend als Freizeitpferde gehalten wurden.
Freizeitpferde. Schon wieder. Das musste ich mir merken und nachher überprüfen. Vielleicht bestand doch ein Zusammenhang …
Die Täter hatten die Pferde aus dem verschlossenen

Stall gestohlen. Wie sie es schon bei Karin versucht hatten. Nun war es ihnen also gelungen.
Dieses Mal wurden keine Reifenspuren gefunden, aber trotzdem ging man davon aus, dass es sich in allen Fällen um dieselben Täter handelte. Wie üblich folgte eine Beschreibung beider Pferde mit der Bitte um Hinweise.
»Ich finde das ungeheuerlich«, ereiferte sich Mami. »Die Polizei muss doch endlich eine Spur finden. Und ich verstehe nicht, wieso keines der Pferde wieder aufgetaucht ist. Sie werden genau beschrieben, so schwer kann das nicht sein!«
»Na ja«, meinte Bianca, »es gibt viele Pferde, und wenn die gestohlenen Tiere nun ein paar hundert Kilometer entfernt verkauft werden, wer soll sie denn dort kennen?«
»Stimmt«, pflichtete ich ihr bei, »abgesehen davon, dass unsere Tageszeitung und auch ›Unser Pferd‹ nicht überall in Deutschland verbreitet sind. Vielleicht«, spann ich den Faden weiter, »werden die Pferde sogar ins Ausland gebracht.«
»Aber es gibt doch Grenzen, wo Pferdetransporter wohl kontrolliert werden.«
»Ach«, meinte ich, »die Grenzen sind jetzt sozusagen offen. Karin sagt, wenn sie ein Pferd über die Grenze bringt, wird sie selten angehalten.«
»Aber Karin kauft nur in Holland Pferde, wenn über-

haupt«, wandte Mami ein. »Ich kann mir nicht vorstellen, dass das überall so einfach geht. Klar, ihr habt Recht – wenn die Pferde nur ein paar hundert Kilometer weiter transportiert werden, ist es schon schwerer, sie zu finden. Von den Diebstählen müsste eigentlich in den überregionalen Pferdezeitschriften berichtet werden.«
»Weißt du was?« Bianca sah mich aufgeregt an. »Die Idee ist toll! Wir werden einen Leserbrief an eine überregionale Pferdezeitschrift schreiben, vielleicht sogar zwei. Wir legen Kopien der Artikel bei.«
Wieso war mir das nicht eingefallen? Ich leitete doch schließlich die Untersuchung Pferdediebstahl. Ich war Sherlock Holmes!
Ich überlegte kurz, ob ich etwas gegen diesen Vorschlag einwenden sollte, weil er nicht von mir war, kam aber zu dem Schluss, dass mein Ehrgeiz fehl am Platz war. Letztendlich ging es hier um wichtigere Dinge als darum, wer von uns beiden als Erste eine gute Idee gehabt hatte.
»Ja, das sollten wir tun«, stimmte ich daher zu und merkte selbst, dass meine Begeisterung etwas gekünstelt klang.
Mami unterstützte unseren Plan, obwohl sie es für möglich hielt, dass die überregionalen Pferdezeitschriften schon von anderen Stellen informiert worden sein könnten.

Nach dem Frühstück machte ich Bianca ein Zeichen und wir verschwanden mit der Tageszeitung auf mein Zimmer.
»Was ist denn?«, fragte sie, als ich die Tür geschlossen hatte.
»Ach, es ist nur so eine Idee. Ich wollte noch mal prüfen, ob es sich in allen Fällen um Freizeitpferde handelt. In einem der Artikel stand es, ich glaube, es war der zweite Diebstahl.«
Ich holte meine Unterlagen aus der Schreibtischschublade und breitete sie auf dem Tisch aus.
»Hier haben wir es schon: zwei Freizeitpferde! Aber wie steht es mit dem ersten Fall?«
Wir lasen den Artikel durch – mittlerweile etwa zum siebenundachtzigsten Mal –, aber es wurde nicht erwähnt, ob es sich um Freizeitpferde, Zuchtpferde oder was auch immer handelte.
»Moment mal, hier!«, rief Bianca und deutete auf die Verkaufsanzeige, die ich neben den Artikel geklebt hatte. »Hier steht ›geländesicher‹. Also wird es ein Freizeitpferd sein, oder was meinst du?«
Wieso war mir das nicht zuerst aufgefallen? Watson, ich verbiete Ihnen sich immer vorzudrängen. Sie wissen wohl nicht, wer ich bin!
»Das könnte stimmen«, meinte ich gedehnt. »Also haben es die Diebe auf Freizeitpferde abgesehen. Und da bisher kein Pony gestohlen wurde, nehmen wir an,

dass sie nach Warmblütern Ausschau halten. Ich werde es vermerken!« Fein säuberlich notierte ich auf dem bisher leeren Platz unter der Überschrift »Was fällt uns auf?«:

1. Es handelt sich offenbar in allen Fällen um Freizeitpferde. Im ersten Fall eventuell durch ein Gespräch überprüfen.

»Hey«, meinte Bianca genervt, »hast du die Idee mit dem Verhör immer noch nicht aufgegeben?«
»Ich notiere es doch nur«, erwiderte ich giftig. »Man kann nie wissen!«
Bianca zog eine Grimasse. »Meine Güte!«
Ich beachtete sie nicht und schrieb weiter:

2. Es handelt sich immer um Warmblüter.

Ich überlegte kurz und fügte hinzu:

3. Die Diebe achten nicht darauf, ob es sich um Stuten oder Wallache handelt.

»Ich kann mir nicht vorstellen, dass das eine Rolle spielt«, wandte Bianca schon wieder ein.
Möglich wäre es doch! Watson, Sie haben keinen Spürsinn! Und trotzdem drängeln Sie sich immer vor.

»Ich sagte schon, ich schreibe es nur auf!«, fauchte ich gereizt. »Vielleicht ist es wichtig.«
Bianca sagte nichts mehr und ich packte die Unterlagen weg.
Vielleicht wäre es besser, wenn ich mich allein um die Angelegenheit kümmerte. Bianca hatte ständig was auszusetzen. Und wenn die Diebe aufgrund meines Hinweises geschnappt wurden, würde Watson endlich beschämt die Klappe halten.
»Außerdem hast du eine Kleinigkeit vergessen«, trumpfte Bianca auf.
»Ach, und was?« Ich bemühte mich lässig zu klingen, obwohl es in meinem Kopf wie verrückt arbeitete: Was zum Kuckuck könnte ich vergessen haben?
»Was ist mit Karin? Ihre Friesen sind Spezialrassen und sie sind keine Freizeitpferde, sondern Zuchtpferde.« Meine Schwester sah mich triumphierend an. So, da hast du's, bedeutete dieser Blick. Deine Theorie ist im Eimer!
Das Dumme war, sie hatte Recht. Was sollte ich sagen, damit ich nicht so blöd dastand?
»Nun, vielleicht sind es andere Diebe.«
»Ach was, das glaubst du doch selbst nicht«, entgegnete Bianca.
»Na ja, aber Friesen haben für Diebe den Vorteil, dass sie sich alle sehr ähnlich sehen, ich meine, sie sind alle schwarz und haben meistens keine Abzeichen,

sodass es nicht einfach ist, sie wieder zu finden, und wenn auch noch das Brandzeichen schlecht zu erkennen ist...«
»Also«, meinte Bianca skeptisch, »das überzeugt mich nicht unbedingt. Ich ziehe mich jetzt um, damit wir endlich fahren können.«
Tja, am besten war es wohl, wenn ich mich auch in meinen Reitdress warf.

Wir kamen gerade rechtzeitig bei Karin an, um zu sehen, wie die Klappe eines Transporters geöffnet wurde. Zum Vorschein kam ein großer brauner Wallach mit hübschem Kopf. Er wurde von einem Mann geführt, den wir noch nie gesehen hatten.
»Hallo, Mädels«, begrüßte uns Karin. »Hier ist das Pferd, von dem ich euch erzählt habe.«
Wie? Ich sah Bianca an. Was für ein Pferd? Meine Schwester schien genauso wenig Ahnung zu haben wie ich. Ratlos starrten wir Karin an.
»Na, das Pferd von Horsts Bekanntem, das ich verkaufen soll. Ich habe euch doch davon erzählt.«
»Ach so, ja.« Das hatte ich völlig vergessen!
Der fremde Mann grüßte uns mit einem breiten Grinsen, während er den Wallach in den Stall führte.
»Moment, eins weiter!«, rief Karin ihm nach, als er das Pferd in die falsche Box bringen wollte.
Er klopfte dem Tier den Hals und kam dann wieder zu

uns. »Ja, das war es wohl«, meinte er fröhlich. »Er ist ganz brav, er wird sicher keinen Ärger machen. Ich hoffe, dass sich bald jemand für ihn findet. Geben Sie mir Bescheid, wenn sich was tut.«
»Ja, klar«, antwortete Karin. »Ich melde mich bei Ihnen. Auf Wiedersehen.«
»Wiedersehen. Tschüs, ihr beiden«, wandte er sich an uns. »Ich habe gehört, dass ihr zwei Ponys habt? Wie wäre es denn mit einem Warmblüter? Na, kleiner Scherz! Also, macht's gut.« Damit stieg er in seinen Wagen und fuhr vom Hof.
»Warum wird das Pferd verkauft?«, fragte ich.
»Der Typ ist Springreiter und der Wallach ist ihm nicht gut genug. Also hat er sich ein neues Pferd gekauft. Da er nicht für zwei Pferde im Reitstall zahlen will, hat er den Wallach hierher gebracht. Wir sollen ihn verkaufen.«
»Was, er tauscht einfach so sein Pferd ein, als wäre es ein Gebrauchtwagen?« Ich war baff. »Einfach so? Hat er es denn nicht lieb?«
»Na ja, so ist das eben, Natalie. Nicht jeder hat sein Pferd nur aus Liebhaberei. Viele erwarten auch bestimmte Leistungen, und wenn das Tier den Ansprüchen nicht genügt, dann kommt es weg. Wenn sich Wietse zum Beispiel aus irgendeinem Grund als schlechter Hengst herausgestellt hätte, wäre mir kaum etwas anderes übrig geblieben als ihn zu ver-

kaufen. Sonst hätte ich die Zucht vergessen können und finanzielle Einbußen gehabt.«

Bianca schüttelte den Kopf. »Aber dir würde es wenigstens Leid tun. Ihm hat es gar nichts ausgemacht! Er war ganz vergnügt.«

Karin lächelte. »Schwer zu verstehen, was? Es sind nicht alle Menschen gleich.«

Ich stellte mir vor, meine wenig dressurbegabte Blikka gegen ein Pony einzutauschen, das mit Begeisterung in die Reithalle stürmte und stundenlang auf dem Zirkel traben wollte. Oh Hilfe!

Karin brachte dem Wallach etwas Heu, damit ihm die Eingewöhnung leichter fiel. Mir tat er Leid. Er wurde womöglich von einem Besitzer zum nächsten herumgeschubst. Hoffentlich würde ihn jemand kaufen, der ihn für immer lieb hatte.

»Wie heißt er denn?«, fragte ich.

»Alaska«, antwortete Karin.

Ich streichelte Alaskas Kopf. Er hatte einen schmalen Stern und einen ziemlich dünnen Schopf, zumindest im Vergleich zu Blikka, Skeifa und den Friesen.

»Ihr könntet mir einen Gefallen tun«, sagte Karin, »das heißt, wenn ihr Lust habt. Ihr könnt ihn reiten, solange er hier ist, damit er in Übung bleibt.«

Überrascht sahen wir Karin an.

»Meinst du? Im Ernst? Dürfen wir das überhaupt, ich meine, der Mann ...«

»Herr Hein? Er hat doch gesagt, ich solle bitte dafür sorgen, dass das Pferd bewegt wird. Er hat nicht verlangt, dass ich ihn selbst reite. Also, was ist, habt ihr Lust?«

»Klar!«, antwortete ich für uns beide.

»Schön. Aber gebt ihm ein paar Tage Zeit, sich hier einzugewöhnen. Das erste Mal lasst ihr vorsichtshalber mich reiten. Ich möchte sichergehen, dass er keine Gefahr für die Allgemeinheit und außerdem einigermaßen geländetauglich ist.«

»Natürlich.« Ich nickte eifrig. Ich ritt nur selten fremde Pferde, ab und zu mal einen von Karins Friesen, und das war es dann auch schon. Sicher war Alaska froh, wenn er nicht mehr mit diesem Heini über riesige Mauern springen musste, um die jedes vernünftige Pferd lieber einen großen Bogen machen würde.

Am nächsten Tag überlegte ich hin und her. Sollte ich in Steinberg anrufen und fragen, ob es sich bei den gestohlenen Pferden um Freizeitpferde handelte? Aber was sollte ich sagen? – »Guten Tag, ich ermittle wegen der Pferdediebstähle... Wie alt ich bin? Nun, ich bin zwölf, haben Sie vielleicht ein Problem damit?« Wie würde ich reagieren, wenn man mir meine Blikka gestohlen hätte, und ein Anrufer – der Stimme nach ein Kind – würde behaupten, der Polizei helfen zu wollen, und mir komische Fragen stellen?

Die genervt-verzweifelte Reaktion: »Ach, lass mich doch in Ruhe!«
Die wütende Variante: »Was soll das? Haben Kinder heutzutage nichts Besseres zu tun, als Erwachsene zu belästigen?«
Wie wäre es mit der hilfsbereiten Version? »Aber sicher, wie kann ich helfen, was möchtest du wissen? Möchtest du dich hier einmal umsehen, vielleicht fällt dir etwas auf, das der Polizei entgangen ist? Möchtest du Fingerabdrücke nehmen?«
Im Grunde konnte mir nichts passieren. Wenn mich jemand anschrie, würde ich einfach auflegen.
Ich hatte schon den Telefonhörer in der Hand, aber dann ließ ich es doch bleiben. Ich musste noch einmal darüber schlafen.
Mein Ruf war schließlich nicht so atemberaubend wie derjenige von Sherlock Holmes, der die Leute vor Ehrfurcht erblassen ließ.

Holmes und Watson gehen zu Scotland Yard

Am nächsten Morgen blätterte Bianca am Frühstückstisch bereits in der neuen Ausgabe von »Unser Pferd«. Ich war heute die Letzte. Mami war sowieso schon auf und Trixi lief bellend mit ihrem Stoffhund durch das Erdgeschoss.

»Hier«, rief Bianca, kaum dass ich einen Fuß in die Küche gesetzt hatte, »hier steht wieder was über die Diebstähle, ein ganzer Artikel! Karin wird auch erwähnt. Bloß der Pferdediebstahl von vorgestern fehlt. Die Zeitung war vermutlich schon fertig, als die Diebe wieder zuschlugen.«

Ich zog die Zeitung zu mir über den Tisch, um den Artikel zu lesen.

Der Journalist äußerte den Verdacht, dass professionelle Pferdediebe ihr Unwesen trieben. Darauf waren wir auch schon gekommen. Karin wurde als eine Friesenzüchterin erwähnt, bei der dank zweier Hunde und der Tatsache, dass die Pferde in einem gut versperrten Stall standen, der Diebstahl vereitelt worden war. Allen Pferdehaltern wurde geraten, ihre Pferde nachts nicht auf der Koppel zu lassen und den Stall sicher zu verriegeln. Außerdem wurde in dem Artikel mitgeteilt, dass jetzt auch in allen überregionalen Pferdezeitschriften Beschreibungen und Fotos der Pferde veröffentlicht würden.

»Tja, damit hat sich deine Idee von vorgestern wohl erledigt«, meinte ich mit heimlicher Schadenfreude und deutete auf den Absatz mit den überregionalen Pferdezeitschriften. Haha!

»Aber da sieht man doch, dass es eine gute Idee von mir war.«

Musste sie immer das letzte Wort haben?

Nach dem Frühstück schnappte ich mir »Unser Pferd« und verschwand auf mein Zimmer. Dort kramte ich meine Unterlagen aus der Schublade, dann schlug ich den Anzeigenteil der Zeitschrift auf und durchforstete auf gut Glück Spalte für Spalte.

Und ich wurde fündig: Ich fand eine Anzeige des Halters in Weihershausen und eine des Pferdehalters in Unterweihershausen, wo die letzten beiden Pferde gestohlen worden waren. Unterweihershausen gehörte zu Weihershausen und war sozusagen das Vordorf. Als ich gerade zur Schere greifen wollte, stach mir eine Telefonnummer ins Auge, die mir bekannt vorkam, die ich aber im Moment nicht einordnen konnte, weil mich der Verkaufstext irritierte.

»Freizeitpferd, br. Wallach, 10 J. . . .« Dann dämmerte es. Es war Karins Telefonnummer! Erst war es mir nicht eingefallen, weil Karins Friesen nicht zu dem beschriebenen Pferd passten, aber dann kam mir Alaska in den Sinn.

Flugs schnipselte ich alle Anzeigen aus und klebte sie

auf. Ich notierte jeweils, welcher Ausgabe ich sie entnommen hatte. Das Gleiche schrieb ich auch bei allen Artikeln dazu.
Und plötzlich sprang es mich förmlich an: Für alle gestohlenen Pferde – Freizeitpferde! – war inseriert worden und sie waren gestohlen worden, bevor das Inserat überhaupt erschienen war! Das konnte unmöglich Zufall sein.
Nur bei Karin passte die Beobachtung nicht; ihre Anzeige war schon in der letzten Ausgabe.
Einen Augenblick lang hatte ich ein Brett vor dem Kopf, aber dann …
Es war so einfach! Sicher, die Diebe waren bei Karin gewesen, aber nicht auf ihre Anzeige mit den Friesenfohlen hin! Nein, auf die Anzeige mit dem Freizeitpferd, die zu dem Zeitpunkt, als die Diebe bei Karin gewesen waren, ebenfalls noch nicht veröffentlicht war. Genial!
Und dies alles – mir wurde ganz schwach angesichts der Erkenntnis – konnte nur eines bedeuten: Die Diebe mussten mit den Zeitungsleuten zu tun haben, die bei »Unser Pferd« für die Anzeigen verantwortlich waren. Oder nicht?
Hatte ich etwas übersehen? Konnte es eine andere Lösung geben?
Ich zermarterte mein Hirn, aber mir fiel nichts ein. Genau so musste es sein!

Ich würde zur Polizei gehen und ihnen sagen, was ich entdeckt hatte.
Meine Phantasie schlug Purzelbäume: Diebe gefunden, Pferde zurück, Belohnung, Zeitungsartikel über mich, Reiterferien in Island...
Sollte ich Bianca fragen, bevor ich mit der Polizei sprach? Nur um sicherzugehen? Vielleicht hatte ich doch etwas übersehen.
Aber würde sie mir nicht den Rang streitig machen und sich in den Vordergrund drängen? Meistens war sie ja schneller als ich.
Ach was, ich würde mich schon durchsetzen. Ich würde klar und deutlich erklären, wessen Genialität die Lösung des Falles zu verdanken war. Wo waren Sie denn, Watson, als ich all diese Erkenntnisse zusammengetragen habe? Sie haben ferngesehen oder Geschirr gespült.
Ich sprang auf und lief ins Wohnzimmer hinunter.
»Hey, Wat..., Bianca, komm mal bitte.«
»Was denn?« Bianca sah fern – um diese Zeit! – und war wenig erfreut, aufstehen zu müssen.
»Komm, ich hab dir was Wichtiges zu sagen!«
Mami, die gerade bügelte, sah mich mit einem spöttischen Lächeln an. »So, ihr habt Geheimnisse?«
Ich zog eine Grimasse. Endlich hatte Watson kapiert und stand auf. Ich rannte die Treppe hoch.
»Los, beeil dich!«

»Ist ja gut!« Bianca lief einen Schritt schneller.
»Ich glaube, ich hab's!«
»Was?«
»Das mit den Diebstählen! Ich weiß, wer damit zu tun haben muss. Es gibt keine andere Möglichkeit. Sieh dir noch mal meine Unterlagen an, bevor ich zur Polizei gehe. Hier!«
Ich hielt Bianca begeistert die Anzeigen unter die Nase und erläuterte hektisch, wie meiner Meinung nach die Diebestouren vor sich gingen.
»Na, was meinst du dazu?«, fragte ich aufgeregt, als ich fertig war.
Bianca sah abwechselnd auf meine Aufzeichnungen und mich und meinte nach einer Weile bedächtig: »Hm, ja, ich glaube, da könnte was dran sein.«
»Was ist, gehen wir gleich zur Polizei?« Ich konnte es kaum aushalten.
»Willst du nicht erst Mami fragen?«
Mami fragen? Ja, vielleicht war der Tipp gar nicht so verkehrt.
Mami sah mich zuerst leicht belustigt an, hörte mir jedoch aufmerksam zu, während ihr Blick zunehmend ernst wurde.
»So, und jetzt willst du also zur Polizei damit?«, fragte sie, als ich fertig war.
Ich nickte eifrig.
»Hm.« Mami überlegte.

Sie blätterte mit gerunzelter Stirn meine Unterlagen durch. Was gab es denn zu überlegen? Die Sache war eindeutig, fand sogar Bianca.
»Also gut«, sagte Mami schließlich. »Fahren wir zur Polizei. Schaden kann es nicht.«

Eine Viertelstunde später saßen Mami, Bianca, Trixi und ich im Auto.
Ich war furchtbar nervös. Krampfhaft umklammerte ich meine Unterlagen, bis wir vor dem Polizeirevier hielten. Wir betraten einen Vorraum und klingelten neben einem Sichtfenster. Ein Polizist musterte unsere Gesichter. Wir waren offenbar unverdächtig. Eine Mutter mit drei Kindern. Keine Waffen zu erkennen. Der Summer an der schweren Tür ertönte; wir konnten eintreten. Eine freundliche Polizistin kam und fragte uns, worum es ginge.
»Guten Tag, mein Name ist Schreyer, mit Ypsilon«, stellte sich Mami höflich vor. Das mit dem Ypsilon war wohl momentan überflüssig. »Könnte ich bitte mit jemandem sprechen, der für die Pferdediebstähle zuständig ist?«
»Selbstverständlich.« Die Polizistin lächelte und verschwand durch eine offene Tür. Wenig später kam sie mit einem Polizisten zurück.
»Das ist der Kollege Rehmet, der die Sache bearbeitet. Das ist Frau Schreyer. Mit Ypsilon.«

»Was gibt es denn für ein Problem?«, fragte Kollege Rehmet energiegeladen.
»Nun«, meinte Mami gedehnt, »ich weiß nicht, ob es von Bedeutung ist. Aber meiner Tochter ist etwas aufgefallen ... Natalie, erklär das doch selbst.«
Ich? Ich wurde rot wie eine Tomate. »Äh.« Ich räusperte mich. »Ja, es ist nämlich so ...« Warum machte eigentlich Watson nicht den Mund auf? Mit feuchten Händen legte ich meine Unterlagen auf den Tisch.
»Jetzt mal ganz ruhig, junge Dame, und ganz von vorn!« Herr Rehmet sah mich nett an.
Meine Nervosität legte sich etwas. Ich schluckte, holte tief Luft und erklärte ihm, was ich herausgefunden hatte. Lang und breit. Dabei wedelte ich mit meinen Unterlagen vor seiner Nase herum. Als ich fertig war, erwartete ich, dass er Mami zu ihrer klugen Tochter beglückwünschte und mich fragte, ob ich später nicht zur Polizei wolle, weil man Leute wie mich immer brauchen könne.
Und? Wo blieb die Begeisterung?
Ich bekam leichte Zweifel. Hatte auch wirklich alles gestimmt? Oder hatte ich etwas übersehen?
Herr Rehmet sah mich an und lächelte eigenartig. »Tja«, meinte er schließlich, »das ist wirklich gut, was du da herausgefunden hast. Allerdings waren meine Kollegen und ich natürlich nicht untätig und uns ist dasselbe auch schon aufgefallen. Wir haben es

nicht an die Öffentlichkeit weitergegeben, aber überprüft haben wir es und ich muss dich leider enttäuschen: Die Leute, die die Anzeigen bearbeiten, haben absolut nichts mit den Diebstählen zu tun, auch wenn es so aussieht.«

»Ach so.« Wo war bitte ein Loch, in das ich mich verkriechen konnte? Ich entdeckte ein Löchlein im Fußboden, aber es war zu klein.

Nun, dann würde ich eben hier bleiben und die Schande über mich ergehen lassen.

»Sei nicht traurig«, versuchte mich der Polizist zu trösten. Ich muss wohl dämlich aus der Wäsche geblickt haben. »Es war sehr klug, dass du das herausgefunden hast. Wenn uns mehr Leute so fleißig helfen würden wie du, wäre unsere Arbeit viel leichter und es würden sicher mehr Verbrecher gefasst.«

Ach ja. Das waren doch nur schöne Worte. Diese Blamage hätte ich mir ersparen können.

Am liebsten hätte ich zu heulen angefangen. Jetzt liefen die Diebe weiterhin frei herum und die armen Pferdebesitzer erfuhren nicht, wo ihre Pferde abgeblieben waren, und natürlich gab es überhaupt keinen Grund, mir Reiterferien in Island zu schenken.

War so etwas jemals Sherlock Holmes passiert?

Ich wollte nur noch nach Hause. Zu Blikka! Ich wollte mit ihr wegreiten und nie wieder jemanden sehen. Wenn ich jemals wieder Detektiv spielte, dann würde

ich alles selbst ermitteln, alles, und erst zur Polizei gehen, wenn ich ihr den Täter persönlich übergeben könnte, grinsend und mit hundertprozentigen Beweisen. Siebenhundertprozentigen!
Endlich schlich ich neben Mami, Bianca und Trixi nach draußen.
Mami erklärte mir x-mal, dass ich nicht traurig, sondern stolz sein solle. Bianca faselte etwas Ähnliches, nur Trixi war ausnahmsweise still. Die Ehrfurcht vor den Typen in grüner Uniform spiegelte sich noch immer in ihrem Gesicht wider.
Bevor wir zu Hause aus dem Auto stiegen, drohte ich Mami und Bianca: »Erzählt bloß niemandem von dem Flop, sonst schreie ich!«
Hoffentlich hatte meine Stimme so richtig entschlossen geklungen.
Ach, Bianca hielt ja sowieso nie ihre Klappe. Meine einzige Hoffnung war, dass sie den Reinfall bis zum Ende der Sommerferien vergessen hatte.

Als wir nachmittags mit Blikka und Skeifa ausritten, fing sie prompt wieder davon an. »Es wäre echt toll gewesen, wenn dein Hinweis heute Morgen dazu beigetragen hätte, die Diebe zu fangen.«
Ich warf ihr einen giftigen Blick zu. Konnten wir dieses peinliche Thema nicht endlich vergessen?
»Themawechsel!«, fauchte ich.

»Aber warum denn?«, wunderte sich Bianca. »Du tust so, als hättest du dich fürchterlich blamiert.«
Wütend stierte ich vor mich hin.
»Aber das hast du gar nicht«, fuhr Bianca fort. »Ich weiß echt nicht, warum du dich so aufregst. Du wolltest nur etwas Gutes tun, und wie du das alles herausgefunden hast, das war super. Die Beobachtung war schließlich wichtig, sonst hätte die Polizei den Zusammenhang mit den Annoncen nicht schon selbst überprüft. Ich meine, die Polizisten haben es leicht, sie zeigen ihren Ausweis und können die Leute mit Fragen löchern oder sich irgendwelche Unterlagen auf den Tisch legen lassen, und sie haben ein Auto und können sich den Tatort ansehen, während du das alles nicht kannst. Trotzdem hast du so viel herausgekriegt. Das ist doch toll!«
Bianca legte sich richtig ins Zeug, um mich aufzumuntern. So was.
»Ist ja gut. Vielleicht habe ich mich also nicht blamiert. Trotzdem will ich nicht mehr darüber reden. Wir sollten uns lieber überlegen, ob wir nicht etwas Neues basteln könnten, um für den nächsten Geschicklichkeitswettbewerb zu üben. Außerdem sollten wir dieses Rückwärtsgehen zwischen den Stangen trainieren. Und des Öfteren mal ein Tor vom Pferd aus auf- und zumachen. In vier Wochen hat unser Reitverein sein Turnier und Herr Stich meinte,

dass es diesmal auch einen Geschicklichkeitswettbewerb gibt. Und nachdem ich beim letzten Mal Erste geworden bin« – meine Stimmung hob sich augenblicklich, als ich daran dachte, wie Blikka die goldene Schleife angesteckt bekam und wie stolz wir die Ehrenrunde absolviert hatten –, »erwarten die sicher eine ähnlich gute Leistung von mir und ich möchte mich nicht blamieren.«

Huch, schon wieder dieses Wort!

Drei Tage später wusste der halbe Reitstall Bescheid. Ich hätte Bianca erwürgen können.

»Ich habe es nur Annette erzählt«, verteidigte sie sich. »Und ich habe ihr extra gesagt, dass sie es nicht weitersagen soll.«

Haha. Wirklich lustig.

Nur eine Schnapsidee

Ich hatte mir vorgenommen, nicht mehr über die Diebstähle zu reden und sie völlig aus meinem Gedächtnis zu streichen. Ein für alle Mal.
Aber es klappte nicht, sosehr ich mich auch bemühte. Im Reitstall, beim Einkaufen im Supermarkt oder beim Bäcker – überall waren die Pferdediebe das Gesprächsthema Nummer eins.
Was ich nicht verstand: Woher kannten die Diebe die Adressen der Pferdehalter? In allen Fällen hatte nur die Telefonnummer dabeigestanden, nicht einmal ein Name. Ob sie die Telefonbücher nach den Nummern durchsucht hatten? Aber was für ein Aufwand wäre das! Steinberg war groß und Weihershausen und Unterweihershausen gehörten zu Waltenstadt und waren im Telefonbuch nicht gesondert aufgeführt, das hatte ich nachgeprüft.
Die Leute in der Anzeigenverwaltung mussten einfach etwas mit den Diebstählen zu tun haben. Vielleicht hatte die Polizei etwas übersehen.
Zum Kuckuck aber auch, es war schließlich nicht mein Problem.
Mein Pony war nicht gestohlen worden und ich würde mich von nun an nur um meine eigenen Angelegenheiten kümmern.
Endgültig, basta!

An diesem Nachmittag durften Bianca und ich Alaska reiten. Karin hatte ihn gestern ausprobiert und für »sehr brav« befunden.
Es hätte mir nichts ausgemacht, wenn er nicht ganz so artig gewesen wäre. Ich meine, nicht dass ich unbedingt vom Pferd fallen wollte, noch dazu von einem so großen. Aber ein wenig Temperament war durchaus nach meinem Geschmack.
Doch Alaska war auch so ganz nett. Er hatte, mit Blikka verglichen, einen Trab wie ein Kamel. Nach einer Weile gewöhnte ich mich daran. Man schwankte auf ihm hin und her wie auf einem Schiff.
Als ich mich später auf Blikka setzte und Bianca Alaska übernahm, kam mir Blikka plötzlich viel kleiner vor als sonst.
Ihr Hals mit der dichten Mähne erschien mir auf einmal so dick. Und so kurz! Ganz zu schweigen von ihren Schritten, die so flach wirkten. Und so kurz!
Ich kicherte vor mich hin, als Blikka zu traben begann. Als ich dann auch noch Bianca beobachtete, die mit angestrengtem Gesicht auf Alaska weit ausholend auf und nieder schwang, lachte ich mich kaputt. Hatte ich genauso lustig ausgesehen?
Um kurz nach fünf verabschiedeten wir uns von Karin, weil Bianca ein paar Stifte kaufen wollte.
Bevor wir losfuhren, wuschen wir uns gründlich die Hände, damit uns die Verkäuferin nicht wieder so pi-

kiert ansah, wenn wir mit unseren dreckigen Fingern die verstaubten Waren begrapschten.
»Halb sechs hätte ja auch gereicht«, meinte ich, als wir auf dem Feldweg entlangradelten. »Ich wäre gern noch ein bisschen dageblieben.«
»Man muss nicht immer alles in letzter Minute erledigen«, entgegnete Bianca altklug.
»Hach, du hörst dich an wie Mami.«
»Na und? Ist doch so. Morgen können wir den ganzen Nachmittag auf dem Hof bleiben.«
»Morgen Nachmittag reiten wir im Stall, falls du das vergessen hast.«
»Ach so, ja. Und wenn schon, wir können trotzdem länger bei Karin bleiben. Dann findet das Abendessen halt mal ohne uns statt.«
So? Und wenn ich Hunger hatte?
Wir erreichten das Schreibwarengeschäft und stellten unsere Räder ab. Drinnen suchte Bianca die teuersten Stifte, während ich ein wenig die Pferdezeitschriften durchsah.
»Ich hab gefunden, was ich gesucht habe«, raunte Bianca mir schließlich zu und stellte sich an die Kasse. Umständlich tippte die Verkäuferin eine Nummer und den Preis ein.
Mein Blick fiel auf ein viereckiges Ding, das wie eine CD aussah. Nanu, CDs im Schreibwarengeschäft? Ich sah genauer hin.

»Info«, stand da. »Über 30 Millionen Einträge.«
Einträge? Von was?
Es interessierte mich nicht einmal besonders, mir war nur ziemlich langweilig, weil die Verkäuferin meinem Gefühl nach unendlich lange brauchte, bis sie das Wechselgeld abgezählt hatte.
Ich nahm die CD in meine saubere und nach Seife duftende Hand.
»Adress- und Telefonauskunft Deutschland. Für DOS und Windows.«
Ach so, das war keine CD mit Musik, sondern Zubehör für den Computer. CD-ROM heißen die Dinger, glaube ich. Papi hatte etliche solcher Scheiben in einer Box. Das hier war wohl so etwas wie ein Telefonbuch für den PC.
Ich drehte die CD-ROM um. »Info im Detail«, stand da. Na, was konnte man denn mit so einem Ding anstellen? Ich studierte ein wenig den Text. Die Verkäuferin packte gerade in aller Gemütsruhe die Stifte in eine kleine Tüte.
»Bundesweite Identifikation des Teilnehmers über die Telefonnummer«, las ich.
Ich bin manchmal nicht die Schnellste, das habe ich schon mal erwähnt. Außerdem musste ich erst überlegen, was »Identifikation« hieß.
Danach durchfuhr es mich. Ich packte Bianca am Arm und schüttelte sie.

»Aua!«, maulte sie mich an. »Spinnst du?«
»Da, guck mal!« Aufgeregt deutete ich mit dem Finger auf die Zeile. »Da! Siehst du? Weißt du, was das bedeutet? Die Anzeigen ohne Adressen, nur mit der Telefonnummer!«
Bianca kapierte sofort und sah mich mit einem Aha-Blick an.
Die Verkäuferin lächelte höflich. Sicher hatte sie meine Schwester und mich wegen unserer sauberen Händen nicht wieder erkannt. Ich grinste künstlich zurück und legte die CD an ihren Platz. Eilig verließen Bianca und ich den Laden.
»Du, das ist es!«, sprudelte ich los, kaum dass wir draußen waren. »Das ist es! Ich konnte mir nicht vorstellen, woher die Diebe die Adressen der Pferdehalter hatten, weil doch in der Anzeige nur eine Telefonnummer drinstand. Dabei bekommt man die Informationen hier auf dem Tablett serviert und jeder Trottel kann in null Komma nichts per Tastendruck rauskriegen, welche Adresse zu einer Telefonnummer gehört. Man braucht nur einen Computer.« Ich schäumte förmlich über. »Weißt du, was das bedeutet?«, wiederholte ich mich.
Es bedeutete vor allem, dass ich meinen Vorsatz, mich nicht mehr um die Diebstähle zu kümmern und keinen Gedanken mehr an sie zu verschwenden, wieder gebrochen hatte.

Bianca sah mich fragend an. »Nein, eigentlich nicht. Die Spur führt damit auch nur zur Anzeigenverwaltung von ›Unser Pferd‹, und die Polizei hat die Leute dort überprüft.«
Plötzlich war mir wieder, als hätte ich ein Brett vor dem Kopf.
»Es könnte höchstens sein«, überlegte Bianca, »dass jemand vorab ein Exemplar hat. Ach nein, das geht auch nicht; bevor die Zeitschrift nicht gedruckt ist, kann sie keiner bekommen, und wenn sie gedruckt ist, wird sie sowieso ausgeliefert.«
Wenn sie gedruckt ist …
Das war es!
»Vielleicht sind es gar nicht die Leute aus der Anzeigenabteilung!«, rief ich begeistert. »Es könnte zum Beispiel jemand sein, der in der Druckerei arbeitet.«
Die Ernüchterung kam nur eine Sekunde später. »Aber sicher hat das die Polizei längst herausgefunden und überprüft«, fügte ich hinzu und fühlte mich zunehmend schwächer.
Bianca sah mich skeptisch an. »Meinst du? Davon hat der Polizist nichts gesagt.«
»Ach, die haben doch die Nachforschungen in der Anzeigenabteilung auch geheim gehalten.«
Die behalten doch alles Wichtige für sich. Alles. Und lassen mich zu Hause arbeiten und denken, völlig umsonst. Und dann nimmt man den Weg ins Revier auf

sich und blamiert sich. Nur weil die Damen und Herren von der Polizei alles geheim halten.
»Ja, der Öffentlichkeit gegenüber«, gab Bianca zu bedenken. »Aber ich glaube, der Polizist hätte es uns erzählt, wenn sie die Druckerei überprüft hätten. Schon damit wir sehen, wie mächtig sie sich ins Zeug gelegt haben. Es könnte auch sein«, überlegte sie weiter, »dass die Polizei zwar alles Mögliche überprüft hat – aber der Täter geht so geschickt vor, dass ihm niemand auf die Spur kommt. Ich meine, nur weil die Polizei jemanden verhört oder beobachtet hat, heißt das noch lange nicht, dass sie jetzt genauestens über den Betreffenden Bescheid wissen.«
»Und? Ich gehe jedenfalls kein zweites Mal aufs Revier, ich blamiere mich nur wieder«, murrte ich.
»Ach, jetzt hör endlich auf mit dieser ewigen Leier. Du hast dich nicht blamiert, wie oft willst du es denn noch hören?«
»Egal, mich bekommen keine zehn Pferde mehr da hin«, beharrte ich. »Du kannst allein gehen. Aber wenn die Beamten bisher niemanden aus der Druckerei in die Mangel genommen haben, musst du sagen, dass die Idee von mir stammt.«
»Ich gehe doch nicht allein zur Polizei.«
»So, und warum nicht?«
»Na ja, ich weiß nicht, eventuell ist die Information doch nicht neu…«

»Auf einmal?«, fragte ich schnippisch.
»Ich meine nur, dass es irgendwie peinlich ist, wenn wir dauernd auf dem Polizeirevier aufkreuzen und Ratschläge erteilen.«
Ratschläge erteilen? Aha! Dabei hatte ich nur helfen wollen. Ich bin ganz gewiss kein Typ, der sich den ganzen Tag langweilt, mit dem Fernglas am Fenster steht und dauernd die Polizei mit lächerlichen Hinweisen belästigt. Ich war sauer.
»Was schlägst du also vor?«, fragte ich kühl. »Sollen wir vielleicht den Dieben eine Falle stellen und sie selbst überführen?«
Es war bloß so dahingesagt. Schließlich war es Unsinn. Aber Bianca griff die Idee sofort auf.
»Warum nicht? Und wenn es nicht klappt, erzählen wir es niemandem, fertig.«
Ich lachte kurz. »Und wie sollen wir das bitte anstellen? Vielleicht geben wir selbst eine Anzeige auf?« Ich war immer noch pampig.
»Hm, ja«, murmelte Bianca, während wir endlich die Fahrräder aufschlossen und losfuhren. »Ich finde, das ist keine schlechte Idee.«
Ach, aber wenn ich vorschlug, jemanden zu verhören, dann war das blödsinnig!
Trotzdem wurde ich unsicher. Eine Anzeige aufgeben – war das eine völlig abartige oder eine geniale Idee? Ich überlegte hin und her.

»Wir müssten ein Freizeitpferd anbieten«, begann ich laut zu denken und hatte meinen Ärger plötzlich vergessen. »Doch wo soll unser Phantasiepferd stehen? Die Telefonnummer und den Ort muss es wirklich geben, denn natürlich finden es die Diebe heraus, wenn die Angaben nicht stimmen. Vielleicht bei Karin … Ach nein, Unsinn, dorthin trauen sich die Diebe bestimmt kein zweites Mal.«
»Wie wäre es mit dem Reitstall?«, schlug Bianca vor.
»Meinst du, dass sie in einen Reitstall einbrechen?«, fragte ich zweifelnd.
Watson, was Sie für Ideen haben!
»Warum nicht? In Privatställe brechen sie auch ein und in einem Reitstall wohnt oft niemand, sodass er nachts ganz verlassen ist.«
»Aber Reitställe sind besser gesichert«, wandte ich ein. Ich war nicht begeistert davon, gerade den Reitstall zum Tatort zu machen.
»Also, ich finde nicht, dass unser Stall besser gesichert ist als der von Karin«, erwiderte Bianca.
»Na gut, im Reitstall also«, gab ich nach, weil ich keinen besseren Vorschlag hatte. »Und was dann? Wollen wir uns dort jede Nacht auf die Lauer legen?«
Watson, haben Sie nichts Besseres auf Lager?
Meine Schwester überlegte. »Tja, das ist das Einzige, was mir einfällt.«
»Aber wie soll das gehen?«, hakte ich nach.

Wissen Sie, Watson, ich glaube, ohne mich würden Sie nur Mist machen. Nur Unsinn.
»Wie sollen wir unseren Eltern erklären, dass wir auf einmal im Reitstall übernachten wollen? Und vor allem wissen wir nicht, wann die Diebe kommen. Vielleicht müssen wir wochenlang im Reitstall schlafen. Und wir können uns auch nicht ständig die Nacht um die Ohren schlagen, weil wir irgendwann völlig übermüdet sind. Wie soll das also gehen?«
So, Watson, jetzt strengen Sie mal Ihren Grips an. Wir brauchen einen vernünftigen Vorschlag, bitte. Eine Idee, die Hand und Fuß hat.
»Ach, ich weiß auch nicht.« Bianca dachte angestrengt nach. »Außer vielleicht... Wenn wir ein paar Mädchen im Stall fragen, ob sie mitmachen, dann könnten wir das Ganze als« – sie suchte nach dem richtigen Wort – »Ferienspaß oder was weiß ich tarnen. Da fällt uns sicher was ein.«
Nicht übel, Watson, nicht übel, aber...
Ich schüttelte den Kopf.
Wir waren vor unserem Haus angelangt und stellten die Fahrräder in die Garage.
»Wen sollen wir denn fragen, und vor allem: Werden die betreffenden Mädchen dichthalten?«
Ich dachte an Annette, der meine Schwester von unserem Besuch bei der Polizei erzählt hatte.
Und jetzt wusste jeder Bescheid. J-e-d-e-r! Die aus

meiner Klasse bestimmt auch. Das konnte ja was werden nach den Ferien.
»Außerdem: Was machen wir mit unseren Ponys? Nehmen wir sie mit? Dann müssen Mami und Papi für die Box bezahlen, und ob sie darüber begeistert sind? Abgesehen davon macht es wirklich enorme Probleme, dass wir nicht wissen, wie lange wir im Stall bleiben müssten.«
»Nun, wir könnten unsere Anzeige erst am letztmöglichen Tag aufgeben«, meinte Bianca. »Dann müssen wir höchstens drei Wochen durchhalten, bis die neue Ausgabe erscheint. In dieser Zeit sollte es dann eben passieren.«
Wir standen immer noch in der Garage.
»Der letztmögliche Termin müsste bald sein, denn ungefähr eine Woche nach Erscheinen der neuen Ausgabe ist Anzeigenschluss für die nächste. Und unsere Ferien dauern schließlich nicht ewig.«
»Ja, wir müssen gleich mal nachsehen. Wenn wir Glück haben, passt es gerade.«
Natürlich ist es eine Schnapsidee, dachte ich noch, als wir ins Haus gingen. Bestimmt werden wir sie in drei Minuten zu den Akten legen.
»Da seid ihr ja«, begrüßte uns Mami und lief mit dem Wäschekorb an uns vorbei. Papi war im Wohnzimmer und spielte mit Trixi. »Könnt ihr bitte gleich den Tisch decken?«, fragte Mami.

»Ja, ist gut«, erwiderte Bianca. »Wir ziehen uns nur schnell um.«
Unterdessen warf ich fix einen Blick auf den Anzeigenschluss von »Unser Pferd«: in drei Tagen. Wenn wir Papis Fax benutzen würden...
Während des Abendbrots brachte ich das Gespräch auf die CD-ROM, die wir heute in dem Laden gesehen hatten.
»Ich finde es schon komisch«, meinte ich, »dass sich jeder so ein Ding kaufen kann. Da werden Adressen verkauft, als ginge es um ein Kinderspiel. Wenn ich jemandem bloß meine Telefonnummer gebe, aber nicht die Adresse, weil ich nicht will, dass er weiß, wo ich wohne, kann er sie einfach in seinen Computer eingeben und der spuckt ein paar Sekunden später die Adresse aus.«
»Ja, so ist das. Wenn man verhindern will, dass die eigenen Daten für Hinz und Kunz verfügbar sind, darf man sich nicht ins Telefonbuch eintragen lassen. Habt ihr denn nicht gewusst, dass es diese Daten auf Disketten gibt?«
Bianca und ich schüttelten den Kopf. Woher hätten wir das wissen sollen?
Watson, ich sage Ihnen, heutzutage müssen wir uns der Elektronik bedienen, anstatt vor ihr wegzulaufen. Mit unserer Lupe werden wir auf Dauer keinen Erfolg haben.

»Ehrlich gesagt, ich hab das auch nicht gewusst«, sagte Mami.
Papi runzelte die Stirn. »Wirklich nicht? Aber wir haben doch selbst so eine CD. Hier zu Hause und natürlich auch im Büro.«
»Wir haben so ein Ding?«, fragte ich erstaunt.
Das war mal wieder typisch. Da überlegte ich hin und her, wie die Diebe an die Adressen der Pferdehalter gekommen sein könnten, und dann gab es dafür so eine simple Lösung, die wir obendrein zu Hause im Regal hatten.
Watson, Ihnen fehlen Kenntnisse über die einfachsten technischen Errungenschaften unserer Zeit. Wofür beschäftige ich Sie eigentlich? Sie sind entlassen!
»Ja, sicher, schon lange. Soll ich es euch nachher mal zeigen?«
Bianca und ich nickten. Auch Mami wollte sich etwas Bildung aneignen.
Und so saßen wir eine halbe Stunde später in Papis Arbeitszimmer vor dem Computer, wo uns Papi demonstrierte, was man mit der CD-ROM anstellen konnte. Es war verblüffend. Man konnte alle Schreyers auflisten lassen, in ganz Deutschland. Mit und ohne Ypsilon.
Meine Schwester und ich verzogen uns auf Biancas Zimmer, um unseren Plan auszuklügeln. Wir diskutierten geschlagene zwei Stunden. Dann waren wir zu

folgendem Ergebnis gekommen: Wir würden morgen im Stall Annette, Jenny und Jana fragen, ob sie eventuell bei unserem Vorhaben mitmachen würden. Jede einzeln natürlich – und wenn schon Annette einen Lachkrampf bekommen sollte, würden wir die anderen beiden gar nicht erst fragen.
Wir dachten auch daran, einen der Jungen in unsere Pläne einzuweihen, aber dann ließen wir die Idee wieder fallen, weil wir es für besser hielten, wenn wir Mädchen unter uns waren. Jungen wollen doch immer nur der Bandenchef sein, obwohl sie nicht halb so vernünftig sind wie Mädchen.
Außerdem überlegten wir lange, ob wir nicht ein viertes Mädchen ansprechen könnten, damit wir zu sechst wären. So würden sich die Nachtwachen besser aufteilen lassen.
Die Nachtwachen. Wie sich das anhörte! Wir waren größenwahnsinnig. Die Falle für die Pferdediebe würde niemals zuschnappen.
Am einfachsten wäre es, die ganze Sache abzublasen. Aber das wollte ich auch wieder nicht, denn irgendwie hatte mich eine Art Fieber erfasst.

Alle sind verrückt

Als wir am nächsten Tag in den Stall ritten, war mir richtig mulmig zumute.
Wir wollten heute tatsächlich Annette fragen. Und uns komplett lächerlich machen.
Oder das Ganze würde doch Hand und Fuß bekommen. Großer Sherlock Holmes! Ich wusste gar nicht, was mir lieber war.
Vor der Stunde bot sich keine Gelegenheit, weil Annette reichlich spät kam.
So ritten wir erst einmal. Vor Aufregung konnte ich mich kaum konzentrieren.
Blikka merkte natürlich, dass ihre Reiterin nicht bei der Sache war, und nutzte es schamlos aus. Hämisch grinsend schlich sie durch die Gegend und kürzte bei allen Hufschlagfiguren ab.
Schließlich platzte Herrn Stichs Geduld. »Wenn du keine Lust hast, Natalie, dann bleib zu Hause und behindere nicht die anderen!«
Ich lächelte verlegen, ärgerte mich, dass mit mir geschimpft worden war, und riss mich zusammen. Was war ich froh, als die Stunde zu Ende ging!
Draußen wartete ich mit Bianca auf Annette. Meine Schwester hatte ihr schon während der Stunde zugeraunt, dass wir sie unbedingt sprechen müssten.
Annette war offenbar sehr gespannt, welche brand-

heißen Neuigkeiten sie erfahren würde, denn sie hatte das Schulpferd, das sie heute geritten hatte, in Windeseile versorgt.
»Und, worum geht es?«, fragte sie wissensdurstig, kaum dass sie vor der Stalltür angelangt war.
Bianca und ich vergewisserten uns, dass niemand in Hörweite war. Dann sahen wir uns abwartend an – wer sollte etwas sagen? Es war ursprünglich meine Idee und ich war die ältere Schwester, überlegte ich, also wäre es meine Aufgabe, Annette aufzuklären. Aber was, wenn sie das Ganze nur als Witz verstehen und uns auslachen würde?
»Es geht um die Pferdediebstähle.«
Typisch Bianca!
Da überlegte ich, und meine liebe Schwester dachte wohl, dass ich ihr die Sache überlassen wolle, und begann zu quasseln, genau in dem Moment, in dem ich mich entschlossen hatte, aktiv zu werden.
»Wir haben vielleicht einen Plan...«
Annette bekam große Augen. Ich glaube, sogar ihre Ohren würden größer.
Schließlich war sie Feuer und Flamme für unseren Plan. Ich wusste im Moment nicht, ob ich froh sein sollte. Nur dass das »Unternehmen Pferdediebfang« im Reitstall stattfinden sollte, war Annette nicht ganz geheuer, aber auch sie sah keine andere Möglichkeit. Jedenfalls war sie gleich damit einverstanden, dass

wir Jenny und Jana hinzuziehen wollten. Ein sechstes Mädchen fiel ihr ebenfalls nicht ein, also beließen wir es bei fünf.
Als Jana kurz darauf mit einem: »Ach, hier seid ihr!«, aus dem Stall kam, zogen wir sie beiseite und erläuterten auch ihr unser Vorhaben.
Jana war so begeistert wie Annette. Komisch. Niemand hatte Einwände, dabei war es doch ein völlig hirnrissiger Plan. Wieso merkte das keiner?
Watson, bin ich denn hier die Einzige, die vernünftig denken kann?
Fehlte noch Jenny. Ich ging in den Stall, um sie zu suchen. Sie stand gerade bei Herrn Stich und ließ sich für die nächste Reitstunde eintragen. Ich wartete, bis sie fertig war. »Kommst du mal mit raus?«, flüsterte ich dann geheimnisvoll.
Jenny sah mich erstaunt an. »Wieso?«
»Wirst du gleich sehen. Jetzt komm schon.«
Auch Jenny fand die Idee seltsamerweise gut. So was. Alle fanden sie gut. Nur ich nicht. Warum bloß? Klar, Jenny war erst zehn und Annette und Jana waren beide elf; ich war die Einzige, die bereits zwölf war, aber war ich deswegen vernünftiger?
Oder war ich feige? Also, feige wollte ich nicht sein. Kam gar nicht in Frage. Wenn überhaupt, dann war ich vernünftiger. Mit zwölf war man eben schon halb erwachsen.

»Aber im Reitstall, das finde ich nicht so toll«, meinte Jenny. »Ob die Diebe überhaupt hierher kommen? Ständig ist Betrieb, zu viele Menschen ...«
»Ja, das ist uns nicht neu«, entgegnete ich, »aber wo sollen wir denn sonst hin?«
Vielleicht scheiterte der Plan doch noch, frohlockte ich heimlich.
»Warum gehen wir nicht zu meinem Onkel? Er wohnt nur acht Kilometer von hier, hat ein kleines Haus und einen Stall mit vier Pferden, und darüber ist ein Heuboden, auf dem wir schlafen könnten«, sagte Jenny, als sei es das Selbstverständlichste von der Welt und als müssten wir alle wissen, dass sie einen Onkel hat, der acht Kilometer ...
»Ja aber – meinst du denn, dass dein Onkel einverstanden ist?«, fragte Jana erstaunt.
»Warum nicht?«, meinte Jenny unbekümmert. »Letztes Jahr habe ich dort mit einer Freundin ein paar Nächte lang geschlafen. Es war spitze.«
»Warum reitest du dann hier, du könntest doch bei deinem Onkel bestimmt umsonst reiten, oder nicht?«, fragte Bianca.
»Ich reite auch bei ihm, aber hier lerne ich etwas. Mein Onkel kann nicht richtig reiten, er fährt meistens nur mit der Kutsche durch die Gegend.«
»Was haltet ihr also davon?«, fragte ich in die Runde und musste Blikka wieder ein Stück zu mir herziehen,

weil sie zu einer Wiese strebte. »Sollen wir fragen, ob wir bei deinem Onkel übernachten dürfen?«
Tja, damit hatte ich nicht gerechnet. Immer diese unvorhersehbaren Wendungen!
Alle stimmten zu. Na denn. Ich ergab mich in mein Schicksal.
Wir kamen überein, erst einmal höflich bei Jennys Onkel anzuklopfen und ihn um Erlaubnis zu bitten. Wir vereinbarten, dass wir zunächst nur wegen »einer Woche oder so« fragen würden. Wir wollten Jennys Onkel nicht gleich erschrecken. Sicher würde er in eine mittelschwere Panik ausbrechen, wenn wir fröhlich vorschlugen, mal eben drei Wochen bei ihm zu nächtigen.
Außerdem wollten wir Blikka und Skeifa mitnehmen. Jenny sah darin kein Problem: Eine Box sei noch frei, in der momentan nur die Schubkarre und ein paar Stallgeräte stünden.
Eine Box würde für die beiden Ponys genügen, es war ja nicht für ewig.
Sobald Jennys Onkel zugestimmt hatte, wollten wir uns unsere Eltern vornehmen.
Auch unsere Eltern würden sicher eher zustimmen, wenn es sich nur um eine Woche handelte. Eltern sorgen sich ja immer. Sie haben Angst, dass ihre Kinder nicht genügend zu essen bekommen und dass sie langsam, aber sicher verhungern; und wenn sie die

Kleinen nach drei Wochen abholen, sind sie nur noch Haut und Knochen und passen bequem ins Handschuhfach.
Hatten die Diebe innerhalb von acht Tagen nicht zugeschlagen, würden wir um Verlängerung bitten. Wenn so weit alles glatt gegangen war und wir uns anständig benommen hatten und unser Ernährungszustand keinen Anlass zu Bedenken gab, konnten wir die Erwachsenen sicherlich davon überzeugen, dass uns die Ferien auswärts bestens bekamen.
Dies war mein Vorschlag gewesen und meiner Meinung nach war er ganz ausgezeichnet. Psychologisch sehr gut durchdacht. Ich war begeistert.
Natürlich mussten wir jetzt schnell handeln, denn übermorgen war Anzeigenschluss.
Wir schworen uns gegenseitig, keine Silbe unseres Geheimnisses über unsere Lippen kommen zu lassen. Dabei sah ich Annette scharf an, aber sie merkte es nicht einmal.
Sollten wir alle die Erlaubnis unserer Mütter und Väter bekommen, würden wir uns wieder zusammensetzen und uns einen genauen Plan überlegen, wie wir die Diebe überwältigen könnten, falls sie tatsächlich bei Jennys Onkel auftauchen sollten.
Als Bianca und ich schließlich zu Karin ritten, kam mir die Idee gar nicht mehr so verrückt vor. Teilweise, weil wir jetzt zu fünft waren; vor allem aber, weil wir

unseren Plan nicht im Reitstall durchführen mussten. Vorausgesetzt, dass alles klappte – was Sherlock Holmes nach wie vor bezweifelte.

Es war acht Uhr abends, als das Telefon klingelte. Bianca nahm den Hörer ab und machte mir sofort wilde Zeichen.
Erst überlegte ich, welcher Hafer sie jetzt schon wieder gestochen hatte, bis mir endlich einfiel, dass vielleicht Jenny am Telefon sein könnte.
Ich rannte hin und quetschte mein Ohr an den Hörer, um mitzulauschen, aber es funktionierte nicht. Ich vernahm nur murmelnde Geräusche.
»Es klappt!«, flüsterte Bianca mir zu.
»Was, ehrlich?« Das konnte nicht sein. Ich musste irgendetwas verwechseln.
»Ja, ist gut, bis morgen dann im Stall«, verabschiedete sich Bianca und legte den Hörer auf. Sie strahlte mich an. »Na, was sagst du?«, fragte sie leise.
Was sollte ich sagen?
»Jennys Onkel hat nichts dagegen, Jennys Eltern auch nicht. Blikka und Skeifa können mit. Ist das nicht phantastisch?«
»Ja, schon, aber das heißt noch lange nicht, dass alle die Erlaubnis bekommen«, wandte ich ein. Watson, Sie denken einfach nicht weit genug! »Vielleicht haben gerade unsere Eltern etwas dagegen.«

»Das werden wir gleich klären! Lass mich mal machen, ich habe mir was überlegt.«
»Was denn?«, fragte ich noch, aber Bianca strebte bereits Richtung Wohnzimmer.
Ich konnte diese Art gar nicht leiden. Erstens wusste ich nicht, was sie vorhatte – vielleicht war es eine blöde Idee und verdarb alles – und zweitens: Wenn es klappte, würde sie sicherlich hinterher damit angeben, dass sie alles geregelt hätte. Und wie würde ich dann wieder dastehen?
Watson, so geht das nicht! Ich bin Sherlock Holmes, also führe ich Regie. Begreifen Sie das endlich!
»Mami, Papi?«, fing Bianca freudig an.
Ich stellte mich neben sie, um sie notfalls zu unterstützen.
Mami und Papi betrachteten uns interessiert.
»Wäre es nicht nett, wenn ihr euch mal ein paar Tage von uns erholen könntet?«
»Nun«, meinte Papi, »das kommt darauf an. Ob du dich wohl genauer ausdrücken könntest?«
Mami nickte nur.
»Ja, es ist nämlich so«, meinte Bianca und wirkte ganz begeistert, als gäbe es für Mami und Papi nichts Erstrebenswerteres, als zwei ihrer Kinder loszuwerden. »Jenny – die vom Reitstall, ihr wisst schon – hat einen Onkel, gar nicht weit von hier, nur acht Kilometer. Er hat vier Pferde und einen kleinen Stall. Mit

einem Heuschober. Ja, und nun haben wir uns gedacht – also wir und Jenny, Annette und Jana –, also wir haben uns gedacht, es wäre toll, mal ein paar Tage dort im Heu bei den Pferden zu schlafen. Als Urlaub sozusagen, wo wir doch sonst nicht wegfahren. Und dafür müsst ihr gar nichts bezahlen. Wir können sogar die Ponys mitnehmen. Was sagt ihr dazu?«
Bianca sah Mami und Papi gespannt an. Ich nickte zustimmend mit dem Kopf – mein Beitrag zu diesem Thema – und wartete ab.
So schlecht war Biancas Vortrag nicht gewesen, musste ich zugeben und drückte ein Auge zu, weil sie sich immer vordrängeln musste.
Mami und Papi schienen nachzudenken. Immerhin, ganz abgeneigt wirkten sie nicht.
»Acht Kilometer von hier?«, fragte Mami.
Wir nickten.
»Und ihr wollt im Stall schlafen?«
Nicken.
»Ist denn auch tagsüber jemand da, und wer wird für euch kochen?«
Kochen? Das wurde ja immer schöner! Nicht nur, dass wir genügend essen sollten, jetzt musste es auch noch gekocht sein! Wir wussten nur, dass Jennys Onkel verheiratet war. Aber ob seine Frau uns bekochen würde, darüber hatten wir uns wirklich keine Gedanken gemacht. Vielleicht war sie berufstätig?

Außerdem war es einfach lächerlich! Was würde es denn ausmachen, wenn wir mal ein paar Tage nur Brote aßen? Doch darüber mit Mami zu diskutieren war völlig sinnlos.
Ich sah Bianca an. Los, Watson, jetzt drängeln Sie sich schon vor, wie sonst auch!
»Ich könnte Jenny schnell anrufen«, bot Bianca an.
»Tu das«, meinte Papi, »und frag auch gleich, ob ihr das Bad benutzen dürft. Ich möchte nicht, dass sich meine Kinder tagelang nicht waschen.«
Was Eltern für Sorgen haben!
Wir saßen nach unserem Urlaub sowieso im Handschuhfach, und das konnte man zuklappen, dann roch man uns nicht mehr.
Bianca und ich flitzten zum Telefon und riefen Jenny an. Ja, natürlich war ihre Tante tagsüber zu Hause, man konnte doch die Pferde nicht den ganzen Tag sich selbst überlassen. Und selbstverständlich kochte die Tante für uns, keine Frage. Das Bad mitbenutzen? Ob wir das ernst meinten?
Mami tauchte hinter uns auf. »Gib mir mal den Hörer«, verlangte sie.
»Hallo, Jenny!«, meinte sie dann. »Hier ist Frau Schreyer. Kann ich mal deine Mutter sprechen?«
Und so wurden sich unsere Mütter über unsere Ferien im Heu einig. Mami konnte sich vergewissern, dass wir in guten Händen waren, anständig zu essen beka-

men, uns täglich wuschen und unsere Zähne putzten, eine richtige Toilette benutzen durften und dass jemand darüber wachte, dass wir täglich unsere Haare kämmten. Annettes Mutter hatte kurz vor uns angerufen, erzählte Jennys Mutter, und Annette durfte ebenfalls mit zu Jennys Verwandten.

Auch wir bekamen schließlich die Erlaubnis, wenngleich Mami und Papi darauf bestanden, uns etwas Essens- und Heugeld mitzugeben, denn es konnte nicht angehen, dass wir und unsere Ponys Jennys Onkel die Haare vom Kopf fraßen. Nicht zu vergessen: die Unkosten für Wasser.

Mami erbot sich, unsere Schlafsäcke, Kleidung und was wir sonst noch brauchen würden, mit dem Auto hinzufahren. Vermutlich wollte sie sich vor Ort davon überzeugen, dass der Pferdestall nicht unmittelbar einsturzgefährdet war, dass Jennys Verwandte mit Messer und Gabel aßen und auch ansonsten wie zivilisierte Menschen lebten.

Jetzt muss also nur noch Jana ihr Okay bekommen, überlegte ich, als ich später im Bett lag. Fast rauchte mir der Kopf von all dem, was in den letzten beiden Tagen passiert war. Ein schwachsinniger Plan wurde von fünf unvernünftigen Mädchen in die Tat umgesetzt. In zwei oder drei Tagen würden wir vielleicht schon im Heu schlafen.

Ich stellte mir vor, wie es sein würde, im bequemen,

wenn auch piksenden Heu zu übernachten, die anderen Mädchen neben mir.
Wir würden die halbe Nacht reden – na gut, vielleicht würden wir auch Wache schieben –, und morgens würden wir gleich bei unseren Ponys sein und könnten zusammen ausreiten.
Jennys Onkel hatte doch nichts dagegen, dass seine Pferde von uns geritten wurden? Ach, bestimmt nicht. Und selbst wenn unser Plan, die Diebe zu fangen, misslingen sollte, würde es bestimmt eine tolle Zeit werden. Eigentlich könnte es eine noch viel schönere Zeit werden, wenn wir keine Diebe fangen müssten. Mit diesem Gedanken schlief ich ein.

Wir senden ein Fax

Ganz kribbelig wachte ich am nächsten Morgen auf. Würde es nun klappen oder nicht? Würde Jana die Erlaubnis bekommen? Würden wir uns lächerlich machen oder nicht? Würden wir Helden werden?
Ich wusch mich und zog mich an. Es war neun Uhr. Watson tappte gerade ins Bad. Mami wischte Staub. Kurz entschlossen griff ich zum Telefonhörer und rief Jana an – bevor Bianca auf die gleiche Idee kam. Warum sollten wir warten, bis wir uns heute Nachmittag im Reitstall trafen?
Jana war selbst am Telefon.
»Ich bin's, Natalie. Ich wollte fragen, ob du ...«
»Ja! Ihr auch?«
»Ja, wir alle!«
»Alle?« Jana schäumte förmlich über. »Oh, ist das toll! Mensch, ich freu mich so! Wenn ich mir vorstelle, im Heu bei den Pferden zu schlafen, und ganz ohne Erwachsene – na ja, fast ohne Erwachsene –, das wird bestimmt super!«
Es hatte also geklappt. Okay, aber irgendwie war mir mulmig zumute.
Wir quasselten noch ein bisschen und verabredeten, alle Einzelheiten heute Nachmittag im Stall zu besprechen. Dann ging ich in die Küche, wo gleich darauf Bianca erschien.

»Du, sollen wir mal schnell Jana anrufen, ob sie mitkommen darf?«
Ich grinste innerlich.
Hatte ich es doch gewusst!
»Ich hab schon angerufen«, sagte ich schadenfroh. »Jana darf mit.«
Hochzufrieden, meiner Schwester zuvorgekommen zu sein, biss ich in ein knuspriges Honigbrötchen.

Die letzten Einzelheiten waren schnell geklärt. Wir überlegten, was wir alles mitnehmen wollten, und entschlossen uns, morgen gegen Nachmittag in unser neues Quartier zu ziehen.
Bianca und ich würden ein Fax an »Unser Pferd« schicken und eine Verkaufsanzeige aufgeben. Über den Inhalt gab es nicht viel zu diskutieren. Wir würden ein Freizeitpferd anbieten, neun Jahre, eine Stute, geländesicher.
Die Rechnung würden wir an uns schicken lassen und alle gemeinsam bezahlen. Jenny gab uns die Telefonnummer ihres Onkels.
»Hoffentlich rufen nicht so viele Leute an«, meinte Annette. »Sonst beschwert er sich womöglich bei ›Unser Pferd‹, weil man scheinbar eine falsche Telefonnummer angegeben habe. Und wenn die Diebe tatsächlich dort arbeiten, erfahren sie es vielleicht und kriegen spitz, dass etwas faul ist.«

»Habt ihr schon mal überlegt«, fragte ich, »dass die Diebe eventuell selbst vorher anrufen? Ich kann es mir zwar nicht vorstellen, weil es für die Gauner sicher besser ist, wenn es überhaupt keine Verbindung zu ihnen gibt...« Wo hatte ich das nur gehört? Ach ja, kürzlich im Fernsehen, in einer Krimiserie. Es klang gut, wie ich das sagte. »Aber möglich wäre es natürlich. Wenn sie von deinem Onkel erfahren, dass er gar kein Pferd zu verkaufen hat, dann kommen sie bestimmt nicht.«
»Und wenn wir Jennys Onkel einweihen?«, fragte meine Schwester.
Ein einstimmiges Nein war die Antwort.
Ich freute mich insgeheim, dass ein Vorschlag von Watson so uneingeschränkt abgelehnt wurde. Na gut, es war nicht nett von mir, immerhin war sie meine Schwester.
»Ich glaube nicht, dass mein Onkel von unserer Diebesjagd begeistert sein wird, und erst recht nicht meine Tante«, sagte Jenny.
»Außerdem trauen Erwachsene uns Kindern sowieso nichts zu, zumindest nicht, ein paar Diebe zu fangen«, fügte Annette hinzu.
Blieb noch das Problem, wie wir die Diebe überwältigen sollten. Falls sie überhaupt kamen.
Ich hatte keine Vorstellung. Ich meine, wie überwältigen ein paar Kinder erwachsene Männer?

Dass es mindestens zwei waren, davon ging auch die Polizei aus, es konnten aber drei sein. Oder vier? Acht? Dreizehn? Ach nein, so viele passten nicht in ein Auto.
Vielleicht waren Frauen dabei?
Sie waren dann sicher nicht ganz so stark wie die Männer, aber …
»Ich hab's!«, rief Jana begeistert.
Erwartungsvoll schauten wir sie an.
»Wir hauen ihnen eine Schaufel auf den Kopf!«
»Meinst du das ernst?«, fragte Jenny. »Wir können doch niemanden verletzen.«
Jana krauste die Nase. »Nein, eigentlich nicht«, gab sie kleinlaut zu und grinste beschämt.
»Wie sieht denn der Stall aus?«, fragte ich. »Vielleicht können wir sie dort einsperren?«
Jenny hatte uns zwar das Anwesen ihrer Verwandten in leuchtenden Farben vor Augen gemalt, aber den Stall hatte sie nicht beschrieben.
»Nein«, erwiderte Jenny, »das haut nicht hin. Das Schloss geht schwer zu, da fummeln wir ewig rum, und außerdem können die Diebe auch durch ein Fenster abhauen.«
»Wir rufen sofort die Polizei an«, meinte Annette. »Halt, nein«, fügte sie gleich hinzu, »so klappt es auch nicht. Die Diebe hätten genügend Zeit, über alle Berge zu verschwinden.«

»Können wir sie nicht mit irgendwas bedrohen?«, fragte Jenny.
»Pah, dann könnten wir ihnen genauso gut die Schaufel auf den Kopf hauen«, warf Jana schnippisch ein. Da hatte sie Recht.
Und womit könnten wir die Diebe schon bedrohen? Vielleicht mit einer Mistgabel? »Kinder überwältigen Pferdediebe mit Mistgabel«, würde in der Zeitung stehen. Dazu ein Bild: Wir fünf richteten drohend die Mistgabel auf den Fotografen.
»Wir suchen das Auto und schreiben die Nummer auf«, schlug Bianca vor. »Dann kann die Polizei herausfinden, wem es gehört.«
»Und wenn die Nummernschilder gefälscht sind?«, wandte Jenny ein.
»Oder geklaut?«, fügte ich hinzu.
»Wir machen schnell was am Auto kaputt, damit sie nicht wegfahren können.« Annette war von ihrer Idee begeistert. »Gut, was?«
»Hm, ich weiß nicht«, meinte Jana, »dazu müssten wir doch etwas am Motor machen, oder nicht? Und man kann eine Motorhaube nicht von außen öffnen, das weiß ich. Man muss im Auto einen Hebel ziehen oder Knopf drücken, wie auch immer. Stellt euch vor, wir finden nicht gleich den richtigen Hebel. Dann stehen wir dumm da. Oder das Auto ist abgesperrt und wir kommen gar nicht rein. Ich kann mir zwar nicht

vorstellen, dass die Diebe ihr Auto absperren, aber man kann nie wissen.«
»Wir könnten einen Reifen zerstechen«, schlug ich kühn vor.
»Dann bekommen wir später womöglich Ärger«, wandte Bianca ein. »Ist nicht gerade die allerfeinste Methode.«
Pah, nur weil der Vorschlag von mir kam, musste Watson etwas dagegen haben!
»Und was willst du sonst am Auto kaputtmachen, damit die Diebe nicht wegfahren können?«, fragte ich schnippisch.
»Na, wir könnten irgendwelche Kabel rausreißen«, meinte Bianca.
»Ach, und dabei machen wir nichts kaputt? Damit machen wir vielleicht viel mehr kaputt, als wenn wir nur einen Reifen zerstechen. Oder wir haben Pech und erwischen irgendwelche Kabel, die gar nicht so wichtig sind. Dann brausen die Ganoven davon, trotz deiner Kabel. Oder weißt du so genau, welche man rausreißen muss, damit ein Auto nicht mehr fährt?«
Triumphierend sah ich meine Schwester an. Der hatte ich es aber gegeben!
Bianca überlegte angestrengt, aber ihr fiel offenbar nichts ein.
»Wir können uns das mit dem Reifen ja mal merken«, schlug Annette vor.

»Mit zerstochenen Reifen können die Diebe tatsächlich nicht mehr fahren?«, fragte Jana.
»Hm«, meinte ich etwas unsicher. Ich hatte Verfolgungsjagden mit Plattfuß schon im Fernsehen gesehen, aber in Wirklichkeit lief es eventuell nicht so filmreif ab. »Fahren können sie vielleicht noch, aber nicht richtig und nicht schnell, glaube ich. Daher könnte die Polizei sie leicht erwischen.«
»Wer ruft denn die Polizei?«, meldete sich Watson wieder zu Wort.
Wir schauten alle Jenny an.
»Na ja, ich könnte schon ins Haus laufen und die Polizei rufen. Ich müsste mir vorher einen Schlüssel geben lassen.«
»Wir brauchen den Schlüssel doch sowieso, falls wir nachts aufs Klo müssen«, meinte Bianca.
»Aber wie kommst du ins Haus, wenn du im Stall bist und die Diebe schon vor der Stalltür stehen?«, fragte Annette.
»Ach, das ist kein Problem, der Stall hat eine kleine Hintertür. Da könnte ich raus und zum Wohnhaus schleichen. Ich könnte bei der Gelegenheit gleich meinen Onkel und meine Tante aufwecken. Oder was meint ihr?«
»Kann nicht schaden«, stimmten wir zu.
»Und wenn die Diebe mit den Pferden entkommen? Oder sie holen die Pferde aus dem Stall und müssen

sie bei ihrer Flucht laufen lassen und die armen Tiere rennen dann verstört auf der Straße herum?«
Ich hatte eine wilde Vorstellung, wie meine Blikka nachts auf einer viel befahrenen Straße herumgaloppierte, während entsetzte Autofahrer halsbrecherische Manöver unternehmen mussten, um keinen Unfall zu bauen.
»Außerdem will ich nicht, dass die Diebe meine Blikka überhaupt anfassen!«, setzte ich störrisch hinzu.
»Stimmt«, meinte Annette. »Das Beste wäre, die Diebe würden gar nicht erst in den Stall kommen.«
»Dann müssen wir sie daran hindern«, meinte Jenny. »Wir verriegeln den Stall von innen. Wir könnten die Türklinke mit einem Brett noch extra sichern. Vielleicht finden wir etwas Praktisches, wenn wir das Ganze direkt vor uns sehen.«
»Wir müssen uns sowieso aufteilen, finde ich«, warf Annette ein. »Jenny muss auf jeden Fall ins Haus laufen. Und wir anderen sollten zwei Gruppen bilden, die eine sucht das Auto und zersticht einen Reifen, falls uns nichts Besseres einfällt, und die andere versucht die Ganoven daran zu hindern, in den Stall zu kommen.«
»Warum?«, meinte ich, weil mich die Vorstellung beunruhigte, entweder zu zweit durch die Gegend zu irren und ein Auto zu suchen, um dann einen der Reifen zu zerstechen, oder aber in einem Stall zu lauern,

in den gerade Diebe einbrechen wollten, und die Aufgabe zu haben, sie davon abzuhalten. »Wenn wir die Tür extra gesichert haben, muss doch niemand im Stall sein. Wir bringen das Brett abends an und nehmen es morgens wieder weg.«

»Wenn aber mein Onkel morgens in den Stall will, um die Pferde zu füttern? Wie erklären wir ihm das? Wenn wir Nachtwache halten wollen, schlafen wir morgens um sieben bestimmt noch. Nein, nein, das mit dem Brett sollten wir erst machen, wenn die Diebe da sind.«

»Die Stalltür muss dann aber leise verriegelt werden«, bemerkte Bianca.

»Wir könnten es vorher üben, damit alles genau passt und wir keinen Lärm machen«, schlug Jenny vor.

»Und wenn es nicht richtig klappt und die Diebe trotzdem in den Stall kommen?«, fragte Jana.

»Dann können wir Krach machen«, meinte ich. »Natürlich müssten wir versuchen, die Diebe möglichst lange hinzuhalten, damit Jenny Zeit hat, die Polizei anzurufen, denn die brauchen ja eine Weile, bis sie eintreffen. Außerdem müssen wir das Auto finden. Aber ein paar Minuten Vorsprung dürften reichen. Wenn die Diebe hören, dass jemand im Stall ist – vielleicht geht im Haus schon Licht an –, machen sie sich bestimmt aus dem Staub.«

Wir diskutierten noch ein wenig und kamen schließ-

lich überein, unseren Plan so in die Tat umzusetzen: Jenny würde ins Haus laufen, zwei sollten den Stall und die Pferde sichern, und zwei mussten das Auto suchen und den Reifen zerstechen.
Wegen des Reifens hatten wir lange überlegt, aber etwas Besseres war uns nicht eingefallen. Annette hatte vorgeschlagen, nur die Luft herauszulassen, aber wir wussten nicht, wie das ging, wahrscheinlich dauerte es auch zu lange. Also blieben wir beim Zerstechen. Wir wollten keinen allzu großen Schaden anrichten und das Auto trotzdem außer Gefecht setzen. Wir waren nicht sicher, wer die Reparatur bezahlen musste. Sicher würden diese Typen nicht an Ort und Stelle den Reifen wechseln, wenn sie damit rechnen mussten, dass man sie verfolgte. Vielleicht würden sie zu Fuß flüchten, aber wir hofften, dass man entweder über das Auto herausfinden konnte, wer sie waren, oder dass die Polizei sie einholte.
Jetzt mussten wir nur noch klären, wer welche Aufgabe übernehmen sollte. Jennys Job war klar, aber wir anderen sahen uns schweigend an.
Ich überlegte, wie es wäre, mit Bianca das Auto zu suchen – es war klar, dass Watson und ich zusammenbleiben würden – und einen Reifen kaputtzumachen. Das wäre eine wichtige Aufgabe, sicherlich wären wir dann so etwas wie Helden. Die in der Schule würden vielleicht blöd gucken.

Annette und Jana würden im Stall aufgepassen, was nicht halb so heldenhaft war. Oder?
Vielleicht würden Annette und Jana im Stall von den Dieben erwischt und als Geiseln genommen? Im Geist sah ich es vor mir – wir alle um den Stall herum postiert: Jenny, Bianca, ich, Jennys Onkel und Tante, dazu hundert Polizisten. Der Einsatzleiter sprach durch ein Megaphon und forderte die Diebe auf, Annette und Jana freizulassen und sich zu ergeben. Außerdem bat er sie, auch an die Pferde zu denken und sie zu füttern. Die Diebe weigerten sich jedoch. Blikka und Skeifa wurden schließlich so wild vor Hunger, dass sie ihre Box kaputtschlugen und aus dem Stall ausbrachen. Die Polizei nutzte die Gelegenheit, das Gebäude zu stürmen. Hundert Mann rannten in den Stall, der unter diesen Belastungen zusammenbrach. Die Pferde wurden zum Glück nicht verletzt. Annette und Jana konnten befreit und die Diebe verhaftet werden. Am nächsten Tag stand es in der Zeitung. Annette und Jana waren die Heldinnen, wir anderen drei wurden nur am Rande erwähnt, und mein Name war auch noch falsch geschrieben.
Mir wurde bewusst, was für einen Unsinn ich im Kopf hatte. Geiseln. Berühmt werden. Das waren doch Hirngespinste! Hier kam es nur auf eins an: die Diebe schnellstens zu fangen, bevor sie weitere Pferde stehlen konnten.

Aber was wollte ich denn nun lieber machen? Ich konnte mich nicht entscheiden.
»Ich schlage vor«, sagte meine Schwester, »dass Natalie und ich das Auto übernehmen und ihr beide den Stall. Einverstanden?«
Das war ja wieder typisch. Warum musste ich auch immer so lange nachdenken? Wenn ich gerne den Stall bewachen würde, um mich dort als Geisel nehmen zu lassen? Tja, das kommt davon, wenn man sich ewig nicht entscheiden kann.
Ich nahm mir vor, von jetzt an endlich schneller zu denken und Entschlüsse zu treffen, denn ich hatte es satt, dass andere für mich entschieden.
Jedenfalls waren Annette und Jana einverstanden, und damit war die Diskussion beendet.
Auf dem Heimweg beschlossen Bianca und ich, dass wir unsere Taschenmesser mitnehmen würden, um den Reifen kaputtzumachen. Kaputtmachen klang besser als zerstechen. Irgendwie harmloser. Wir wollten gemeinsam in den Reifen stechen. Oder piksen. Das klang ebenfalls harmloser. Und zwar gleichzeitig, damit nicht eine hinterher, wenn etwas schief gegangen war, sagen konnte: »Aber das mit dem Reifen war ich nicht, das war sie!« Ganz wohl war uns nicht bei der Sache. Vielleicht, beruhigte ich mich selbst, würden die Diebe gar nicht kommen. Obwohl das ja nicht der Sinn der Sache war.

Am nächsten Morgen, als Mami beim Einkaufen war und wir auf Trixi aufpassen sollten, verzogen wir uns mit ihr in Papis Arbeitszimmer.
Auf der Schreibmaschine tippten wir unser Fax und dann schickten wir es ab. Wie gut, dass Papi uns das Faxen beigebracht hatte – wenn er damals auch nicht ahnen konnte, wofür wir unsere Kenntnisse eines Tages einsetzen würden.
Wir waren ziemlich aufgeregt und hatten Angst, Mami könne vorzeitig zurückkommen.
Als unser Fax endlich durch war und das Gerät einen Bericht mit der Nachricht »ok« ausdruckte, waren wir mehr als erleichtert.
Ich brachte das Fax in mein Zimmer und heftete es zu den anderen Unterlagen.
Dann gingen wir brav nach unten und warteten auf Mami, während Trixi mit irgendwelchen Plastikpferden spielte und uns bekümmert erklärte, die Pferde wollten einfach nicht auf sie hören.

»Das da vorne, das muss es ein!«, rief ich und fuchtelte wild mit dem Arm.
Blikka machte wegen meines Temperamentsausbruchs ein paar rasche Seitenschritte.
»Ja, bestimmt! Das sieht nett aus.«
Ein bisschen hatten wir ja selbst befürchtet, dass Jennys Onkel und Tante in einer Bruchbude hausten,

mit kaputten Fenstern, vor die Plastiksäcke geklebt waren; mit abbröckelndem Putz; einem Garten, in dem das Unkraut höher war als ein Pferd; und einem Zaun, auf dem wegen Einsturzgefahr kein Vogel Platz zu nehmen wagte. Dazu der Stall mit wurmstichigen, morschen Brettern und hervorstehenden Nägeln; einer Tür, die schief in den Angeln hing und sich bei Wind knarrend hin und her bewegte; und über dem Ganzen der so genannte Heuboden, der allein von Jennys Onkel betreten werden durfte, weil etliche Bretter fehlten und mindestens die Hälfte brechen würde, sobald man einen Fuß darauf setzte, und nur Jennys Onkel wusste, welche Bretter noch wie viele Kilo verkrafteten.
Dazu Jennys Tante, eine unausstehliche Frau, die den ganzen Tag am Herd stand, fettige Haare hatte, unangenehm roch und uns immerzu an ihren Busen drücken wollte; und der Onkel, ein muffeliger, kauziger, dürrer, kleiner Typ mit zerrissener Kleidung, schmutzigem Gesicht und drei faulenden Zahnstummeln im Mund.
Stattdessen fanden wir zu unserer Erleichterung ein gepflegtes kleines Häuschen vor, mit bunten Blumenkästen an den Fenstern, einem Gemüsegärtchen mit ein paar blühenden Pflanzen dazwischen, und daneben eine Garage, in der nach Jennys Beschreibung die Kutsche stehen musste.

Gegenüber lag der Stall, der größer war, als wir ihn uns vorgestellt hatten. Um Haus und Garten war ein niedriger Zaun. Die Koppeln waren ebenfalls umzäunt. Auf dem Rasen stand ein gedeckter Gartentisch, an dem einige Frauen saßen, darunter unsere Mutter. Aha. Auch die anderen Mütter wollten sich offensichtlich davon überzeugen, dass ihre Kinder hier keinen Schaden erleiden würden.
Gerade eben ging die Stalltür auf, und Jenny, Jana und Annette kamen heraus.
»Hallo, habe ich doch richtig gehört!«, rief Jana.
»Hey, sind wir etwa die Letzten?«, fragte ich überflüssigerweise.
»Wenn du niemanden sonst eingeladen hast, ja«, erwiderte Jenny grinsend.
»Wo können wir unsere Ponys hinbringen?«, fragte Bianca.
Ich hatte eine dämliche Frage gestellt, während sie etwas wirklich Wichtiges von sich gab.
»Im Stall ist die Box für die beiden eingestreut und ansonsten könnt ihr sie erst mal hier in den kleinen Paddock bringen, bis wir alles geregelt haben.«
Wir sattelten unsere Ponys ab und brachten sie in den Paddock, der ungefähr zwanzig mal zwanzig Meter groß war.
Die Box wollten wir genauer unter die Lupe nehmen. Wegen der herausstehenden Nägel und so.

Dann begrüßten wir sämtliche anwesenden Mütter und Jennys Tante, Frau Schicker. Sie war ungefähr ein Viertel von dem, was ich befürchtet hatte. Gewichtsmäßig, meine ich. Außerdem hatte sie eine moderne, rötlich schimmernde Kurzhaarfrisur. Sicher frisch getönt. Auch war sie modern gekleidet und entsprach so gar nicht meinem Bild von einer Tante. Wie wohl Jennys Onkel aussah? Ich versuchte mir das Gegenteil von dem vorzustellen, was ich mir bisher vorgestellt hatte. Heraus kam eine Art gut gebauter Rübezahl mit Computer.
Nachdem unsere Mütter sich vergewissert hatten, dass wir nicht völlig heruntergekommen wieder nach Hause kommen würden, verabschiedeten sie sich.
Endlich!
Jetzt konnte unser Abenteuer beginnen.
Wir richteten uns erst einmal ein. Der Dachboden war recht gemütlich. Er hatte zwei Fenster, die so niedrig waren, dass man auch im Sitzen gut hinaussehen konnte.
Wir verteilten unsere Schlafsäcke auf dem Heu und breiteten unsere sonstigen Habseligkeiten vor den Fenstern aus. Dazu gehörten natürlich Taschenlampen. Weiterhin hatten wir drei Walkmen dabei, Batterien und Kassetten, damit diejenigen, die nachts Wache halten mussten, sich nicht endlos langweilten. Lesen oder Karten spielen schied als nächtliche Be-

schäftigung aus, denn dazu brauchte man Licht und das würde die Diebe stutzig machen. Außerdem war es nicht die Aufgabe der Wacheschiebenden, sich mit einem Buch zu amüsieren; sie sollten selbstverständlich die Umgebung beobachten.
Bianca und ich sorgten dafür, dass unsere Taschenmesser griffbereit waren…
Dann inspizierten wir die Box; sie war wirklich in Ordnung. Wie die meisten Ställe war auch dieser nicht gerade blitzblank, aber es gab nichts, an dem sich unsere Ponys hätten verletzen können. Wir ließen Blikka und Skeifa zunächst jedoch draußen. Pferde und Ponys gehörten unserer Meinung nach auf die Koppel. Ein Pferd ist ein Lauftier und will nicht den ganzen Tag in einer kleinen Box eingesperrt sein.
Wenn Jennys Onkel von der Arbeit kam, wollten wir ihn fragen, auf welche Koppel wir die beiden bringen konnten.
Sie mit den anderen Pferden zusammen laufen zu lassen hielten wir für wenig sinnvoll. Wegen zwei oder drei Wochen wollten wir keine Kämpfe um die Rangordnung oder gar ernste Verletzungen riskieren.
Anschließend brachten wir unsere Waschsachen ins Badezimmer, wo Jennys Tante ein Tischchen für unseren Krimskram bereitgestellt hatte.
Schließlich führte uns Jenny durch das Anwesen. Es war wichtig, dass wir mit den Örtlichkeiten vertraut

waren, wenn die Diebe kamen. Das konnte von Vorteil für uns sein. Besonders genau prägten wir uns die Schleichwege ein.

Mittlerweile war auch Herr Schicker, Jennys Onkel, eingetroffen.

Er war weder ein verhutzeltes Männchen noch ein Rübezahl. Er sah einfach ganz normal aus.

Er zeigte uns, auf welche Koppel wir die Ponys bringen konnten.

»Braucht ihr die Box überhaupt oder lasst ihr die beiden nachts draußen?«

»Nein, nein, die Box brauchen wir!«, riefen Bianca und ich entsetzt.

Das wäre ja ein Ding, erst stellten wir den Dieben eine Falle, dann reichten wir ihnen unsere heiß geliebten Ponys auf dem Präsentierteller!

»Wegen der Pferdediebe«, erklärte ich ihm.

»Jaja, schon klar. Jenny hat mir auch so lange ins Gewissen geredet, bis ich meine Pferde nachts hereinholte. Obwohl ich mir wirklich nicht vorstellen kann, dass jemand hierher kommt. Der Hof liegt doch abgeschieden.«

Wir zogen es vor, nicht zu antworten. Man kann sich allzu leicht in Widersprüche verwickeln und sich versehentlich verplappern.

Der Hof lag zwar sehr abgeschieden, aber wir hatten schließlich inseriert...

Am Abend unternahmen wir einen kleinen Ausritt, um die Umgebung zu erkunden. Anschließend war es Zeit zum Waschen, und dann wurde es dunkel.
Wie wir die Tür mit einem Brett besser sichern konnten, hatten wir bereits geübt.
Fernsehen, so hatten wir uns vorgenommen, interessierte uns während unserer Ferien im Heu nicht. Also machten wir es uns auf dem Boden gemütlich und unterhielten uns. Wir mussten ja auch noch einen Plan aufstellen, wer wann Wache halten sollte. Es war unpraktisch, dass wir zu fünft waren. Drei mal zwei wären besser gewesen.
Wir gingen davon aus, dass die Diebe nicht bei Tag kommen würden, dass es also genügen müsste, bis fünf Uhr morgens auf der Lauer zu liegen. Schließlich einigten wir uns auf halb sechs, sicherheitshalber. Es sollten immer zwei Mädchen wachen. Eine allein langweilte sich, schlief vielleicht ein oder fürchtete sich; drei waren wiederum zu viel.
Kurz und gut: Zwei von uns mussten von zehn bis zwei Uhr auf dem Posten sein und sollten dann bis halb sechs von den nächsten beiden abgelöst werden; die fünfte konnte durchschlafen. Dabei würden wir ständig abwechseln.
Heute waren Bianca und ich für die erste Wache zuständig, Jenny und Jana sollten die zweite Schicht übernehmen. Annette war darüber nicht traurig.

Bianca und ich hatten Glück, denn wir saßen alle fünf bis elf Uhr zusammen und erzählten uns irgendwelche Geschichten. Meine Schwester und ich nahmen dabei schon mal unsere Wachposition ein.
Dann legten sich die anderen schlafen. Jetzt war es so weit. Das Unternehmen »Pferdediebe fangen« hatte seinen Anfang genommen.
Welch ein denkwürdiger Augenblick! Mir war feierlich zumute. Schließlich war meine Idee der zündende Funke gewesen.
Wache halten war leider nicht sehr spannend, im Gegenteil, es wurde bald sehr langweilig.
Gut, dass wir Musik hören konnten, sonst wären wir sicherlich eingeschlafen. Angestrengt starrten wir aus dem Fenster. Schade, es gab gar nichts zu beobachten. Nichts rührte sich. Unter uns hörten wir gelegentlich ein Pferd schnauben oder rascheln. Es war eine eigenartige Stimmung.
Gegen eins kamen mir erste Bedenken. Ich kämpfte gegen die Müdigkeit und stierte verzweifelt in die Dunkelheit. So sollte das jetzt weitergehen, vielleicht noch drei Wochen? Und vielleicht würde nichts, rein gar nichts passieren? Womöglich holten sich die Diebe ihre Pferde sonstwo, während wir uns hier die Nächte um die Ohren schlugen.
Da! Eine Bewegung in der Dunkelheit! Ich zuckte zusammen und stieß Bianca an, der gerade die Augen

zugefallen waren. Plötzlich hellwach, deutete ich hinaus. Dann starrten wir beide in die nächtliche Landschaft. Schließlich erkannten wir, wenn auch mit Mühe, dass es sich nur um zwei Rehe handeln konnte. Alle Aufregung umsonst! Na, wenigstens waren wir jetzt wieder einigermaßen munter.

Allerdings hielt die muntere Phase nicht lange an. Eine Viertelstunde später mussten wir uns ständig gegenseitig anstupsen, um nicht einzuschlafen. Als die Zeiger unserer Uhren endlich auf zwei standen, waren wir heilfroh. Wir weckten Jenny und Jana und wünschten ihnen viel Vergnügen.

Die beiden waren sehr verschlafen und dachten wohl, wir hätten es mit dem Vergnügen ernst gemeint, denn sie bedankten sich höflich.

Bianca und ich krochen todmüde in unsere Schlafsäcke. Kaum lag ich drin, war ich auch schon eingeschlafen.

Am nächsten Morgen wachte ich vom Stimmengemurmel auf. Annette – klar, sie hatte ja durchgeschlafen! – sprach leise mit Jenny. Ich sah auf die Uhr. Halb neun. Na, das ging ja. Dann waren die Pferde wohl schon gefüttert und auf die Koppel gebracht worden, und ich hatte es gar nicht gehört.

Ich räkelte mich und sah mich um. Sonnenstrahlen fielen durch die staubigen Fenster.

Jana und Bianca schliefen selig. Es war wunderbar

behaglich. Ich beschloss, noch ein kleines bisschen liegen zu bleiben – schließlich hatte ich mir die halbe Nacht um die Ohren geschlagen –, und drehte mich wohlig auf die andere Seite.

Helden oder Witzfiguren?

Die Tage waren sehr angenehm. Erst frühstückten wir gemütlich am Gartentisch, dann kümmerten wir uns um die Pferde und den Stall.

Wir ritten aus, wenn es nicht zu heiß war, oder gingen zu dem nahe gelegenen See und badeten.

Oft ritten wir mit den Pferden dorthin und planschten mit ihnen im Wasser herum. Blikka, Skeifa und den anderen Pferden konnte man richtig ansehen, wie viel Spaß ihnen das Baden machte und wie wohl sie sich fühlten.

Abends saßen wir beieinander, ab und zu auch mit Jennys Onkel und Tante. Wir redeten oder spielten Gesellschaftsspiele. Es war paradiesisch. Kein Urlaub konnte schöner sein.

Die Nächte waren nicht ganz so himmlisch. Es war schwer, die halbe Nacht wach zu bleiben. Entsetzlich öde. Nichts passierte. Keine Spannung. An die Rehe, die fast jeden Abend erschienen, hatten wir uns mittlerweile gewöhnt.

Zweimal hatte jemand wegen der Anzeige angerufen. Herr Schicker hatte erklärt, dass es sich um einen Irrtum handle, und keinen Verdacht geschöpft.

»Meinst du, sie werden noch irgendwann kommen?«, flüsterte Annette gähnend. Wir waren vor etwa einer Stunde für die zweite Schicht geweckt worden, befanden uns aber weiterhin im Halbschlaf. Ich trank Saft und aß einen Riegel Schokolade, um wenigstens annähernd wach zu werden.
»Ich weiß nicht«, lallte ich. »Na ja, glücklicherweise sind die Tage sehr schön, das wiegt die umsonst durchwachten Nächte auf.«
»Ja, aber es wäre noch schöner, wenn wir die ganze Nacht durchschlafen könnten.«
»Hm, ja«, stimmte ich zu. »Aber man kann nie wissen.« Gedankenverloren stierte ich nach draußen und setzte den Kopfhörer meines Walkmans wieder auf, damit ich nicht einschlief. Die Musik half ein bisschen, aber sie war zu leise. Ich wollte jedoch nicht gehörgeschädigt werden.
»Die Rehe kommen«, flüsterte Annette und stupste mich an.
Ich hatte vor mich hin gedöst und fuhr hoch. »Wie?«
»Da, die Rehe.« Annette deutete in die Dunkelheit.
»Hm.« Ich beobachtete die Rehe und schlief darüber fast ein. Etwas hielt mich davon ab. Die Rehe … Mir

fielen die Augen zu. Die Musik düdelte. Die Rehe liefen heute komisch ... Ach, ich war ja sooo müde! Die Rehe waren wirklich komisch ... Ich fuhr hoch. Die Rehe! Plötzlich starrte ich hellwach aus dem Fenster und sah gerade noch eine Gestalt unten am Fenster vorbeihuschen.

»Du, das sind keine Rehe!« Ich schlug Annette, der die Augen zugefallen waren, vor Aufregung so fest auf die Schulter, dass sie beinahe umkippte, und riss die Kopfhörer herunter.

Ich war ganz wacklig. Sollten die Diebe tatsächlich gekommen sein?

»Was soll das?«, maulte Annette und rappelte sich hoch. »Spinnst du?«

»Das sind keine Rehe, das sind die Diebe! Sie müssen jetzt unten sein!«

Annette starrte mich an. Ihre Augen wurden immer größer. »Waaas?«, fragte sie entgeistert. Dann besann sie sich. »Wir müssen die anderen wecken.«

Jetzt musste es schnell gehen, die Diebe machten sich bestimmt schon an der Stalltür zu schaffen.

Leise rüttelten wir die anderen wach. »Hey, die Diebe sind da! Los, dalli!«

Ich hatte allerdings Bedenken, ob ich auch richtig gesehen hatte. Wenn es nun doch etwas Harmloses gewesen war, würde mich der Spott der anderen ewig verfolgen.

So schnell hatten wir uns in all den vergangenen Tagen noch nicht angezogen. Die Klamotten hatten wir jeden Abend so akkurat hingelegt, dass wir sie nur überstreifen mussten.
Bianca und ich steckten unsere Taschenmesser ein – nicht ohne ein mulmiges Gefühl.
»Also auf!« Watson flitzte energiegeladen los. Leise natürlich. Ich hinterher und dann die anderen. Die Treppe knarrte kaum, als wir hinunterschlichen.
Ich fragte mich, ob der Job im Stall nicht doch der bessere gewesen wäre, wobei ich nicht hätte sagen können, was ich eigentlich unter besser verstand – weniger gefährlich oder ruhmreicher? Aber jetzt war es zu spät, nun würde ich eben mit Bianca nach dem Verbrecherauto suchen. Wenigstens waren wir zusammen. Was ihr passierte, würde auch mir passieren. Es wäre doch nicht auszudenken, wenn meine kleine Schwester, ein einfacher Watson, aus diesem Fall hier als Berühmtheit hervorging, und ich, Holmes, würde mit falsch geschriebenem Namen in ihrem Schatten stehen. Diese Schmach!
Die Tür in der Futterkammer war kaum zu sehen. Ein Regenmantel hing darüber. Sie war von innen verschlossen, aber der Schlüssel steckte. Wir hatten das jeden Abend überprüft.
Bianca sperrte auf und sah mich noch einmal an. »Also, los geht's!«

Wir huschten hinaus. Jenny wandte sich nach links, um in großem Bogen zum Haus zu gelangen. Eigentlich, dachte ich, war ihr Job ganz schön gefährlich. Und sie war allein. Doch dann hatte ich keine Zeit mehr zum Nachdenken.
»Komm schon!«, drängte Bianca. »Wir müssen uns beeilen!«
»Wir sollten nicht direkt auf dem Weg laufen«, raunte ich ihr zu. »Vielleicht sehen wir den Wagen erst spät und laufen in eine Falle. Könnte ja sein, dass da einer wartet.«
»Hab ich auch schon gedacht.«
Hätte mich auch gewundert, wenn ich mal als Erste etwas gedacht hätte.
»Wir sollten zunächst hier über die Koppel laufen, so weit weg wird der Transporter wohl nicht sein«, schlug sie vor.
Geduckt rannten wir über die Koppeln. Der Vollmond schien, es war eigenartig hell. Einmal trat ich in etwas Weiches, sicher frische Pferdeäpfel. Musste das gerade jetzt passieren?
»Wenn wir gleich in den Wald kommen«, flüsterte ich keuchend, »müssen wir unbedingt auf dem Weg bleiben, sonst machen wir viel zu viel Krach.«
»Wir müssen eben äußerst vorsichtig sein. Und wir dürfen nicht so schnell rennen und sollten besser unsere Augen aufsperren.«

»Vielleicht steht der Wagen gar nicht direkt auf dem Weg«, gab ich zu bedenken.
»Wo denn sonst? Bis zum Waldrand sind links und rechts eingezäunte Koppeln. Und im Wald werden sie wohl kaum mit dem Transporter ins Unterholz brechen, wenn sie Pferde einladen wollen.«
»Das habe ich gerade auch gedacht«, behauptete ich. Das hatte ich tatsächlich gedacht, ehrlich, nur ein bisschen spät. Es war ja auch völlig logisch.
Wir erreichten den Waldrand und kletterten unter dem Koppelzaun durch.
Ich warf einen Blick zurück zum Haus.
»Da, gerade eben ist Licht angegangen! Dann laufen die Diebe bestimmt sofort zum Auto zurück. Wir müssen uns beeilen!«
Jetzt waren wir auf dem Waldweg. Wir rannten, aber nicht zu schnell. Es war furchtbar – vor uns irgendwo der Wagen der Diebe, und vielleicht wartete dort ein Komplize, dem wir direkt in die Arme liefen, wenn wir nicht aufpassten. Und hinter uns die Diebe selbst, die uns womöglich erwischten, wenn wir nicht schnell genug waren.
Mir war gar nicht gut. Mein Herz klopfte bis zum Hals. Ob sich Bianca auch so fürchtete? Aber wann hatte sich meine Schwester je gefürchtet?
»Hab ich vielleicht Schiss!«, raunte mir Bianca zu. »Was ist, wenn sie uns erwischen?«

Ich sah sie kurz an und sagte gar nichts. Da hatte ich gedacht, meine Schwester würde mir Mut zusprechen, und dabei hatte sie selbst Angst. Wenn ich mich einmal auf sie verlassen wollte! Mensch, Watson, reißen Sie sich zusammen!
Vorsichtig rannten wir weiter.
Ein paarmal stolperten wir und einmal konnte ich mich gerade noch fangen, als ich mit dem Fuß gegen einen Stein stieß. Ich kämpfte um mein Gleichgewicht, als Bianca mich plötzlich am T-Shirt packte und zurückriss. Sie deutete nach vorn und hielt mir den Mund zu. »Pssst!«
Jetzt sah ich es auch. Da stand der Transporter, vielleicht zwanzig Meter vor uns! Es war nur ein einfacher Anhänger für zwei Pferde. Das Auto konnten wir von hier aus kaum sehen.
Bianca und ich blickten uns an. Hinter uns kamen sicher schon die Ganoven – und vielleicht wartete dort vorn ihr Komplize?
»Wenn einer beim Auto Wache schiebt und uns sieht, laufen wir hier rechts in den Wald rein, wie besprochen«, flüsterte ich ihr zu. So würden wir früher oder später auf einen der Wege kommen, auf denen wir immer ritten und die wir kannten, und von da aus zurück zum Hof.
Im dunklen Wald, so hofften wir, würde man uns nicht so schnell erwischen.

Meine Schwester nickte. »Aber jetzt müssen wir uns beeilen.«
Ganz leise und geduckt liefen wir auf den Transporter zu. Ich zitterte vor Angst. Wenn dort wirklich einer der Verbrecher stand: »Ja, wen haben wir denn da? Was macht ihr hier?« – »Och, nichts Wichtiges, wir beobachten Fledermäuse, wir schreiben einen Aufsatz in Biologie...«
Wir erreichten den Wagen. Vorsichtig schlichen wir an der Seite des Anhängers entlang.
Niemand schien hier zu sein. Keiner saß im Auto. Es saß tatsächlich niemand darin. Darüber waren wir zwar mehr als froh, unsere Aufregung legte sich allerdings nicht. Die Diebe mussten schließlich jede Sekunde hier aufkreuzen.
So – es war so weit! Jetzt kam der Akt mit den Taschenmessern, von dem ich immer gehofft hatte, er würde uns erspart bleiben.
Ich sah Watson an. Er hatte das Messer schon gezückt. »Jetzt mach doch!«, fauchte er nervös.
»Ja, ja!« Ich holte mein Taschenmesser hervor und zog die Klinge heraus. Dann rannten wir um das Auto herum. Auf den rechten hinteren Reifen hatten wir es abgesehen.
»Schnell!«, sagte Bianca leise.
»Bei drei«, sagte ich und zählte: »Eins – zwei – und drei!« Pfff!

Es war geschafft. Wir hatten es tatsächlich getan. Ich musste morgen noch mal darüber nachdenken, wie ich das fand.
»Jetzt aber nichts wie weg!«, raunte mir Bianca zu. Ich nickte bloß. Wir rannten seitlich des Wagens in den Wald hinein. Wenn wir vor dem Auto ins Gebüsch gingen, bestand die Gefahr, dass die Diebe uns im Scheinwerferlicht entdeckten.
Wir liefen nur wenige Meter, damit das Unterholz nicht unter unseren Schritten knackte.
Ich kauerte mich hinter einen Baum. Ach, mir war gar nicht gut.
Bianca stupste mich an. Sie lag flach auf dem Boden und wedelte mit dem Arm, damit ich mich ebenfalls auf die Erde legte.
Puh, und wenn ich etwas Ekliges unter mir spürte? Einen verwesenden Hasen oder einen Kothaufen? Widerwillig legte ich mich hin.
Da, da kamen sie! Erst hörten wir sie nur. Sie gaben sich keine Mühe, leise zu sein. Sicher wollten sie bloß schleunigst weg. Sie würden sich kaum die Mühe machen, den Wald nach irgendwelchen Kindern abzusuchen, die dort Fledermäuse beobachteten.
Sie rannten keuchend. Einer stolperte. Er fluchte leise. Bestimmt war es derselbe Stein, gegen den auch ich gerannt war.
Ich grinste schadenfroh, trotz der Aufregung.

Jetzt sahen wir sie. Hier im Wald zwischen den Bäumen hindurch konnte man allerdings trotz des Vollmondes nicht viel erkennen, nur, dass es zwei waren, beide dunkel gekleidet. Der eine hatte einen Vollbart. Vielleicht war er auch nur schmutzig im Gesicht.
Sie rannten zum Auto, rissen die Türen auf, sprangen hinein, starteten den Motor und fuhren los. Keiner von ihnen interessierte sich dafür, ob die Reifen in Ordnung waren.
So, jetzt konnten wir nur noch hoffen, dass die Polizei möglichst schnell hier war. Es war nur ein Kilometer bis zur Landstraße.
Die Diebe fuhren keine zwanzig Meter, da sahen wir, dass die Bremslichter aufleuchteten. Aha!
Einer stieg aus. Dann ein lautstarkes Fluchen und: »Egal, los weiter!«
Die Tür wurde wieder zugeschlagen und der Wagen fuhr weiter, aber nicht besonders schnell.
In Gedanken verfolgte ich bereits todesmutig die Ganoven und hielt sie vorne an der Landstraße auf, indem ich mich in voller Größe vor dem Auto aufbaute.
»Wir könnten vorsichtig hinterherlaufen«, schlug Bianca vor.
Ich war gerade dabei, den Dieben mit cooler Miene meine Polizeimarke vor die Windschutzscheibe zu halten und: »Polizei, aussteigen!«, zu rufen, und fuhr hoch. »Wie?«

»Ich sagte, wir sollten vorsichtig hinterherlaufen, natürlich so, dass sie uns nicht sehen. Bei dem mickrigen Tempo schaffen wir das. Wenn sie an der Landstraße sind und die Polizei noch nicht da ist, sehen wir, in welche Richtung sie abbiegen, und können es der Polizei sagen, sobald sie kommt.«

Gute Idee. Hätte von mir sein müssen.

»Ja, klar, sicher«, erwiderte ich und stand auf.

Bianca rappelte sich ebenfalls hoch. Wir klopften uns den gröbsten Dreck von den Klamotten. Es waren keine Überreste von Häufchen dabei und es klebte auch nichts Verwesendes an mir. Dann gingen wir zurück auf den Weg.

»Hör mal«, sagte ich und lauschte. »Die anderen kommen! – Hallo, hier sind wir!«, rief ich. »Schnell, beeilt euch!«

Mittlerweile war der Wagen aus unserem Blickfeld verschwunden.

»Wir müssen hinterher!«, drängte Bianca.

»Alles okay?«, hörten wir Annette rufen.

»Ja, rennt immer den Weg entlang, wir müssen dem Auto folgen!« Damit liefen wir los.

Nach zwei Biegungen sahen wir die Rücklichter des Wagens wieder. Jetzt kam ein langes gerades Stück. Wenn nur die Polizei endlich käme!

Keuchend rannten wir dem Verbrecherauto nach. Vielleicht sollten wir bei unseren Ausritten öfter mal

vom Pferd steigen und nebenherjoggen, dann würden wir wegen ein bisschen Waldlauf nicht so japsen. Gleich musste die Landstraße kommen!
Und – endlich, die Polizei! Hinter dem ersten Wagen tauchte ein zweiter auf. Nun schalteten die Polizisten das Blaulicht ein. Das Auto der Diebe war nur noch wenige Meter entfernt. Die Diebe bremsten und die Polizisten stoppten sie vollends. Wir hörten Autotüren, Rufe, sahen mehrere Gestalten im blinkenden, unwirklichen Blaulicht umherlaufen – und dann war die Jagd auch schon vorbei, noch bevor wir all dies richtig begriffen hatten.
Vor Schreck waren wir stehen geblieben. Jetzt hatten uns die anderen eingeholt.
Jana, Jenny, Annette, Herr und Frau Schicker keuchten und schnappten nach Luft.
Da können Sie mal sehen, Watson, diese Leute kommen keine hundert Meter vorwärts, sofern sie nicht auf einem Pferd oder in einem Auto sitzen.
Trotz allgemeiner Atemnot redeten alle wirr durcheinander.
»Die Polizei ist da!«
»Die haben sie, Mensch, wir haben sie tatsächlich geschnappt, Wahnsinn!«
»Ging alles klar bei euch?«
»Hab ich mich vielleicht gefürchtet!«
»Ist jemand verletzt?«

»Vorhin wäre ich fast hingefallen!«
»Kinder, wie könnt ihr nur so leichtsinnig hinter den Dieben herlaufen!«
»Ich muss mich setzen, meine Nerven machen das nicht mit!«
»Mit den Pferden ist alles in Ordnung.« Das war Herr Schicker.
Na, prima. Wir setzten uns alle wie auf ein Kommando in Bewegung.
»Gott sei Dank ist euch nichts passiert!«, sagte Jennys Tante immer wieder. Sie war völlig aus dem Häuschen. »Meine Güte, so was Verrücktes, den Dieben hinterherzulaufen! Ja, seid ihr noch zu retten!«
Die Polizisten staunten nicht schlecht, als sie uns entdeckten.
Wir nahmen die beiden Männer ins Visier, denen man Handschellen angelegt hatte, soweit ich das erkennen konnte. Einen Augenblick hörten sie auf zu schimpfen und zu fluchen und sahen unserer kleinen Prozession entgegen.
»Tag«, sagte Jenny, »wir haben Sie angerufen.«
Es klang wie: »Tag, heiß heute, nicht wahr?«
Die Diebe hatten genug gesehen und fingen wieder an, sich wütend zu verteidigen. »Was wollen Sie überhaupt?«, rief der eine aufgebracht. »Wir haben nichts gemacht, wir sind hier nur zufällig entlanggefahren, ist das neuerdings strafbar?«

»Wenn Sie auf Ihrem Ausflug Pferde stehlen, schon«, erwiderte einer der Polizisten gelassen, während ein anderer zu uns kam und fragte, was wir hier eigentlich alle wollten.
Ich wusste gar nicht, wo ich zuerst hinhören sollte, und konzentrierte mich dann auf die Diebe und die Polizisten.
»Wir und Pferde stehlen? Sie spinnen wohl!« Das war der zweite Dieb, der mit dem Bart.
Die beiden stritten also ab, dass sie in den Stall einbrechen wollten? Das – das war ja unerhört! So unverschämt zu lügen!
Gleichzeitig schlich sich in meinen Hinterkopf ein unangenehmer Gedanke ein: Was, wenn man ihnen gar nichts beweisen konnte? Denn das wusste ich: Man braucht stichhaltige Beweise, um jemanden verhaften zu können.
»Das werden wir sehen«, sagte der Polizist. Es klang spöttisch.
»Sie können uns gar nichts beweisen. Wir haben uns verfahren, das ist alles. Oder«, fügte er höhnisch hinzu, »wollen Sie behaupten, Sie hätten beobachtet, wie wir Pferde stehlen wollten?«
»Das wird sich zeigen«, antwortete der Polizist.
»Ich habe sie doch gesehen, vor dem Stall!«, rief da Jenny.
»Bist du ganz sicher, dass es genau diese beiden da

waren? Komm ruhig ein bisschen näher.« Der Polizist blickte Jenny ernst an.
Sie trat schüchtern vor. Mir wäre an ihrer Stelle auch mulmig gewesen.
»Doch, ich bin sicher. Den da«, sie deutete auf den Bärtigen, »den habe ich eindeutig gesehen. Der Mond schien so hell und auf dem Weg zum Haus kam ich ziemlich nah an den Männern vorbei. Ich hab noch gedacht, dass der mit seinem komischen Bart aussieht wie mein Onkel Herbert.«
»Na, wunderbar!«, freute sich der Polizist, während den Dieben das Gesicht herunterfiel. »Du bist eine wichtige Zeugin, Mädchen. Wir werden dich morgen auf dem Revier brauchen, damit du deine Aussage machen kannst.«
So. Da hatten wir's. Jetzt war Jenny die Heldin. Sie durfte zur Polizei und eine Aussage machen, sie war eine wichtige Zeugin. Und ich, Sherlock Holmes, war so unwichtig wie Watson.
Ehrlich gesagt, ein bisschen Neid schlich sich schon bei mir ein. Ganz schnell war er da, ohne dass ich es verhindern konnte.
»Ich glaube, wir brauchen alle Mädchen beim Verhör morgen«, meinte da der Polizist, der mit Herrn und Frau Schicker gesprochen hatte. Auch Jana hatte mit ihm geredet, wie ich mit halbem Ohr mitbekommen hatte. »Nach dem, was ich hier gehört habe, haben

sich die Kinder auf die Lauer gelegt, um die Diebe zu erwischen.«
»Wir haben ihnen sogar eine Falle gestellt«, warf Annette ein.
Der Polizist, der eben mit Jenny geredet hatte, schüttelte ungläubig und zugleich vorwurfsvoll den Kopf. »Was habt ihr? Mensch, Mädels, das hätte aber leicht ins Auge gehen können.«
»Du warst doch schon mal bei uns«, sagte plötzlich einer der Beamten, die die Diebe festhielten, und musterte mich.
Auwei, den hatte ich ja gar nicht gesehen!
»Und du auch.« Er deutete auf Bianca. »Du hattest schon damals irgendeinen Hinweis wegen der Diebstähle«, wandte er sich wieder an mich.
»Ja, schon.« Ich grinste verlegen.
»So, und da habt ihr gedacht, wir können den Fall nicht ohne eure Hilfe aufklären.« Er sah einen Moment lang streng aus.
Ich wurde immer kleiner.
Dann aber lächelte er. »Na, ist ja alles gut gegangen. Aber noch mal macht ihr so was nicht, klar?«
Wir versprachen es. Hoffentlich war das nicht leichtfertig gewesen…
»Wir bringen die beiden erst mal weg«, sagte der Polizist zu seinen Kollegen. Jetzt fiel mir auch sein Name wieder ein – Rehmet.

Die Diebe wurden ins Auto verfrachtet; die Polizisten wendeten und fuhren davon.
»So, und jetzt möchte ich die Story auch mal hören, wenn wir schon hier sind.« Der andere Polizist lächelte uns an.
Also erzählten wir die Geschichte von Anfang an, jede ein bisschen. Schließlich hatten wir ausnahmslos alle zum Erfolg beigetragen.
Jetzt erfuhren wir auch, was während Biancas und meiner Abwesenheit passiert war: Annette und Jana hatten zunächst wie geplant von innen ein Brett zwischen Türklinke und Türrahmen geklemmt, damit die Tür von außen nicht zu öffnen war.
Als im Haus das Licht anging, nahmen die Diebe die Beine unter die Arme.
Jennys Onkel und Tante brauchten ein Weilchen, bis sie begriffen hatten, worum es ging. In der Zwischenzeit hatte Jenny die Polizei alarmiert. Und dann liefen auch schon alle los, um nach Bianca und mir zu suchen.
Es wurde langsam Tag, als die beiden Polizisten wieder wegfuhren.
Wir Mädchen waren hellwach, keine von uns wollte schlafen gehen.
Jennys Onkel beschloss, sich für heute beurlauben zu lassen. Ich glaube, er war noch reichlich zittrig, aber das wollte er sicher nicht zugeben.

Außerdem sollte, sobald es hell war, die Spurensicherung eintreffen, um den Bereich um die Stalltür abzusuchen. Ich wusste nicht, was man dort zu finden hoffte, vielleicht irgendwelche Kratzer oder Schuhabdrücke. Fingerabdrücke gab es gewiss nicht, denn die Diebe hatten Handschuhe getragen. Aber bestimmt war alles wichtig, wenn man die Gauner ins Gefängnis bringen wollte.
Wir setzten uns erst einmal gemütlich an den Gartentisch und frühstückten bei Sonnenaufgang. Es war einfach herrlich!
Unglaublich, welchen Bärenhunger man bekommt, wenn man mitten in der Nacht Pferdediebe durch den Wald verfolgt!

Mittags fuhr ein Polizeiwagen vor. Zwei Beamte stiegen aus und informierten uns, was inzwischen geschehen war: Die Männer hatten weiterhin geleugnet, die Pferdediebe zu sein. Auch als man in ihrem Auto Werkzeug und einen Dietrich gefunden hatte, wollten sie nicht gestehen. Dabei hatten wir doch Jenny als Augenzeugin!
Dann fand die Polizei heraus, dass einer der beiden Ganoven einen Bruder hatte, der knapp dreihundert Kilometer entfernt wohnte und Pferdehändler war. Und bei diesem entdeckten die dortigen Kollegen tatsächlich eines der gestohlenen Pferde, das noch

nicht verkauft worden war. Draufhin hatten die beiden endlich klein beigegeben.
Sie hatten sich übrigens, wie Bianca und ich uns gedacht hatten, auf so genannte Freizeitpferde spezialisiert, weil diese nicht immer eingetragen sind. Solche Tiere lassen sich leichter verkaufen als eingetragene und in Reiter- und Züchterkreisen bekannte Zucht- und Sportpferde.
Der Pferdehändler war ebenfalls verhaftet worden, da er wissentlich gestohlene Pferde verkauft hatte. Jetzt bemühte sich die Polizei darum, die wohl ahnungslosen Käufer der Pferde ausfindig zu machen.
Im Übrigen: Zwar arbeitete keiner der Diebe bei »Unser Pferd« – aber einer von ihnen hatte einen Bekannten in der Druckerei, der ihm die Tipps lieferte!
Ha! Endlich! Meine Theorie war bewiesen! Komplett! Ich platzte vor Stolz.
Zu guter Letzt baten uns die Beamten, morgen früh um neun Uhr aufs Polizeirevier zu kommen, damit wir unsere Aussage machen konnten. Schließlich musste alles seine Ordnung haben und schriftlich festgehalten werden.
»Die armen Leute«, meinte Jana, als die Polizisten weggefahren waren. »Da haben sie sich ein Pferd gekauft und haben es vielleicht schon lieb, und jetzt müssen sie es an die alten Besitzer zurückgeben.«
»Na ja, vielleicht nicht alle«, erwiderte Jennys Onkel.

»Schließlich waren die Pferde sowieso teilweise zu verkaufen, warum also sollten die Leute sie nicht behalten dürfen, wenn man sich über den Preis einigt?«
»Wieso über den Preis einigt? Müssen sie sie denn noch mal bezahlen?«, fragte ich entrüstet.
»Das weiß ich nicht. Aber etwas Gestohlenes muss man zurückgeben. Man kann allenfalls versuchen, das Geld vom Verkäufer, in diesem Fall von dem betrügerischen Pferdehändler, zurückzubekommen.«
»Manche Pferde sollten ja gar nicht verkauft werden«, sagte Annette, »und deren Besitzer werden sich bestimmt riesig freuen, wenn sie ihre Tiere wiederbekommen.«
»Und das ist unser Verdienst!«, fügte Bianca begeistert hinzu.
Ja, dachte ich mit einem wohligen Gefühl im Bauch. Unser Verdienst. Super, nicht!

Am Nachmittag kam, was kommen musste: unsere Eltern, zumindest ein Teil davon. Einige waren ja bei der Arbeit. Alle redeten durcheinander. Es war furchtbar. Teilweise waren sie verärgert, wie wir auf so eine Schnapsidee kommen konnten. Das waren die Momente, in denen ich es für besser hielt, mich nicht hervorzutun.
Und teilweise waren sie unverkennbar stolz. Die Frage, wer denn auf diesen verrückten Einfall gekom-

men sei, klang eher anerkennend. In diesen Augenblicken hätte ich gern gebrüllt: »Ich!«
Aber dann ließ ich es doch bleiben. Denn Bianca hatte meine Idee aufgegriffen. Und letztendlich waren wir zu fünft gewesen und jede hatte ihren Teil beigetragen. Ohne Jenny, der wir es zu verdanken hatten, dass wir hier übernachten und unsere Falle aufstellen konnten, hätte ohnehin alles nicht geklappt.
Nachdem sich die erste Aufregung bei unseren Eltern gelegt hatte, wurde es langsam gemütlich und wir konnten in aller Ruhe erzählen. Der eine oder andere schüttelte zwar zwischendurch entgeistert den Kopf, aber niemand schimpfte mehr.
Wir beschlossen – mit dem Einverständnis der anwesenden Eltern und sonstigen Verwandten –, noch ein paar Tage hier zu bleiben. Schließlich konnten wir erst jetzt alles so richtig genießen, da wir nachts keine Wache mehr halten mussten. Wir würden uns ein paar uneingeschränkt schöne Ferientage gönnen!
Am Nachmittag kamen tatsächlich zwei Reporter der Tageszeitung und interviewten uns. Fotografiert wurden wir auch – natürlich ohne Mistgabel in der Hand, und keine von uns hatte versehentlich Pferdeäpfel an den Schuhen.
Nun würden wir also doch in die Zeitung kommen. Wer hätte das gedacht!
Halt, da fiel mir noch etwas ein!

»Sie«, wandte ich mich an einen der Reporter, »sagen Sie mal, haben Sie meinen Namen auch richtig geschrieben? Natalie, mit ›ie‹. Und Schreyer mit Ypsilon. Und habe ich schon erwähnt, dass ich mit Blikka, meinem Pony, kürzlich bei einem Geschicklichkeitswettbewerb Erste geworden bin und dass Blikka unglaublich schnell ist?«

Teil 2:

Samoa, mein Pferd

Gibt es das Wunderpferd?

Das wievielte Pferd war das eigentlich, das ich da gerade zum Probereiten sattelte? Ich konnte sie schon gar nicht mehr zählen.
Der dunkelbraune Wallach machte einen recht netten Eindruck.
Dennoch hatte ich wieder einmal das Gefühl, dass etwas fehlte. Ich bildete mir nun mal ein, dass ich das Pferd, das ich haben wollte, sofort erkennen müsste. Woran, wusste ich nicht so genau – vielleicht eine Eingebung, der Blick des Pferdes oder so.
Man muss doch spüren, wenn man das Pferd findet, das zu einem passt. Oder irre ich mich?
Zweifelnd führte ich Taras, so hieß der Wallach, auf den Außenreitplatz. Wenn wir ihn kaufen würden, müsste er auf jeden Fall einen anderen Namen be-

kommen. Taras erinnerte mich zu sehr an Putzmittel. »Reinigen Sie Ihr Bad mit Taras und der Glanz kommt wie von selbst!«
Ich fasste die Zügel kürzer, griff nach dem Bügel und stieg auf. Der Pferdehändler nickte mir aufmunternd zu und grinste breit. Der Mann sah nicht gerade sympathisch aus.
Papa stand daneben und sah mich mit einer verzweifelten Mischung aus »Hoffentlich gefällt ihr das Pferd« und »Wahrscheinlich gefällt ihr dieses Pferd auch wieder nicht« an.
Dann ritt ich los. Ein paar Runden Schritt, ein paar Runden Trab, durchparieren. Ein paar Figuren im Schritt, ein paar im Trab, halten. Rückwärts richten, antraben und ein bisschen Galopp.
Na ja. Nicht schlecht.
Aber wo war der Draht, den ich zu »meinem« Pferd spüren wollte?
So etwas wie plötzliche Zuneigung. Oder zumindest Interesse.
Ich stellte mir vor, Taras würde bei uns im Reitstall stehen. Ich würde jeden Tag hinfahren und mit ihm ausreiten, Dressur üben oder einfach nur bei ihm in der Box oder auf der Koppel sitzen. Waren das nicht erfreuliche Möglichkeiten?
Nein, schoss es mir durch den Kopf, eigentlich nicht. Nach ein paar Runden Schritt stieg ich ab und sah

Taras noch einen Augenblick an. Sollte ich ihn nicht vielleicht zur Probe mitnehmen? Nein.
Da war es schon wieder, dieses Nein. Es kam, ohne dass ich es richtig gedacht hatte. Es erschien mir wie ein deutliches Zeichen.
Na, dann war da wohl nichts zu machen. Wie sollte ich das nur Papa schonend beibringen?
Der Händler nahm mir Taras ab, um ihn in den Stall zu führen.
Ich versuchte höflich zu lächeln – bis mir einfiel, dass ich dabei immer furchtbar doof aussehe.
Kaum war er außer Hörweite, fragte Papa ergeben: »Und? Was gefällt dir an diesem Pferd nun wieder nicht, Melli?« Es muss dieses verkrampfte Lächeln gewesen sein, das mich verraten hatte.
Papa ist meistens die Ruhe selbst. Aber es ließ sich nicht länger verheimlichen, dass es ihm allmählich auf den Geist ging, seiner Tochter ständig Pferde vorführen zu lassen, die ihr dann nicht gefielen. Auf seiner hohen Stirn hatten sich in letzter Zeit etliche Falten gebildet. Sogar sein Lächeln war verschwunden. Armer Papa. Ich glaube, er war in den vergangenen Wochen um Jahre gealtert.
»Ach«, meinte ich unbestimmt. Was genau gefiel mir an Taras nicht, außer seinem Putzmittel-Namen? Er war nicht hässlich. Er ging auch ordentlich. Was also passte mir nicht an ihm?

»Er ist einfach – langweilig. Ich weiß nicht. Er hat so ein fades dunkelbraunbraunes Fell und« – plötzlich wusste ich es – »seine Augen! Ich mag seine Augen nicht. Sie sind ausdruckslos. Und sie sind auch nicht schön.«
»Soll ich das wirklich dem Händler sagen?«, fragte mein Vater trocken. »Dass dir die Augen des Pferdes nicht gefallen?«
Ich grinste verlegen. Schließlich wusste ich selbst, dass ich mich unmöglich anstellte. Endlich sollte ich ein Pferd bekommen – ich war vor zwei Monaten zwölf geworden und zum zwölften Geburtstag hatten mir meine Eltern schon letztes Jahr ein Pferd versprochen – und dann fand ich keines. An jedem hatte ich etwas auszusetzen. Ich glaube, wir hatten mindestens dreißig Pferde angeschaut und bestimmt zwanzig davon hatte ich Probe geritten. Aber keines hatte mir so gut gefallen, dass ich es auch nur für ein paar Tage auf Probe mitnehmen wollte.
Da war zum Beispiel dieser Schimmelwallach gewesen, für den sich nicht einmal Vater begeistern konnte. Kein Wunder – bei dem verschlagenen Blick. Als ich ihn streicheln wollte, schnappte er nach mir. Da hatte auch meine Mutter genug. »Komm, Melli, wir gehen«, sagte sie bestimmt.
Also gingen wir. Ohne Pferd.
Damals war meine Mutter noch immer dabei gewe-

sen. Mittlerweile fuhr sie gar nicht mehr mit. Es sei ihr zu dumm, hatte sie vor ungefähr siebzehn Pferden erklärt, dauernd im Auto durch die Gegend zu kurven, um sich Pferde anzusehen, die ich doch nicht haben wollte und die sie nie wieder sehen würde. Sollte es einmal ernst werden und ich tatsächlich ein Pferd finden, mit dem ich mich anfreunden könnte, sollten wir ihr doch bitte Bescheid geben, damit sie es dann ebenfalls begutachten könne. Bis dahin würde sie sich lieber um ihre Katzen kümmern, die seien sowieso viel handlicher als ein Pferd.
So fuhren mein Vater und ich seit etwa acht Wochen allein auf Pferdesuche. Wir hatten einen Rappwallach gesehen, der beim Galoppieren wie ein Gestörter losraste und buckelte. Sonst war er nicht übel, aber mein Vater wollte kein Pferd kaufen, das seine Tochter vermutlich bald abwerfen würde.
Dann besichtigten wir einen Schimmelwallach, der mir auch nicht gepasst hatte. Ebenso ein brauner Wallach, der total verritten war und so hart im Maul, dass er meine Zügelhilfen überhaupt nicht bemerkte. Eine Schimmelstute, die unglaublich missmutig gewirkt hatte – ich konnte doch kein Pferd kaufen, das mich mit einem Hau-bloß-hier-ab-Blick ansah, wenn ich mich ihm auf mehr als drei Meter näherte. Und noch einige andere, an die ich mich teilweise gar nicht mehr erinnern konnte.

Manchmal dachte ich, es wäre klüger das Suchen aufzugeben.
Vielleicht würde mir eines Tages das Pferd, das ich haben wollte, zufällig über den Weg laufen. Aber daran mochte ich nicht glauben.
Mein Vater sah mich immer noch fragend an.
»Sag doch, was du in so einem Fall immer sagst«, flüsterte ich ihm zu, weil der Händler gerade den Stall verließ und mit einem breiten Verkäufergrinsen auf uns zukam.
»Nun, was meinen Sie? Ein gutes Pferd, da liegen Sie auf jeden Fall richtig.«
Das sagten sie alle. Sogar bei dem buckelnden Rappwallach hatte der Händler sich so geäußert.
»Wir sind uns nicht ganz sicher«, säuselte Papa geübt. »Meine Tochter und ich sehen uns heute noch ein anderes Pferd an. Wenn wir Interesse haben, kommen wir wieder auf Sie zu.« Das gefiel mir immer am besten, dieses »Wir kommen wieder auf Sie zu.« Ich suchte längst nach einer passenden Gelegenheit, diesen Satz einmal anzuwenden.
»Überlegen Sie nicht zu lange! So ein gutes Pferd ist schnell weg«, behauptete der Händler. »Ich habe noch einen Interessenten, der sich bis morgen entscheiden will. Ich treffe ihn heute Nachmittag.«
Noch einen Interessenten? Pferdehändler haben verdächtig oft noch einen Interessenten.

Papa und ich lächelten höflich und verabschiedeten uns ohne auf den zweiten Interessenten einzugehen. »Kaum vorstellbar, dass wir diesen Unsinn mit dem anderen Interessenten am Anfang tatsächlich geglaubt haben«, meinte Papa, als wir wieder im Auto saßen und auf dem Heimweg waren.

»Und?«, empfing uns meine Mutter mit einem Staubtuch in der Hand. »Was gab es diesmal an dem Pferd auszusetzen?« Dabei hatte ich doch noch kein Wort von mir gegeben.
Ich grinste bereits wieder verlegen und sagte lieber nichts. Das übernahm Papa für mich.
»Diesmal«, sagte er betont, »diesmal haben uns die Augen des Pferdes nicht gefallen.«
Mutti wischte über die Kommode im Flur. »Ich habe ja gleich gesagt, ihr hättet die hübsche Fuchsstute damals kaufen sollen.« Sie meinte eine klobige Stute mit Holzbeinen, die wir vor einigen Wochen angeschaut hatten.
»Ich geh in mein Zimmer«, erklärte ich, bevor ich mir wieder die alte Leier anhören musste, dass anderer Leute Kinder froh wären, wenn sie ein Pferd bekämen, und dass die bestimmt nicht solche Ansprüche stellten. Ich war ja auch mehr als froh, dass ich ein Pferd bekommen sollte, wirklich. Aber ein Pferd kauft man nicht für ein paar Tage. Man kauft es für viele Jahre.

Und man kann es nicht wieder abschieben, wenn es einem nach ein paar Wochen doch nicht mehr gefällt. Sollte man zumindest nicht. Ein Pferd will nicht immer hin und her geschubst werden. Es möchte sich zu Hause fühlen.
Deswegen muss man sicher sein, dass man auch das richtige Pferd kauft.
Wieso verstanden meine Eltern das nicht? Nun, sie hatten eben keine Ahnung davon.
»Wir essen in fünf Minuten!«, rief meine Mutter mir nach, als ich gerade nach oben in mein Zimmer ging. »Und kämm bitte deine Haare.«
Das war ja wieder mal gemein. Kämm deine Haare! Ich hatte sie erst vorhin gekämmt, als wir losgefahren waren.
Kann ich vielleicht was dafür, dass sie immer so strubbelig aussehen? Das weiß Mutti am besten! Sie hat schließlich fast das gleiche Haar wie ich: braun mit einer starken Naturkrause.
Ihr Haar ist nicht ganz so kraus wie mein kinnlanges. Deswegen schaut ihre Frisur ordentlicher aus.
Seufzend bürstete ich noch einmal durch meine widerspenstigen Naturkringel. Wieso hatte ich nicht Papas Haare erben können, wie mein Bruder Ralf? So schön glatt und pflegeleicht.
Die angelehnte Tür öffnete sich und Miranda schob sich mit einem leisen Miau herein. Sie kam zu mir,

sah mir interessiert beim Kämmen zu und schmiegte sich an meine Beine. »Hallo, Miranda, wo sind denn deine beiden kleinen Freundinnen?«
Wir haben drei Katzen. Es sind Muttis Lieblinge. Katzen sind ihre große Leidenschaft. Ich weiß allerdings nicht, was sie an ihnen so toll findet. Ich meine, was kann man schon mit ihnen anfangen? Kann man auf ihnen reiten? Nein. Man kann sie nur streicheln. Natürlich sind sie liebenswert, aber mit einem Pferd kann man eben viel mehr anfangen. Allerdings muss ich zugeben, dass Pferde umständlicher zu halten sind und bedeutend mehr kosten.
Miranda ist trotz ihres hochtrabenden Namens eine ganz normale Hauskatze. Getigert und ohne jedes Abzeichen. Wir haben sie vor zwei Jahren als junges Kätzchen im Wald gefunden, verlassen und ziemlich ausgehungert. Offensichtlich hatte ein verantwortungsloser Mensch sie dort ausgesetzt.
Keine Frage, dass wir sie mitgenommen und wieder hochgepäppelt haben.
Die anderen beiden sind Rassekatzen.
Dolores ist eine wunderschöne Birmakatze: beige, mit einem schwarzen, buschigen Schwanz, schwarzen Ohren und einem schwarzen Gesicht. Sie hat schwarze Beine, aber weiße Pfoten. Und ein unglaublich seidiges langes Fell. Dazu tolle blaue Augen. Eine echte Schönheit.

Die andere, Elenor, ist eine Khmerkatze. Habe ich schon erwähnt, dass Mutti nichts von gewöhnlichen Namen hält? Von wegen Minka oder so. Nichts da. Miranda, Dolores und Elenor. Bloß mich haben sie Melanie genannt. Das ist doch im Vergleich mit den Katzennamen wirklich gewöhnlich. Ich müsste mindestens Raffaela heißen oder Jacqueline.
Also Elenor. Auch ihre Augen sind blau und sie ist ebenfalls beige. Aber ihre Ohren, das Gesicht, der Schwanz und die Beine sind hellgrau. Ihr Fell ist beinahe noch seidiger als das von Dolores. Zwischen den beiden nimmt sich Miranda fast wie Aschenputtel aus. Aber die drei wissen ja nicht, dass Dolores und Elenor unheimlich teuer waren und Miranda bloß ein Findelkind aus dem Wald ist. Gut, dass Katzen so was nicht verstehen können.
Miranda sah immer noch interessiert auf meine Haarbürste. Als ein Haar zu Boden fiel, starrte sie ihm nach und versuchte damit zu spielen.
»Kinder, das Essen ist fertig!«, rief Mutti von unten.
»Ich komme gleich!«, brüllte ich zurück. »Ich geh jetzt runter«, erklärte ich Miranda. Wenn ich mich mit Pferden unterhalte, kann ich auch mit Katzen reden. »Willst du hier bleiben oder mitkommen?«
Miranda entschloss sich mitzukommen und folgte mir zögerlich. Kaum öffnete ich die Tür, lief mir auch schon mein Bruder über den Weg.

Typisch: Wenn es etwas zu essen gibt, ist er immer der Erste. »Na, endlich was Passendes gefunden?«, fragte Ralf. Es hörte sich an, als hätten Papa und ich gerade Klamotten gekauft.
»Nein, leider nicht.«
»Wird schon noch«, meinte er aufmunternd.
Manchmal ist mein Bruder echt nett zu mir, zumindest wenn er allein ist. In Gegenwart seiner Freunde wird er allerdings unerträglich.
Besonders schlimm benimmt er sich, seit er dieses Jahr zu seinem fünfzehnten Geburtstag ein Mofa bekommen hat. Das war der Moment, in dem er größenwahnsinnig wurde. Wenn er losfährt, bildet er sich ein, auf einer 100-PS-Maschine zu sitzen. Meistens beugt er den Oberkörper ganz weit vor, sodass sein Kinn fast auf dem Lenker klebt, und macht »brrrmm, brrrmm!«.
Ich hoffe dann immer, dass ihn dabei niemand sieht, der weiß, dass ich seine Schwester bin.
Jetzt klopfte er mir freundschaftlich auf die Schulter. »Keine Panik! Als ich mein Mofa bekommen sollte, musste ich auch wochenlang suchen, bis ich das Passende hatte.«
Er verglich tatsächlich einen Haufen Blech mit einem Lebewesen! Ich war so sprachlos, dass ich nur nickte. Man will ja auch nicht gleich patzig sein, wenn der große Bruder mal seine freundliche Tour hat. Sie wür-

de sowieso nicht lange dauern, das weiß ich aus Erfahrung.
Wir gingen ins Wohnzimmer, wo Dolores und Elenor frisch gebürstet, schön glänzend und elegant auf der Couch lagen. Miranda brauchte keine Bürste, sie glänzte von Haus aus. Leichtfüßig sprang sie auf die Couch und legte sich zu den beiden anderen.
Das Essen stand schon auf dem Tisch und roch ausgesprochen gut. Es hat etwas für sich, wenn Mutti von einem Kochkurs zum nächsten rennt.
»Was gibt's heute?«, erkundigte ich mich.
»Hättest du dich nicht umziehen können?«, fragte Mutti vorwurfsvoll statt einer Antwort. »Mit den dreckigen Reithosen zum Mittagessen!«
»Ach, Mutti, das ist doch egal. Ich muss nachher sowieso wieder in den Stall.«
Ich hatte heute Vormittag meine Reithose angezogen, damit ich Probe reiten konnte. Warum sollte ich mich vor dem Essen umziehen, wenn ich gleich danach wieder die Reithose brauchte?
»Und außerdem ist die Hose nicht schmutzig – an der Sitzfläche zumindest nicht. Damit sitze ich nämlich im Sattel«, fügte ich hinzu.
»Oder auf dem Boden oder im Stroh oder auf irgendwelchen staubigen Kisten.«
Ach, und was war mit den Katzen? Wo strolchten die überall herum? Die Katzen durften eben alles!

»Die Hose ist frisch gewaschen«, behauptete ich. Vorgestern gilt noch als frisch, oder?
Mutti seufzte kopfschüttelnd und schwieg. Sie sah wohl ein, dass jeder weitere Einwand zwecklos gewesen wäre.
»Also, was gibt's denn heute zu essen?«, fragte jetzt auch Papa. Er hatte sich zwar ebenfalls nicht umgezogen, aber das schien Mutti nicht zu stören. Klar, er war nicht geritten, hatte das Pferd nicht einmal angefasst oder gestreichelt. Aber das konnte Mutti ja nicht wissen. Papa trug immer noch seine Jeans. Damit sieht er nicht halb so seriös aus wie unter der Woche, wenn er einen Anzug trägt. Papa ist stellvertretender Direktor in einer Bank. Dort darf er bloß mit Anzug und Krawatte rein. Ich werde bestimmt nie in einer Bank arbeiten, wenn die einem sogar vorschreiben, was man anziehen soll.
»Es gibt ein Kartoffel-Käse-Soufflé«, erklärte Mutti. Soufflés sind ihre Lieblingsgerichte, seit sie in einem Kochkurs gelernt hat, wie man sie zubereitet.
Hoffentlich musste ich nachher nicht abtrocknen. Abtrocknen ödete mich an. War heute nicht Ralf an der Reihe? Ach nein, war er nicht.
»Melli, du hilfst mir nach dem Essen bitte noch mit dem Abwasch«, sagte meine Mutter prompt.
Ich stöhnte leise. Genau wie ich es befürchtet hatte. Da verging einem glatt der Appetit, echt.

Hätte sie mir das nicht erst nach dem Essen sagen können? Und wieso brachte sie niemals die Reihenfolge durcheinander, sodass Ralf nie zweimal hintereinander abtrocknen musste? Vielleicht hätte er es gar nicht bemerkt.
Ich verzichtete auf jeden Einwand. Es hätte sowieso nichts gebracht.
Es gab nur ein Entrinnen: Die Sache möglichst schnell hinter sich zu bringen. Und dabei Ralf nicht anzuschauen, der schadenfroh vor sich hin grinste.

Eine knappe Stunde später war ich auf dem Weg in den Stall. Tanja, meine beste Freundin, war schon da. Wie erwartet, fand ich sie bei Püppi, ihrem Lieblingspferd. Püppi ist ein Schulpferd, eine kleine Schimmelstute. Ein liebes und verschmustes Pferd, aber selten sauber. Sie scheint den Schmutz förmlich zu suchen. Wenn ihr Körper in reinem Weiß erstrahlt, fühlt sie sich einfach nicht wohl. Stellt man sie frisch gewaschen und porentief rein in eine sauber eingestreute Box, schafft sie es, zwei Minuten später einen Haufen fallen zu lassen und sich hineinzulegen. Wahrscheinlich hebt sie sich dafür ein paar Pferdeäpfel auf.
»Hallo! Wie war das Pferd? Hat es dir gefallen?«, begrüßte mich Tanja schon von weitem.
Ich verzog das Gesicht.

»Es war wieder nichts. Frag mich nicht warum. Papa stöhnt bloß noch. Ich glaube, ich finde nie ein geeignetes Pferd für mich.«
»Ach was, eines Tages wirst du eines sehen und sagen: Das ist es, das will ich und sonst keines.«
»Ja, und es wird fünfzigtausend Mark kosten und Papa wird fragen, ob ich noch ganz dicht bin.«
Tanja lachte.
Neidisch beobachtete ich, wie sie lässig durch ihr flott geschnittenes braunes Haar fuhr. Es sieht immer perfekt aus, egal ob morgens nach dem Aufstehen oder nach einem Geländegalopp bei Windstärke zehn. Meine Haare sehen nach so einem Galopp aus wie die verdorrten Sträucher, die in Westernfilmen immer durch die Geisterstädte geweht werden.
Ich fand das ungerecht!
»Ich geh Greta suchen und frage, wen ich reiten kann«, sagte ich zu Tanja.
»Greta ist bei Trullala«, erklärte Tanja.
Trullala ist Gretas Pferd. Schwer zu verstehen, warum sie den Wallach nicht umbenannt hat, als sie ihn kaufte, aber man gewöhnt sich an alles.
Ich erwischte Greta, als sie gerade mit Sattel und Trense aus Trullalas Box kam.
»Hallo, Melli«, begrüßte sie mich.
Greta hat ebenfalls kurzes braunes Haar, wie Tanja, aber ihres ist nicht so flott geschnitten.

Vielleicht sollte sie mal zum Friseur gehen anstatt es immer selbst zu schneiden.
Doch Greta legt nicht viel Wert auf ihr Äußeres.
»Ich habe einfach keine Zeit mich schön zu machen«, erklärt sie häufig.
Na, ehrlich gesagt, dazu würde man auch einige Zeit brauchen, um Greta schön zu machen. Sie hat ein eher grobes Gesicht und ist nicht unbedingt das, was man im Allgemeinen als hübsch bezeichnet. Aber als Reitlehrerin ist sie super, da gibt es keinen Zweifel. Sie sieht jeden Fehler. Und sie erklärt sie einem auch so, dass man sie einsieht und sich verbessern kann. Wenn Greta merkt, dass man sich Mühe gibt, fördert sie einen richtig. Das mag ich an ihr.
Ich gebe mir meistens große Mühe und Greta belohnt das auch. Bei unserem letzten Vereinsturnier durfte ich sogar mit Trullala eine E-Dressur reiten und bin Zweite geworden.
»Hallo«, erwiderte ich. »Ich wollte mal fragen, wen ich heute reiten kann.«
Greta überlegte kurz. »Nimm Fuzzi«, sagte sie dann.
Fuzzi, unser einziger Rappe unter den Schulpferden, ist einer von denen, die ihre Reiter gern veräppeln. Aber nicht mit mir!
Als ich in der Stunde gleich zu Anfang auf den Zirkel ritt, Fuzzi aber lieber geradeaus hinter Püppi hergehen wollte, da genügte schon ein energischer Schen-

keldruck verbunden mit einem drohenden »Na!« und Fuzzi wusste: Ach, die ist das wieder; na dann will ich mal lieber tun, was sie sagt.
Von da ab ging er wie ein kleiner schwarzer Engel und war lammfromm.
Man darf eben in so einer Situation nicht die geringste Unsicherheit erkennen lassen.

»Fuzzi ging mal wieder super bei dir«, bemerkte Manuela nach der Stunde. »Wie machst du das nur? Bei mir geht er nie so.«
»Hm, ich weiß auch nicht.« Ratlos zuckte ich mit den Schultern. Manuela war, wie jeder wusste, hoffnungslos unbegabt. Aber sollte gerade ich ihr das klarmachen? Nein, danke.
»Man muss sich eben gleich zu Anfang durchsetzen, dann geht er ganz brav«, meinte ich schließlich, da Manuela offensichtlich auf eine Antwort wartete.
»Ja, aber bei dir geht er auch noch am Zügel.«
Was sollte ich dazu sagen? Ich ritt seit zwei Jahren mindestens dreimal die Woche, da durfte man doch wohl von mir erwarten, dass ich ein Pferd am Zügel reiten konnte.
»Ach, mach dir nichts draus«, tröstete ich Manuela. »Ich reite doch viel länger als du, das kommt schon noch.« So in zwanzig Jahren, schätze ich. Hach, wie gemein von mir!

»Na, hoffentlich!«
Greta trat zu uns. »Hast du Interesse an einem Ausritt morgen?«, wandte sie sich an mich. »Ein Pferd ist noch frei. Tanja hat sich schon eingetragen. Es wäre prima, wenn du auch mitkommst.«
»Au ja!« Morgen ausreiten! Das Wetter sollte wieder schön werden. Es war Ende August.
Dann fiel mir etwas ein. »Wann denn? Papa und ich schauen uns am Vormittag noch ein Pferd an.«
»Erst am Nachmittag, um zwei.«
»Dann ist es kein Problem.«
Wenn ich gewusst hätte, was für Folgen dieser Ausritt haben würde, dann …

Ein Traum von einem Pferd

»Was ist das denn wieder für ein Pferd, das wir uns heute anschauen? Ich komme allmählich durcheinander.« Damit gab Papa mir wohl durch die Blume zu verstehen, dass ihm die Pferdeschau endgültig zum Hals heraushing.
Ich tat so, als hätte ich seinen leicht tadelnden Hinweis nicht verstanden. Sonst hätte er sicher wieder davon angefangen, dass ich mich endlich mal für ein Pferd entscheiden solle, so schwer könne das doch gar nicht sein.

»Eine Stute, direkt vom Züchter. Viereinhalb Jahre alt. Gute Anlagen als Dressurpferd. Preis Verhandlungssache«, meinte ich bewusst locker.

Papa sagte nur »Aha« und konzentrierte sich auf den Straßenverkehr.

Ich starrte aus dem Wagenfenster, war aber in Gedanken weit weg.

Als ich gestern die Anzeige gelesen hatte, hatte ich gleich ein Kribbeln gespürt, so ein Gefühl: Das könnte es sein. Vor allem weil die Stute direkt vom Züchter kam.

Ich finde es einfach gut und auch beruhigend zu wissen, woher das eigene Pferd kommt. Und ich stelle es mir ideal vor, ein Pferd zu haben, dessen Züchter man kennt. Man kann sehen, wie es aufgewachsen ist und wie die Leute, denen es gehört hat, mit ihm umgegangen sind.

Ab und zu fährt man am Wochenende mal hin, trinkt eine Tasse Kakao mit den Leuten und lässt sich von ihnen Geschichten aus der Zeit erzählen, als das eigene Pferd noch ein Fohlen war. Dabei wälzt man sich durch alte Alben mit Pferdefotos.

Kauft man ein Pferd vom Händler oder eines, das schon durch mehrere Hände gegangen ist, weiß man nie, was es alles erlebt hat. Vielleicht ist es schlecht behandelt worden und flippt plötzlich bei etwas völlig Harmlosem aus.

Zehn Minuten später waren wir da. Eigentlich hatte ich ein halbes Gestüt erwartet, doch es gab neben einem Haus nur einen kleinen Stall. Dafür aber weite hügelige Koppeln.
Auf diesen Koppeln war also die Stute, die ich gleich sehen und die vielleicht bald schon mein Pferd werden würde, als Fohlen herumgetollt. Es war eine Umgebung für ein Fohlen, so wie sie sein sollte.
Ich finde es sehr wichtig, wie ein Fohlen aufwächst, und bin überzeugt, dass sich das auf sein späteres Verhalten auswirkt.
Kaum hatten wir den Motor abgestellt, öffnete sich die Haustür und eine kleine, junge, recht energisch aussehende Frau mit blondem Pferdeschwanz kam auf uns zu.
»Guten Tag«, begrüßte sie uns freundlich mit Handschlag. »Sie sind Herr Mehrl?«
Papa nickte, lächelnd wie immer.
Eine leichte Brise brachte sein sorgfältig gekämmtes Haar durcheinander. Das machte ihn nervös.
»Und Sie sind Frau Danwart«, entgegnete er eilig.
Frau Danwart nickte und wandte sich mir zu. »Dann musst du die Melanie sein?«
»Ja«, erwiderte ich, gab ihr die Hand und versuchte besonders höflich zu lächeln – damit sie mich sympathisch fand und nicht plötzlich sagte: Nein, jemandem wie dir verkaufe ich mein Pferd aber nicht!

»Nun, dann werde ich Ihnen Maharani mal zeigen. Kommen Sie mit zu den Stallungen.«
Maharani. Was für ein hübscher Name! Das war sicher ein gutes Zeichen: Der Name passte ideal zu unseren Katzen. Wie Maharani wohl aussah?
Ich musste wieder an die klobige Fuchsstute denken. Das Pferd hatte tatsächlich Mathilde geheißen. Unglaublich! Wie konnte man ein Pferd bloß Mathilde nennen? Dann doch noch lieber Trullala, das klang zumindest lustig.
Wir gingen in den kleinen Stall, den ich bereits von außen gesehen hatte. Ebenso wie der Hof sah auch hier alles sehr gepflegt und sauber aus.
Es gab insgesamt fünf Boxen, alle leer – bis auf eine. Dort erschien gerade ein dunkelbrauner, sehr edler Pferdekopf mit einer kleinen Flocke auf der Stirn und aufmerksamen, zutraulichen Augen, die uns freundlich entgegensahen.
Bei mir war es Liebe auf den ersten Blick – genau wie Tanja es vorausgesagt hatte. Trotzdem schwieg ich erst mal.
Denn eines hatten wir inzwischen gelernt: Nur keine Begeisterung zeigen. Das macht ein Pferd immer gleich um eine Ecke teurer.
»Das ist Maharani«, erklärte Frau Danwart stolz.
Ich schwebte zu der Stute und streichelte sie. Sie schnoberte vertrauensvoll an mir. Nebenbei warf ich

einen Blick auf die Namenstafel an ihrer Box. Der Großvater mütterlicherseits war ein englisches Vollblut, der andere Großvater ein Araber.
Eine tolle Abstammung, stellte ich aufgeregt fest. Ich war begeistert.
Aus irgendeinem Grund hatte ich mir schon immer entweder ein Vollblut oder ein Pferd mit Vollblutanteil gewünscht. Man sollte gut mit ihm Dressur reiten können. Es sollte auch lieb und nicht zickig sein. Außerdem durfte es keine Gebäudefehler haben, die ihm oder mir Schwierigkeiten beim Reiten machen würden. Und es durfte nicht zu teuer sein.
Eigentlich kein Wunder, dass ich bei dieser Wunschliste kein Pferd fand.
»Einen Moment, ich hole sie raus«, meinte Frau Danwart. Sie legte Maharani ein Halfter mit Führstrick an und führte sie aus der Box.
Maharani war wirklich sehr brav.
Auf dem Hof konnten wir sie in aller Ruhe begutachten. Sie war bildschön. Ich konnte keine Gebäudefehler entdecken. Ich bin zwar kein Fachmann, aber ein paar Sachen sehe ich doch, denn Greta hat uns viel beigebracht.
Ihre Vollblutvorfahren konnte die Stute nicht verleugnen. Sie war nicht besonders groß und sehr leicht gebaut, aber das machte mir nichts.
Ich bin ja auch eher zierlich.

»Kommen Sie, ich lasse sie mal auf der Straße vortraben. Dort ist es eben, und so können Sie ihre Gänge am besten beurteilen«, sagte Frau Danwart und ging mit Maharani vorneweg.
Auf der anderen Straßenseite war noch eine Koppel, auf der drei Stuten mit Fohlen und eine Jährlingsstute grasten. Aha, mehrere Fohlen wuchsen gemeinsam auf. Das war wichtig, das wusste ich.
Maharani wieherte ihren Freundinnen entgegen und sie wieherten zurück. Der Jährling kam an den Zaun. Nachdem Frau Danwart sich vergewissert hatte, dass weit und breit kein Auto in Sicht war – sie wohnte sowieso sehr abgelegen –, ließ sie die Stute auf der Straße antraben. Maharani hatte phantastische Gänge. Ich war endgültig hin und weg.
»Und? Gefällt sie dir?«, fragte Papa hoffnungsvoll und schaute mich fragend an.
Ich nickte nur begeistert. Sie war genau das, was ich mir immer vorgestellt hatte.
»Sicher möchtest du sie gern einmal Probe reiten?«, rief Frau Danwart uns zu.
»Ja, bitte«, erwiderte ich.
Frau Danwart führte Maharani wieder vor den Stall und band sie dort an. Als sie mit Sattel und Trense zurückkam, bat ich: »Darf ich sie selbst satteln?«
Frau Danwart gab mir Sattel und Trense. Maharani ließ sich ohne Mucken satteln und nahm das Tren-

sengebiss bereitwillig ins Maul. Das war ein gutes Zeichen. Manche Pferde, vor allem Schulpferde, treten ja schon unruhig hin und her und legen die Ohren an, wenn sie den Sattel nur von weitem sehen. So ein Pferd wollte ich nicht. Ich wollte eines, das sich darauf freute, von mir geritten zu werden.

»Ich habe nicht allzu viel mit ihr gemacht«, erklärte Frau Danwart, »aber sie hat ganz hervorragende Anlagen für die Dressur. Ihr Vater ist ein erfolgreiches Dressurpferd. Maharani gehört in die Hand von jemandem, der sie richtig ausbildet und fördert. Das ist einer der Gründe, warum ich sie verkaufen möchte, auch wenn es mir schwer fällt. Ich hänge sehr an Maharani.«

Und der andere?, dachte ich. Da kam doch meistens was Schlechtes.

»Und der andere?«, fragte Papa prompt, noch bevor ich den Mund aufmachen konnte.

Ja, auch er hatte dazugelernt!

Frau Danwart lächelte. »Ich habe dieses Jahr ein außerordentlich gutes Hengstfohlen, das ich gern behalten möchte. Leider habe ich nicht so viel Platz. Wir haben momentan noch nicht die Möglichkeit, den Stall auszubauen.«

Ja, doch, das klang glaubwürdig. Wirklich, ich hätte nicht gedacht, dass ich mal so misstrauisch werden würde. Ich glaube, das hat angefangen, als man Papa

und mir diesen gestörten Rappwallach als »auch von Kindern leicht zu reiten« vorstellte.
Ich war fertig mit Satteln.
»Wo soll ich mit ihr hin?«, fragte ich Frau Danwart erwartungsvoll.
»Komm mit.« Sie führte uns um den Stall herum auf einen kleinen Reitplatz. »Leider habe ich keine Halle, eine Halle wäre prima.«
Zweifelsohne. Es war sicherlich nicht angenehm, sich bei Regen mit dem Pferd durch den Matsch zu kämpfen oder auf gefrorenem Boden dahinzustöpseln.
Da ließ man es wohl häufig lieber gleich bleiben und ritt erst gar nicht aus.
Maharani blieb brav stehen, als ich aufstieg. Dann ritt ich an. Sie hatte weiche, weit ausgreifende Gänge. Ich fühlte mich wie auf einem fliegenden Teppich. Außerdem ging sie recht flott, ohne dass man sie viel treiben musste. Auch das war mir sehr wichtig. Bloß nicht so ein Pferd, bei dem man sich die Beine aus dem Bauch treibt und hinterher fix und fertig absteigt, während das Pferd kein feuchtes Haar am Leib hat und munter und keine Spur müde auf die Koppel stiefelt, um sich endlich auszutoben.
Nach dem Galopp parierte ich die Stute wieder durch und ließ ihr die Zügel lang.
»Sie geht wirklich toll!«, sagte ich begeistert und klopfte ihr den Hals. Ach, verflixt, ich wollte doch

keine große Begeisterung zeigen! Sicher war sie in diesem Augenblick tausend Mark teurer geworden.
Apropos – über den Preis hatten wir noch gar nicht geredet. Was mochte so ein Klassepferd wohl kosten? Papa hatte gesagt, achttausend Mark seien das Limit. Aber wie ich ihn kannte, würde er sicher noch ein paar Mark mehr herausrücken. Bei zehntausend, so schätzte ich, wäre dann vermutlich auch mit seiner Großzügigkeit Schluss. Bloß – war Maharani nicht ein klein wenig mehr wert?
Ich stieg vom Pferd und ging mit der Stute im Schlepptau zu Papa und Frau Danwart. Würde ich jetzt öfter von ihr absteigen? Oder war es das erste und zugleich letzte Mal gewesen?
»Und?«, fragte Papa und sah mich verzweifelt hoffend an.
Ich nickte. »Sie gefällt mir«, sagte ich mit Nachdruck. Ich will sie haben, bedeutete das.
Papas Gesichtszüge zeigten einen Moment Ungläubigkeit, dann lächelte er erleichtert und wandte sich an Frau Danwart. »Ich glaube, wir haben noch nicht über den Preis geredet.«
Was, wenn sie jetzt »dreißigtausend« sagte? Dann würde ich Maharani absatteln, in den Stall bringen, mich von ihr verabschieden und sie nie wieder sehen. Ich würde traurig nach Hause fahren und die Idee mit dem eigenen Pferd vergessen.

»Ich dachte an sechzehntausend«, sagte Frau Danwart in diesem Moment. Sechzehntausend? War sie verrückt geworden? Da hätte sie auch gleich dreißigtausend sagen können, das wäre auf dasselbe herausgekommen. Sechzehntausend! Das war doppelt so viel, wie Papa eigentlich ausgeben wollte.
Ich blickte Papa an. War er sehr erschrocken? Wenn ja, dann ließ er es sich nicht anmerken.
Na ja, in seiner Bank jonglierte er vermutlich mit viel höheren Beträgen, da ließ ihn die bloße Erwähnung von sechzehntausend Mark nicht gleich vor Schreck erblassen – so wie mich. Er schaute allerdings ein bisschen komisch drein. Wahrscheinlich überlegte er gerade, was schlimmer wäre: Das Doppelte von dem auszugeben, was er vorgehabt hatte, oder weiterhin mit mir Woche für Woche auf Pferdesuche zu gehen, wo er sich gerade noch so gefreut hatte, dass mir endlich ein Pferd zusagte.
»So viel wollten wir ehrlich gesagt nicht ausgeben«, meinte er schließlich.
Was heißt wir? Er wollte nicht so viel ausgeben. Ich hatte in dem Punkt nichts zu sagen.
»Wie viel wollten Sie denn ursprünglich ausgeben?«, fragte Frau Danwart.
Es wurde spannend. Jetzt begannen die Verhandlungen: Acht! – Fünfzehn! – Na gut, zehn. – Mindestens vierzehn! – Zwölfeinhalb. – Einverstanden!

»Nun, wir dachten so an...« Papa zögerte noch einen Moment, und ich wusste auch warum. Achttausend Mark waren für dieses Pferd absolut lächerlich. Im Grunde war mir klar, dass die Stute sechzehntausend durchaus wert war.
»... zehntausend«, vollendete Papa.
»Zehntausend?« Frau Danwart war fast entsetzt, fing sich aber schnell wieder. »Zehntausend sind viel zu wenig für diese Stute, das wissen Sie sicherlich selbst. Ich würde auf fünfzehntausend runtergehen, aber das ist mein letztes Wort.«
Es klang endgültig. Sie wirkte sehr entschlossen, von wegen zwölfeinhalb!
Papa sah aus, als würde er sich ausgesprochen unwohl fühlen. So viel Geld konnte und wollte er nicht ausgeben, das las ich ganz deutlich an seinem Gesicht ab. Und er fühlte sich unwohl, weil er wusste, wie enttäuscht ich sein würde.
In mir zog sich schon alles zusammen. Ich hätte es mir gleich denken können! Das Pferd war zu teuer für uns. Peng!, machte es und die Seifenblase mit Maharani darin war zerplatzt.
»Ich würde gern ein paar Worte mit meiner Tochter reden«, sagte Papa.
Frau Danwart lächelte verständnisvoll. »Sicher. Ich bringe inzwischen das Pferd in den Stall zurück.«
Sie nahm mir Maharani ab. Für immer. Ich fühlte

mich wie Joey: Sie hatten mir Fury genommen. Ich würde mir einen Mustang schnappen, mit ihm in die Prärie reiten und nie wieder zurückkommen.
Papa räusperte sich. »Tja, Melli, sechzehntausend – oder auch fünfzehn –, das ist leider ein bisschen mehr, als wir uns im Moment leisten können. Du weißt, wir haben erst letztes Jahr das Haus gekauft. Da ist noch einiges abzuzahlen. Zehntausend Mark hätte ich ausgegeben, wenn es nicht anders gegangen wäre, aber mehr ist nicht drin. Verstehst du das?«
»Mmm.« Ich nickte enttäuscht. Ich verstand ihn ja. Ich rechnete mir aus, dass ich Maharani, wenn ich sie von meinem Taschengeld kaufen müsste, erst in etwa fünfundzwanzig Jahren bezahlen könnte. Bis dahin wäre sie neunundzwanzigeinhalb. Und ich siebenunddreißig, also praktisch Großmutter.
Ach, verflixt! Endlich hatte ich mein Traumpferd gefunden und dann war es zu teuer! Genau wie ich es vorhergesehen hatte. Ob ich vielleicht doch hellseherische Fähigkeiten besaß?
»Aber das eine sage ich dir«, sagte ich und unterdrückte die aufsteigenden Tränen, »wenn wieder mal kein Preis in einer Anzeige steht, fragen wir gleich am Telefon danach, bevor wir überhaupt hinfahren und es uns ansehen.«
Papa lächelte mir erleichtert zu und nickte. »Das machen wir.«

Vielleicht hatte er befürchtet, ich würde mich jetzt unmöglich aufführen, so mit Heulen, Füßestampfen, Geschrei und so. Aber das hätte ja nichts gebracht. Außer dass ich mich blamiert hätte.
Sind Sie sicher, Herr Mehrl, dass Ihre Tochter reif genug ist für ein eigenes Pferd? Als Reiter muss man sich schließlich beherrschen können.

Ein aufregender Sonntagnachmittag

»Wenn ich mal ein eigenes Pferd kriege, mache ich bestimmt nicht so ein Theater«, behauptete Georg hinter mir.
Wir waren auf dem Ausritt, zu dem ich mich gestern eingetragen hatte, und ich hatte den anderen während einer Schrittpause gerade von meiner neuesten Enttäuschung heute Vormittag berichtet.
»Du kannst mir viel erzählen«, gab ich zurück. »Warten wir erst mal ab, bis es so weit ist. Außerdem war es diesmal nicht meine Schuld.« Ja, es hatte mal nicht an mir gelegen! Jetzt konnte ich Papa die Stirn bieten, wenn er stöhnte: »Wann wirst du endlich ein Pferd finden?« Obwohl das nicht ganz fair war.
»Greta, wie bist du eigentlich zu Trullala gekommen?«, fragte Tanja. Trullala war ein sehr hübscher und liebenswerter Fuchs mit Stern und Schnippe.

Greta, die die Gruppe anführte, drehte sich um.
»Er war auf dem Gestüt, auf dem ich gelernt habe. Ich hatte lange genug Zeit mich an ihn zu gewöhnen.«
»War es etwa keine Liebe auf den ersten Blick?«, fragte Nicole, die neben Greta ritt.
»Nö, eher auf den zweiten. Aber jetzt möchte ich ihn nicht mehr hergeben!«
Hm. Hätte ich vielleicht doch mal das eine oder andere Pferd ein paar Tage auf Probe mitnehmen sollen? Aber nein. Keines von denen, die ich gesehen hatte, gefiel mir auch nur annähernd. Von Maharani, die viel zu teuer war, mal abgesehen.
Erwartete ich vielleicht zu viel?
»Seht mal, dort drüben«, rief Marco. »Der arbeitet sogar am Sonntag!«
Wir schauten alle nach rechts und sahen einen Mann und ein Pferd, offensichtlich bei der Waldarbeit. Ich hatte noch nie ein Holzrückepferd bei der Arbeit beobachten können und stellte mich im Sattel auf, damit ich besser sah.
»Achtung, tief hängender Ast!«, rief Georg.
Sofort duckte ich mich automatisch. Georg und Marco brüllten vor Lachen.
»Ihr Idioten!«, fauchte ich. »Eines Tages wird wirklich ein Ast da sein und dann werde ich euch nicht mehr glauben und mir eine Gehirnerschütterung zuziehen. Daran seid ihr dann schuld!«

»Wir reiten sowieso in die Richtung, du siehst es schon noch.« Tanja grinste auch.
Ich warf ihr einen wütenden Blick zu. Meine beste Freundin – eine Verräterin!
Greta schlug tatsächlich den Weg ein, der an dem Mann und seinem Pferd vorbeiführte. Gespannt schaute ich nach vorne.
Ich hatte immer gedacht, Waldarbeit würden nur schwere Kaltblüter verrichten, aber dieses Pferd sah nicht besonders schwer aus.
Als wir näher kamen, traf uns fast der Schlag. Das Pferd war sicher kein Kaltblut. Ich wusste nicht genau, zu welcher Rasse es gehörte, jedenfalls war es nicht sehr groß. Aber eines war offensichtlich: Das Pferd war klapperdürr. Die Hüftknochen ragten weit heraus, jede Rippe war zu sehen, der Widerrist schien hoch und knochig. Der Hals war dünn und an den Flanken wirkte es eingefallen.
Es sah beängstigend aus.
Ich schaute Tanja an, die neben mir ritt. Tanja sah mich an. Dann drehten wir uns zu Georg und Marco um. Die warfen uns ebenfalls einen bedeutungsvollen Blick zu. Schließlich richteten wir alle Augen gespannt auf Greta. Und die blickte sehr kritisch und runzelte die Stirn.
»Findest du nicht auch, Greta«, begann ich vorsichtig, »dass das Pferd ein bisschen arg dünn ist?«

»Nicht nur das!«, knurrte Greta.
Wir ritten langsam heran. Der Mann, der mit dem Pferd arbeitete, starrte uns unfreundlich entgegen. Er trug ein schmutziges altes Hemd und eine blaue Arbeitslatzhose, die ebenfalls aussah, als hätte sie schon lange keine Waschmaschine mehr von innen gesehen. Zumindest keine, in der sich Wasser bewegt hatte. Hose und Hemd hatten Risse.
»Ist was?«, motzte er uns sofort an, als wir stehen blieben.
Was für ein unsympathischer Mensch! Das Pferd tat mir gleich noch viel mehr Leid.
Jetzt konnte ich erkennen, dass es eine Stute war, braun, mit dichter schwarzer Mähne und schwarzem Schweif. An den Hinterbeinen war sie weiß gefesselt, zumindest schimmerte es unter dem Dreck hell durch. Ob sie am Kopf Abzeichen hatte, konnte ich nicht erkennen, denn sie schaute nicht her. Sie stand teilnahmslos herum und schlug nicht einmal mit dem Schweif, um die Fliegen zu verjagen.
Nun fiel mir auch auf, was Greta gemeint hatte, als sie vorhin »Nicht nur das« gesagt hatte: Unter dem Geschirr war stellenweise die Haut abgeschürft. Das musste der Stute doch höllisch wehtun. Wer wusste, was sie sonst noch alles hatte! Was war das überhaupt für ein Typ, der ein Pferd so behandelte?
Ich sah den Mann an. Sein Alter schätzte ich so um

die fünfzig. Ein dunkler Haarkranz umgab ein hageres, eingefallenes Gesicht mit einer kleinen, geraden Nase, schmalen Lippen und ausgesprochen finster dreinblickenden Augen.
Ich weiß, man soll Leute nicht nach dem Äußeren beurteilen. Aber ein Blick in diese Gangstervisage genügte und ich wusste, dass ich ihn überhaupt nicht leiden konnte.
Noch immer starrte er Greta giftig an. Aber die ließ sich so schnell nicht einschüchtern. Wäre ja noch schöner – unsere Greta!
»Wir kommen von der Reitschule«, erklärte sie höflich. Ach, Greta, so viel Höflichkeit ist bei dem doch sowieso verschwendet. »Ich bin die Reitlehrerin…«
»Und?«, wurde sie rüde unterbrochen.
Wohl noch nie was davon gehört, dass man andere Leute ausreden lässt, was?
»Finden Sie nicht, dass Ihr Pferd etwas zu dünn ist? Außerdem ist seine Haut an mehreren Stellen wund gescheuert, falls Ihnen das entgangen sein sollte.« Da klang Greta schon ein wenig spitz.
»Na und?«, fauchte der Mann. Wütend knallte er eine Kette, die er in der Hand gehalten hatte, auf den Boden. »Was geht Sie das an? Das Pferd kann arbeiten, das reicht!«
Sicher, aber nicht mehr lange. Am liebsten hätte ich mich eingemischt, aber Greta machte das schon rich-

tig. Außerdem hat sie einen großen Vorteil mir gegenüber: Sie denkt erst, bevor sie redet. Das kann sehr hilfreich sein.
»Das Pferd kann in diesem Zustand unmöglich länger arbeiten. Sie...« Weiter kam Greta leider nicht, weil sie schon wieder barsch unterbrochen wurde. Der Mann hatte aber auch gar keine Manieren.
»Halten Sie bloß die Klappe und hauen Sie hier ab! Das kann ich vielleicht brauchen – reiche Pinkel, die mir erklären wollen, wie ich mit meinem Pferd umzugehen habe!«
Reiche Pinkel? Unsere Greta, die sich die Haare meistens selbst schneidet, um Geld zu sparen?
Greta hatte jetzt auch genug. Es war vorbei mit ihrer Höflichkeit. Drohend sah sie den Mann an. »Ich werde Sie wegen Tierquälerei anzeigen.« Ja, Greta, mach ihn fertig! »Und ich werde dafür sorgen, dass man Ihnen das Pferd wegnimmt und Sie sich nie wieder eines halten dürfen.«
Auwei, jetzt flippte der Mann aber ganz aus.
»Hauen Sie bloß ab hier!« Plötzlich bückte er sich, hob ein paar zersägte Äste und Stöcke auf und – warf sie nach uns!
Moment mal, so geht das aber nicht!
»Hauen Sie endlich ab, los, machen Sie, dass Sie wegkommen! Na los, wird's bald!«
Trullala bekam einen Prügel vor die Brust und fing an

zu tänzeln. Auch die anderen Pferde wurden unruhig. Der Mann warf weiter mit Ästen, ein kleiner Stein flog dicht an meinem Ohr vorbei. Als Nächstes flogen Tannennadeln auf uns zu. Dabei brüllte er wie ein Wahnsinniger und gestikulierte wild.
Unsere Pferde waren kaum noch zu halten. Ganz kurz warf ich einen Blick auf die Stute, die jetzt hersah, und erhaschte einen müden, abgekämpften Blick aus großen dunklen Augen. Auf der Stirn hatte sie einen langen, schmalen weißen Strich und auf der Nase eine kleine Schnippe. Dann musste ich mich auf Fuzzi konzentrieren, der sich spontan dazu entschlossen hatte, nach Hause zu laufen.
Auch Greta sah ein, dass es keinen Zweck hatte. »Wir kommen wieder, verlassen Sie sich drauf. Und eine Anzeige wegen versuchter Körperverletzung bekommen Sie auch noch!«
Damit wendeten wir und ritten schleunigst weg. Es war doch zu ungemütlich geworden.
»So ein Verrückter«, erboste sich Tanja, als Püppi wieder im normalen Trab ging. »Der spinnt komplett. Wir müssen sofort die Polizei alarmieren.«
Alle redeten aufgeregt durcheinander. So was gab es doch höchstens im Fernsehen, in irgendwelchen Abenteuerserien, wo die Leute nicht mal ein paar Brötchen kaufen können, ohne dass jemand auf sie schießt oder sie überfahren will.

Als wir ein paar hundert Meter entfernt und in Sicherheit waren, parierte Greta durch. »Ist jemand verletzt? Hat eines der Pferde was abgekriegt?«
Wir musterten gegenseitig unsere Pferde – alle waren in Ordnung. Auch von uns war keiner verletzt.
Da hatten wir ja noch mal Glück gehabt.
»Und was machen wir jetzt?«, fragte Nicole.
»Gute Frage. Wir wissen nicht einmal, wie der Mann heißt und wo er wohnt«, erwiderte Greta. »Ich habe ihn hier noch nie gesehen. Wir werden uns mal im Stall umhören, vielleicht weiß Herr Mink was.«
Herr Mink ist unser Pferdepfleger. Er lebt seit seiner Geburt in unserem Ort und kennt mindestens die Hälfte der Einwohner. Ach was, zwei Drittel.
»Das Pferd tut mir so Leid«, sagte ich bedrückt.
Am liebsten hätte ich sofort kehrtgemacht. In Gedanken galoppierte ich mit Fuzzi bereits wild entschlossen los, zurück zu der Stute. Dort sprang ich vom Pferd, der Mann ging auf mich los, aber mit ein paar gezielten Karateschlägen – ganz plötzlich konnte ich Karate – brachte ich ihn zu Boden. Ich befreite die Stute vom Geschirr, ließ nur das Halfter und die Zügel dran, schwang mich – natürlich ohne die Steigbügel zu Hilfe zu nehmen – auf Fuzzi und dann stürmten wir davon. Ach nein, die Stute war ja zu schwach zum Stürmen. Na, dann ritten wir eben gemächlich von dannen.

»Keine Sorge, wir werden uns so schnell wie möglich darum kümmern«, tröstete mich Greta.
Sicher. Aber wenn es dann schon zu spät war?
Wieder sah ich die dunklen Augen vor mir. So müde. Wie mochte das Pferd früher ausgesehen haben? Ich versuchte mir die Stute wohlgenährt vorzustellen, wie sie munter durch die Gegend trabte. Aber es gelang mir nicht. Das dürre Pferd mit den müden Augen schob sich immer wieder davor. Ich wurde ganz traurig, wenn ich daran dachte.
Als wir im Stall angekommen waren, stand mein Entschluss fest.
Ich zog Tanja beiseite, kaum dass wir die Pferde versorgt und auf die Koppel gebracht hatten.
»Du, Tanja, ich will mit dem Fahrrad noch mal zurück und dem Mann heimlich folgen. Damit ich weiß, wo er wohnt. Kommst du mit?« Das war zwar nicht ganz so Aufsehen erregend wie die Befreiungsaktion, die ich mir ausgemalt hatte, aber es könnte auch helfen.
»Was willst du? Bist du verrückt? Wenn er dich nun erwischt? Was dann?«
»Dann haue ich eben ab. Also, was ist? Kommst du mit?« Ich war wild entschlossen. Notfalls würde ich allein losfahren. Die Stute brauchte Hilfe!
Tanja überlegte. »Na gut«, stimmte sie zu. »Ich komme mit. Aber wir sagen es Greta, für alle Fälle.«
»Was? Damit sie es uns verbietet?«

Es Greta zu erzählen, so eine unheimlich blöde Idee! Wie konnte Tanja nur darauf kommen, sie war doch sonst immer so vernünftig.
»Wir sagen es Greta«, beharrte Tanja.
Sie fuhr sich durch ihr perfekt geschnittenes Haar. »Stell dir nur vor, uns passiert was und keiner weiß, wo wir sind.«
Ach, sie hatte ja Recht, wie immer. In Gedanken sah ich uns schon in einem dunklen Kellerschacht als Gefangene dieses Wüterichs. Wir bekamen nichts zu essen und waren bald genauso dürr wie die Stute.
»Ist gut«, stimmte ich notgedrungen zu. »Aber sonst zu niemandem ein Wort. Wenn wir so viele sind, entdeckt er uns doch viel leichter.«
Wir suchten Greta.
Sie sprach gerade mit Herrn Mink, der aber nur den Kopf schüttelte, mit den Schultern zuckte und dann wieder an seine Arbeit ging.
Herr Mink, unsere letzte Hoffnung, wusste also auch nichts. Jetzt gab es keine andere Möglichkeit, als unseren Plan durchzusetzen.
»Greta, wir müssen dich ganz dringend mal kurz sprechen«, sagte ich leise.
»Ja?« Greta sah mich fragend an.
»Hast du was über den Mann herausgefunden?«
»Nein, bis jetzt noch nicht.«
»Es ist nämlich so...«

Wie sollte ich es Greta nur beibringen? Und konnte sie es uns verbieten?
»Wir möchten mit dem Fahrrad in den Wald fahren und dem Mann folgen, heimlich natürlich.« Ich hielt den Atem an. Was sollte ich machen, wenn Greta mit einer Standpauke loslegte und damit drohte, unseren Eltern Bescheid zu sagen? Es war eine Schnapsidee, Greta einzuweihen. Erwachsene haben bei so was doch immer Einwände.
»Was willst du?« Greta sah mich ungläubig an.
Jetzt war Taktik gefragt. »Nichts Gefährliches«, beteuerte ich rasch. Greta durfte gar nicht erst zu Wort kommen. Ich musste sofort alle Gegenargumente ausräumen und Greta von unserem Plan überzeugen, sodass sie zustimmen konnte.
»So viel Abstand, dass wir ihn gerade noch sehen können. Er soll uns nicht bemerken. Wenn doch, haben wir genügend Zeit, um mit den Fahrrädern abzuhauen. Der kann doch bloß zu Fuß hinterher. Und wenn er uns nicht sieht, können wir ihm folgen. Dann würden wir herausfinden, wo er wohnt, und können ihn anzeigen.«
Sollte ich nicht besser noch etwas sagen? Aber was? Lieber hielt ich die Klappe, bevor ich vielleicht noch irgendeinen Blödsinn von mir gab.
Greta blickte ziemlich skeptisch drein und sah mich unentschlossen an.

»Du hast doch selbst gesehen, wie es der Stute geht. Lange macht sie's bestimmt nicht mehr«, fügte ich abschließend hinzu.
»Greta, wir halten großen Abstand und sind sehr vorsichtig.« Tanja, der Vernunftbolzen! Das musste Greta umhauen.
Und wirklich: Mit einem halbherzigen »Also gut« willigte sie schließlich ein.
Ich konnte es kaum glauben. Wir hatten sie endlich überzeugt!
»Aber ihr versprecht mir, dass ihr vorsichtig seid. Ihr geht nicht zu dem Mann hin, egal was er mit dem Pferd macht! Versprochen?«
Sie blickte uns eindringlich an.
»Versprochen«, erwiderten wir und es war mir ernst damit. Wegen dem dunklen Kellerschacht und so...
Greta schaute auf die Uhr. »Es ist jetzt halb vier. Wenn ihr um halb sieben nicht zurück seid, gebe ich euren Eltern Bescheid und schicke sofort eine Suchmannschaft los.«
Meinte sie das ernst? Es war ihr durchaus zuzutrauen. Ich sah das Bild vor mir: Reiter, Polizisten, Eltern und ein paar Hunde durchkämmten die ganze Nacht über verzweifelt den Wald. Vergebens, denn wir saßen in einem dunklen Kellerschacht, den keiner fand.
Aber wenn der Mann tatsächlich um halb sieben noch arbeiten sollte, würde ich Tanja überreden zurückzu-

fahren und Greta Bescheid zu geben, damit sie beruhigt war.

»Okay. Dann also los!«

Tanja und ich tauschten die Reitstiefel gegen Turnschuhe und machten uns auf den Weg.

Zwei Nachwuchsdetektive auf der Lauer

Mit unseren Rädern waren wir schnell wieder am Waldrand. Der Mann arbeitete noch immer an der gleichen Stelle. Als wir ihn von ferne durch die Bäume erkennen konnten, hielten wir an.

»Und jetzt?«, fragte Tanja leise.

Am liebsten wäre ich hingestürmt. Hier spricht die Polizei! Sie sind verhaftet wegen Tierquälerei! Sie haben das Recht zu schweigen. Alles, was Sie sagen, kann vor Gericht gegen Sie verwendet werden. Sie haben das Recht auf einen Anwalt...

Ach, es war schon ungerecht, dass ich erst zwölf und keine erfahrene Polizistin war und dass ich den Mann nicht einfach einlochen und das Pferd in fürsorgliche Hände geben konnte.

»Hm. Das Beste ist wahrscheinlich, uns hier zu verstecken und zu warten.« Das war das Einzige, was wir tun konnten. Mein Vorschlag war alles andere als ideenreich. Es war schon entmutigend.

Ein paar Meter weiter lagen einige Baumstämme abholbereit neben dem Weg. Wir legten unsere Fahrräder hin und setzten uns hinter den Stämmen auf zwei Baumstümpfe.
»Wir sollten ihn nicht aus den Augen lassen«, meinte Tanja. »Nicht dass er uns plötzlich entdeckt und wir es erst merken, wenn er vor uns steht.«
Also setzten wir uns so hin, dass wir den Mann ständig an den Baumstämmen vorbei beobachten konnten, ohne dass er uns sehen konnte.
Und dann warteten wir.
Als wir der Stute beim Ziehen der Stämme zusahen, verdichtete sich bald der Eindruck, dass sie für diese harte Arbeit viel zu schwach war – nicht nur wegen ihres schlechten Zustandes, auch wegen ihres Körperbaus. Ich hatte mich ja schon gewundert, als ich sie das erste Mal gesehen hatte, weil sie nicht wie ein richtiges Kaltblut aussah. Sicher, ich hatte noch kein Holzrückepferd gesehen, nur in einer Pferdezeitschrift einmal darüber gelesen, aber ich konnte mich erinnern, dass dort nur von Kaltblütern die Rede war. Das war die Stute sicherlich nicht. Aus der Entfernung, aus der wir sie nun beobachten konnten, wirkte sie eher wie ein Warmblut.
Die leichten Stämme, die sie aus dem Wald auf den Weg ziehen sollte, schaffte sie halbwegs, doch bei den etwas dickeren hatte sie Probleme. Die lauten

»Hüüh«-Rufe des Mannes waren weithin zu hören, wenn er versuchte die Stute anzutreiben. Mehrmals gab er ihr mit der Hand einen kräftigen Schlag auf das Hinterteil, was aber herzlich wenig bewirkte. Sie stand, mittlerweile schweißnass, schräg im Geschirr und kam doch kaum vorwärts. Immer wieder schob der Mann die Baumstämme selbst an oder rückte sie zurecht, wenn sich wieder einer verhakt hatte. Viele dicke Stämme musste er liegen lassen, da es für die Stute völlig unmöglich war, sie auch nur einen Zentimeter vorwärts zu ziehen – da half auch das Gebrüll und Gefluche des Mannes nichts. Überhaupt ging alles sehr langsam vor sich.
Die Stute schien aber im Großen und Ganzen zu wissen, was ihre Aufgabe war und wo sie die Stämme hinbringen sollte. Dort blieb sie schon stehen, bevor der Mann »Hooh« gerufen hatte. Sobald er den Stamm losgemacht hatte, der mit Ketten am Geschirr der Stute befestigt war, marschierte sie von selbst zu den übrigen Stämmen zurück.
Manchmal rief der Mann, wenn die Stute einen Stamm zog, »Liiiinks« oder »Reeeechts«, dann ging sie entsprechend nach links oder rechts. Uns fiel auf, dass diese vier Wörter das Einzige waren, was der Mann dem Pferd zurief. Es gab kein nettes Wort, kein lobendes Halsklopfen oder Streicheln. Die Stute sah zunehmend erschöpfter aus.

Eine halbe Stunde verging, eine ganze. Bald konnten wir nicht mehr richtig sitzen, aber umherzugehen war uns zu gefährlich. Der Mann ging mit dem Pferd ein Stück weiter – wir blieben, wo wir waren, da wir ihn immer noch im Blickfeld hatten und unser Platz ein guter Beobachtungsposten war.
Schließlich wurde es uns langweilig und wir wussten nicht mehr, worüber wir noch reden sollten. Wie machen das eigentlich Polizisten, wenn sie jemanden beobachten? Das muss doch furchtbar öde sein. Vielleicht spielen sie irgendwelche Spiele, zum Beispiel, welches Kennzeichen das nächste vorbeifahrende Auto haben könnte oder welche Vogelart als Nächstes einen Klecks auf das Auto fallen lässt.
Wieder dachte ich an die arme Stute. Sie war so schwach, wirkte mittlerweile völlig erschöpft und sicherlich tat ihr alles weh. Ich hatte ständig Angst, dass sie gleich zusammenbrechen könnte. Was der Mann dann wohl tun würde? Und was sollten wir tun? Womöglich versuchte er das Pferd hochzuprügeln. Dann würde ich aber dazwischengehen, egal, ob ich erst zwölf war und kein Karate konnte und was ich auch wem versprochen hatte!
Hörte der Mann eigentlich gar nicht auf zu arbeiten? So langsam befürchtete ich, dass er um halb sieben immer noch hier wäre und die halbe Nacht durcharbeiten würde.

Es verging noch eine halbe Stunde – machte insgesamt eineinhalb Stunden. Ganz schön lange!
Dann schien sich etwas zu rühren. Ja, tatsächlich: Er packte zusammen. Endlich ging es los!
Und damit wurde es spannend. Jetzt mussten wir den Mann verfolgen, ohne von ihm gesehen zu werden. Bisher hatten wir uns nur versteckt, das kann jedes Baby. Aber eine richtige Verfolgung – das ist doch ganz was anderes.
So nahmen wir mit größtmöglichem Abstand die Verfolgung auf. Meine Güte, das war fast wie in dem Detektivroman, den ich zum Geburtstag bekommen hatte! Zugegeben, es war nicht allzu schwierig, aber aufpassen mussten wir schon. Wir konnten den Mann auch leicht aus den Augen verlieren, wenn unser Abstand zu groß wurde.
Vorsichtig schoben wir unsere Fahrräder und achteten darauf, möglichst wenig Lärm zu machen. Günstig für uns, dass die Stute so teilnahmslos war. Ein waches Pferd hätte uns sicherlich rasch bemerkt.
Dann aber kamen wir aus dem Wald. Verflixt, daran hatten wir noch gar nicht gedacht! Was jetzt? Mein Herz klopfte.
»Am besten, wir warten hier erst mal«, raunte Tanja mir leise zu.
Ich nickte. »Ja, vielleicht wohnt er gar nicht weit von hier.«

Mittlerweile war es Viertel vor sechs. Wir hatten nicht mehr viel Zeit.
Direkt am Waldrand legten wir die Fahrräder wieder auf den Boden und versteckten uns hinter Bäumen.
Der Mann führte das Pferd erst über einen Feldweg und danach auf die Asphaltstraße. Die Stute trabte traurig durch die Gegend und stolperte mehrere Male.
Ich hoffte sehr, dass wir ihr bald helfen konnten.
Dann hatten wir Glück: Nur zwei Höfe gab es in dem kleinen Tal und in einen davon ging der Mann mit der Stute. Wir folgten ihm vorsichtig.
Der ganze Hof wirkte reichlich heruntergekommen: ein uraltes Haus, ein großer windschiefer Schuppen, noch ein kleiner windschiefer Schuppen, kaputte Zäune. Na ja, so wie der Mann gekleidet war, hätte es mich auch gewundert, wenn er in einer hochherrschaftlichen Villa gewohnt hätte und das Pferd von einem vornehm gekleideten Lakai in einen weiträumigen Stall aus Marmor geführt worden wäre.
Wir konnten beobachten, wie der Mann die Stute in den kleinen windschiefen Schuppen brachte, der aussah, als würde er das Rülpsen einer Maus nicht überstehen und im nächsten Moment einstürzen.
»Das war's«, sagte Tanja nun in normaler Lautstärke.
Warum hatten wir eigentlich in der letzten Viertelstunde immer noch geflüstert, obwohl der Mann schon längst außer Hörweite war?

»Wir wissen, wo er wohnt. Jetzt nichts wie zurück! Es ist schon zwanzig nach sechs.«
Ich nickte nur.
Ich dachte schon wieder an die Stute, wie sie erschöpft die Straße hinuntergestolpert war.
Und dann noch dieser... dieser urzeitliche Schuppen, der zweifelsohne über ihrem Kopf einstürzen würde, sobald sie versehentlich schnaubte.
Das arme Pferd! Entweder würde es verhungern oder vom eigenen Unterstand erschlagen werden. Na, das waren ja schöne Aussichten!
Im Eiltempo radelten wir zurück. Als wir den Reitstall erreichten, war es zwei nach halb sieben. Greta stand vor der Stalltür und wartete schon auf uns.
»Gerade wollte ich anrufen«, verkündete sie leicht vorwurfsvoll.
»Es ging nicht früher«, keuchte ich. »Der Typ hat so lange gearbeitet. Aber wir wissen, wo er wohnt.«
»Und wo?«
»Im Auental«, erzählte Tanja heftig atmend und mit roten Backen. »Wenn man oben am Waldrand steht, ist es gleich der erste Hof. So ein Museumsmodell. Uralt und halb verfallen.«
»Und was machen wir jetzt?«, fragte ich Greta ungeduldig. Ich war voller Tatendrang.
Hinfahren, am besten gleich mit der Polizei, und dem Mann das Pferd wegnehmen, aber sofort!

»Heute gar nichts mehr«, sagte Greta und bremste meinen Schwung.
Was? Und wann dann? Etwa nächstes Jahr, wenn das Pferd längst tot war?
»Ach, und warum nicht?«, fragte ich leicht gereizt.
»Weil Sonntagabend ist, da arbeiten alle auf Sparflamme. Aber natürlich werde ich gleich morgen früh zur Polizei gehen und Anzeige erstatten.«
Ohne mich?
»Ich möchte aber auf alle Fälle dabei sein!«
»Ich auch!«, setzte Tanja entschlossen hinzu.
Greta seufzte. »Dann können wir erst mittags gehen, wenn ihr aus der Schule kommt.«
Tanja und ich blickten uns an. Das wollten wir dann doch nicht. Hier musste so schnell wie möglich gehandelt werden, das war klar. Abgesehen davon war der Mann tagsüber vermutlich gar nicht zu Hause, sondern bei der Arbeit.
»Und wenn wir gleich gehen? Jetzt ist er auf jeden Fall zu Hause«, hakte ich nach.
»Die Polizei ist sowieso rund um die Uhr da. Die freuen sich bestimmt, wenn sie nicht nur sinnlos auf dem Revier rumhocken, sondern uns helfen können«, meinte auch Tanja.
Greta sah uns zweifelnd an. »Ich glaube, ihr habt eine falsche Vorstellung von dem, was wir in diesem Fall tun können.«

»Wieso?«, meinte Tanja. »Wir fahren mit der Polizei hin und nehmen ihm das Pferd weg, das kann doch kein Problem sein.«
»Nein, so einfach geht es leider nicht. Wir können zwar mit der Polizei hinfahren, aber wir können das Pferd nicht mitnehmen.«
»Nicht?« Ich war fassungslos. »Aber... aber wieso denn nicht?«
»Wir können ihn anzeigen«, erklärte Greta, »doch das Pferd muss vorerst dort bleiben. Dann untersucht es der Amtstierarzt und schließlich muss ein Richter entscheiden, ob dem Mann die Stute tatsächlich weggenommen wird. Das ist alles recht aufwendig und es kann dauern. Ich habe das schon einmal mitgemacht – auch wenn das Pferd damals nicht ganz so schlimm aussah wie diese Stute.«
Tanja und ich starrten uns entgeistert an. So funktionierte das? Man verplemperte wertvolle Zeit mit Bürokram und Pipifax anstatt dem Tier sofort zu helfen? Wo doch selbst ein Büromensch erkennen musste, wie schlecht es dem Pferd ging. Also, wenn ich mal erwachsen bin, dann werde ich in die Politik gehen und dafür sorgen, dass so ungerechte Gesetze und Bestimmungen geändert werden. Wie wird man eigentlich Politikerin?
»Aber... können wir nicht trotzdem mit dem Mann reden?«, versuchte ich es noch einmal.

»Zusammen mit der Polizei, um dem Mann vielleicht Angst einzujagen«, ergänzte Tanja. »Das können die doch bestimmt machen. Es hilft ja schon, wenn er sich nur ein paar Tage lang besser um das Pferd kümmert – bis etwas entschieden ist.«
Greta überlegte. »Sicher, das könnten wir versuchen. Ich kenne einen Polizisten... Wenn der da ist, dann ginge es vielleicht.«
»Bitte, Greta, dann lass uns gleich fahren.«
»Wenn der eine nicht da sein sollte, findet sich bestimmt ein anderer, der uns hilft«, ergänzte ich.
»Müsst ihr eigentlich nicht nach Hause?« Das sagte Greta sicherlich, um Zeit zum Überlegen zu gewinnen. Das hieß, sie war nicht so ganz abgeneigt.
»Wir könnten anrufen.«
Greta überlegte noch einen Moment. »Gut, dann ruft an. Ich hole schnell die Autoschlüssel.«
Also riefen wir zu Hause an. Bei mir war Papa am Telefon und ich erklärte ihm kurz die Sachlage. Er konnte zwar nicht verstehen, warum Tanja und ich unbedingt mitmussten, aber er hatte nichts dagegen. Bei Tanja war es ähnlich. »Und warum musst du mitfahren?«, fragte ihre Mutter.
Ja, sollten wir uns denn gemütlich vor den Fernseher setzen und Greta allein der Gefahr ausliefern, sich in die Klauen dieses Pferdequälers zu begeben? Außerdem waren wir doch dabei gewesen, als die Stute ent-

deckt worden war. Wir hatten den Mann sogar nach Hause verfolgt. Wir waren Zeugen! Erwachsene sind manchmal ganz schön schwer von Begriff.
Aber auch Tanja konnte ihre Mutter überzeugen. So saßen wir wenig später in Gretas altem Mercedes und fuhren in die Stadt, zur Polizei.

Der Polizist, den Greta kannte, war nicht da.
Doch als wir dem Dienst habenden Beamten die Lage erklärten, erhob sich ein anderer Polizist und kam auf uns zu.
»Guten Tag, mein Name ist Heinrich. Ich reite zufällig selbst und kenne mich ein bisschen aus. Vielleicht kann ich Ihnen weiterhelfen.«
Ein reitender Polizist! Da sieht man es mal wieder: Polizisten sind auch nur Menschen, überlegte ich. Sie essen und trinken, sie gehen aufs Klo – und reiten tun sie auch ganz nebenbei.
Greta erklärte ihm unseren Plan, dem Mann mit polizeilicher Unterstützung zumindest ein wenig Angst einzujagen, wenn wir ihm das Pferd schon nicht gleich wegnehmen konnten.
»Na ja, schauen wir erst mal, wie das Pferd aussieht. Im Notfall können wir da schon was machen.«
»Wirklich?«, fragte ich begeistert. Ich merkte, dass es ein netter Polizist war.
»Sicher, wenn wir sehen, dass das Tier in sehr

schlechtem Zustand ist, nehmen wir es dem Betreffenden sofort weg.«
»Tatsächlich?«, schaltete sich Greta ein. »Ich hatte nämlich mal einen ähnlichen Fall, da ging es nicht so schnell – allerdings war das Pferd auch nicht ganz so arm dran.«
»Ja, das kommt eben immer darauf an. Natürlich lassen wir ein Tier nicht bei seinem Besitzer, wenn wir befürchten müssen, dass es dort verendet.«
»Wegen Körperverletzung wolltest du den Typen auch noch anzeigen«, erinnerte ich Greta.
»Genau! Versuchte Körperverletzung. Er hat mit Ästen und kleinen Steinen nach uns geworfen. Ihnen als Reiter muss ich ja nicht erklären, was da alles hätte passieren können. Vor allem weil in meiner Gruppe nur Kinder und Jugendliche waren und die Pferde unruhig wurden.«
Herr Heinrich notierte alles, als wir den Vorfall noch einmal genau schilderten.
»Tja, dann wollen wir uns die Sache einmal etwas genauer ansehen«, sagte er. »Kommst du mit?«, wandte er sich an seinen Kollegen, mit dem wir zuerst gesprochen hatten.
»Ja, sicher. Ich sag nur schnell Bescheid.« Damit verschwand er im Nebenzimmer, aus dem er kurz darauf mit einem dritten Polizisten wiederkam, der wohl inzwischen die Stellung halten sollte.

»Können wir nicht gleich den Amtstierarzt mitnehmen?«, fragte Greta.
Herr Heinrich schüttelte den Kopf. »Schauen wir uns das Ganze erst einmal an. Dann sehen wir weiter. Den Amtstierarzt können wir immer noch anrufen, wenn es nötig ist.«
Dann fuhren wir los. Mir war mulmig zumute. So viel Aufregung an einem Tag war ich nicht gewöhnt. Ich meine, zur Schule zu gehen ist im Allgemeinen nicht übermäßig spannend, vor allem wenn man nur mittelmäßig begabt ist, so wie ich. Und nachmittags im Reitstall ist es zwar interessanter, aber so etwas wie heute hatte ich noch nicht erlebt.

Aktion Pferderettung

Wir waren mit zwei Autos unterwegs: Greta, Tanja und ich vorne, die beiden Polizisten in ihrem Dienstwagen dahinter. So fuhren wir auf den Hof des Tierschänders. Der würde sich wundern!
Zwei Minuten später kam er schon herausgepoltert. Er sah sowieso nicht besonders freundlich aus, aber als er Greta wieder erkannte, brüllte er sofort los. »Was soll das, was wollen Sie hier? Machen Sie, dass Sie von meinem Hof verschwinden, sonst rufe ich die Polizei! Und zwar auf der Stelle.«

Tanja und ich grinsten uns an. Der Typ war wirklich nicht ganz dicht.
»Wir sind schon da«, meinte auch prompt Herr Heinrich trocken. »Und schreien Sie nicht so.«
Der Mann hielt für einen Augenblick die Klappe. Offenbar hatte er die beiden Polizisten gar nicht wahrgenommen. Dabei stach einem der Polizeiwagen richtig ins Auge.
Aber der Wüterich war wohl durch Greta, Tanja und mich abgelenkt worden.
»Mein Name ist Heinrich und das ist mein Kollege Wankel«, stellte sich der Polizist höflich vor. »Wie ist denn Ihr Name bitte?«
»Binder«, kam die giftige Antwort.
»Herr Binder, uns liegt hier eine Anzeige gegen Sie vor, wegen Tierquälerei.«
Das nahm Herrn Binder dann doch ein wenig den Wind aus den Segeln. Damit hatte er nicht gerechnet.
»Tierquälerei, so ein Unsinn«, motzte er, aber es klang unsicher.
»Sie halten hier ein Pferd?«, fragte Herr Heinrich.
Herr Binder sah tatsächlich aus, als würde er überlegen, ob er das abstreiten sollte. Da hatte ich aber genug und mischte mich ein.
»Hier drin ist es!«, rief ich wütend und ging zu dem kleinen Stall. Die Tür fiel mir fast entgegen, als ich sie öffnen wollte.

»Moment mal!«, rief Herr Binder, aber sein Einwand war zwecklos.
Vorsichtig öffnete ich die Tür und sah – nichts. Zuerst jedenfalls. Es war nämlich stockdunkel.
Allmählich gewöhnten sich meine Augen an die Dunkelheit. Allerdings gewöhnte sich meine Nase nicht an den Geruch. Hier war bestimmt seit Wochen nicht mehr ausgemistet worden. Der stechende Ammoniakgeruch trieb mir Tränen in die Augen. Nach und nach erkannte ich einige landwirtschaftliche Geräte. Dahinter, in einem kleinen Verschlag, stand die Stute, zu müde, um den Kopf zu uns zu wenden. Plötzlich sah ich überhaupt nichts mehr, weil sich Greta, Tanja und die beiden Polizisten durch die Tür drängten und nun überhaupt kein Licht mehr von draußen in den Schuppen fiel.
»So geht das aber nicht!«, polterte Herr Binder hinter ihnen schon wieder los. Er hatte sich offenbar von seinem ersten Schreck erholt. »Sie dürfen da nicht rein, das ist mein Stall!«
»Sie irren sich. Es geht hier, wie schon gesagt, um eine Anzeige wegen Tierquälerei«, behauptete Herr Wankel, der andere Beamte. Ich wusste nicht, ob er im Recht war oder nur bluffte und eigentlich einen Durchsuchungsbefehl oder so was gebraucht hätte. Auf jeden Fall war es gut für das Pferd und deswegen war es auch richtig.

Ich musste jetzt einfach etwas tun. »Ich hole das Pferd da raus!«, sagte ich entschlossen und ließ mich auch von Gretas »Warte!« nicht abhalten.
Dieses Pferd sollte keine Sekunde länger in diesem Verlies stehen! Dafür würde ich sorgen!
Ich sprach leise auf die Stute ein und näherte mich ihr vorsichtig, obwohl ich nicht glaubte, dass sie ausschlagen würde. Sie blickte nicht einmal zu uns herüber und stand regungslos da. Ruhig betrat ich den engen Ständer und fummelte eine Ewigkeit an dem Strick herum, weil ich in der Dunkelheit nichts erkennen konnte. Ich stand im Heu. Am Geruch merkte ich, dass es schimmlig und völlig feucht war.
Endlich hatte ich die Stute losgebunden und führte sie vorsichtig rückwärts heraus.
»Platz machen, Leute!«, rief Greta energisch und schob alle beiseite.
Ich konnte die Stute jetzt wenden und brachte sie aus dem kleinen Schuppen ins Freie.
Sie blinzelte wegen der Abendsonne, aber sonst zeigte sie keine Reaktion.
Irgendwie hatte ich erwartet, dass sie erleichtert wiehern und wieder etwas Leben zeigen würde, weil sie abgeholt wurde. Aber natürlich begriff sie das gar nicht. Wie auch? Vielleicht wunderte sie sich bloß, dass sie wieder hinausmusste, obwohl sie gerade erst in den Stall gebracht geworden war.

»Was soll das, das ist mein Pferd!«, fauchte Herr Binder. »Nehmen Sie dem Kind bloß das Pferd weg! Wenn da was passiert, zahle ich keinen Pfennig!«
Das Einzige, was passieren konnte, war, dass der Stall über mir womöglich einstürzen und ich verletzt werden würde.
Ich blickte die beiden Polizisten an. Herr Heinrich sah entsetzt aus. Auch Herr Wankel, der von Pferden keine Ahnung hatte, erschrak sichtlich.
Greta war schlicht schockiert, als sie die Stute aus der Nähe sah. Tanja und ich ebenfalls.
Ohne das Geschirr erkannte man die vielen Hautabschürfungen erst richtig. Am rechten Oberschenkel hatte sie eine offene Wunde, möglicherweise irgendwo an einem Nagel aufgerissen. Ihre Mähne und ihr Schweif waren völlig verzottelt und hingen in langen, dreckverkrusteten Strähnen herunter. Das Fell war stumpf, die Hufe waren viel zu lang und splitterten unten schon. Das Schlimmste war natürlich, wie dürr und unterernährt sie war.
Mir fiel auf, dass sie einen Fesselbehang hatte. Doch ein Kaltblut? Nein, so sah sie gar nicht aus. Der Kopf war eigentlich sehr hübsch, wenn man sie sich gesund vorzustellen vermochte. Die Ohren waren klein und wohlgeformt. Momentan hingen sie allerdings nur teilnahmslos zur Seite. Die Stirn war breit, die Augen groß und schön, selbst jetzt, wo sie sehr matt aussa-

hen und etwas verklebt waren. Vom Kopf her erinnerte mich das Tier eher an ein Pony. Allerdings schätzte ich seine Größe auf etwa 150 Zentimeter.
Gespannt sah ich Herrn Heinrich an. Durften wir Herrn Binder die Stute jetzt wegnehmen? Noch schlimmer und heruntergekommener konnte sie doch kaum aussehen, oder?
Herr Heinrich ging zu der Stute, sprach sie leise an und fuhr vorsichtig mit der Hand über ihren Hals, weiter über ihre Rippen und über die Kruppe, wobei er die Abschürfungen und die Wunde am Oberschenkel genau betrachtete.
»Und?«, fragte Greta. »Was meinen Sie?«
»Wir werden über Funk den Tierarzt verständigen«, antwortete Herr Heinrich und ging bereits auf seinen Streifenwagen zu.
»Warum, was soll das?«, fragte Herr Binder und sah dabei aus, als wüsste er nicht, ob er sich aufregen oder fürchten sollte.
»Mein Kollege ruft den Amtstierarzt an, damit das Pferd noch heute untersucht wird«, erklärte Herr Wankel ihm höflich.
Na ja, ich verstehe, als Polizist soll man eben höflich sein, auch zu solchen Typen wie Herrn Binder. Damit man die Polizei nicht in Verruf bringt. Bei mir als Schülerin ist das anders, ich kann auch mal unfreundlich oder pampig sein, man sieht mir ja nicht an, auf

welcher Schule ich bin. Ich muss nur aufpassen, dass die entsprechenden Leute keine Kunden bei Papas Bank sind. Sonst bringe ich ihn in Verruf. Herr Mehrl kann seine Tochter nicht erziehen! So ein ungezogenes, vorlautes Mädchen!

Wenig später kam Herr Heinrich zurück. »Der Tierarzt ist schon unterwegs«, sagte er.

So standen wir herum, sahen immer wieder die Stute an, sprachen hier und da ein paar Worte und warteten, während Herr Binder mit griesgrämigem Gesicht daneben stand, immer wieder etwas wie »So ein Theater«, »Alles Blödsinn« oder »Steuergelder verschwenden« vor sich hin murmelte und uns wütende Blicke zuwarf.

Endlich näherte sich ein Auto. »Ah, da kommt er ja«, meinte Herr Heinrich erleichtert.

Der Tierarzt fuhr mit seinem grasgrünen Kombi auf den Hof und parkte neben dem Streifenwagen. Er stieg aus, nahm seinen Koffer vom Rücksitz und kam auf uns zu.

»Herr Heinrich, ich grüße Sie!«, rief er leutselig und lächelte breit. »Ah, Herr Wankel, auch dabei?« Dann sah er Herrn Binder, Greta, Tanja und mich an und strahlte. »Guten Tag, Roßstein mein Name.«

Roßstein? Ich blickte Tanja verstohlen an und grinste. Sie grinste zurück. Es ist schon witzig, wenn ein Pferdearzt Doktor Roßstein heißt.

Herr Heinrich stellte uns kurz vor als »die drei Damen vom Reitverein, die das Pferd entdeckt haben«. Mit Blick auf Herrn Binder meinte er: »Und das ist der Besitzer des Pferdes.«
»Hm, hm«, machte Doktor Roßstein. »Und da haben wir also das Pferd?« Er runzelte die Stirn, der leutselige Gesichtsausdruck wich einem ernsten. »Das sieht aber nicht gut aus. Das schauen wir uns am besten einmal näher an.«
Er machte sich an die Untersuchung der Stute, die alles über sich ergehen ließ ohne sich zu rühren.
Wir standen derweil herum und redeten wenig. Jeder wartete gespannt, was der Tierarzt zu sagen hatte.
Endlich war er fertig.
»Tja«, meinte er, »die Unterernährung ist das größte Problem. Es wird ein bisschen dauern, bis sie wieder wird, aber ich denke, dass keine Schäden zurückbleiben. Zweifellos kann das Pferd unmöglich auch nur einen Tag länger arbeiten, sonst kann ich für nichts garantieren. Außerdem hat es Würmer, das kann man mit bloßem Auge dort in dem Haufen Pferdeäpfel erkennen. Dennoch werde ich noch eine Kotuntersuchung machen. Die Wunde am Oberschenkel ist leicht entzündet. Insgesamt ist die Stute völlig verwahrlost. Aber im Großen und Ganzen scheint sie recht widerstandsfähig zu sein, sonst würde sie noch schlimmer aussehen.«

Noch schlimmer? Das nächste Stadium war in meinen Augen ein Skelett mit Fellüberzug.
»Alles in allem sicher kein schlechtes Pferd«, beurteilte Doktor Roßstein die Stute, »soweit man das in diesem Zustand eben feststellen kann. Nicht sehr alt, so um die sieben, acht, schätze ich. – Wie lange haben Sie denn das Pferd schon?«, wandte er sich an Herrn Binder. Der starrte den Tierarzt giftig an.
»Weiß nicht. Vielleicht ein paar Monate.«
»Und Sie arbeiten mit dem Pferd im Wald?«, mischte sich Herr Heinrich ein.
Man merkte ihm an, dass er sich sehr bemühen musste höflich zu bleiben.
»Mmm«, knurrte Herr Binder.
»Machen Sie das schon lange?«
»Nee. Hab dieses Jahr den Wald da oben gepachtet.« Er deutete mit dem Kopf auf das Gebiet, in dem wir ihn heute Nachmittag das erste Mal gesehen hatten.
»Und woher haben Sie das Pferd?«
»Gekauft.«
Na, dass es ihm nicht zugelaufen war, hatten wir uns auch schon gedacht.
Herr Heinrich atmete tief ein und wieder aus. Bestimmt hätte er den Mann am liebsten sofort verhaftet, aber so einfach ging das nun auch wieder nicht.
»Und wo haben Sie das Pferd gekauft?«, fragte er bemüht geduldig.

»Auf dem Pferdemarkt. Hat bloß dreitausend gekostet. Ich hätte mir ja gleich denken können, dass so 'ne billige Mähre nicht ordentlich arbeiten kann.«
So eine Unverschämtheit! Ich war mittlerweile auf hundertachtzig.
»Wenn Sie in so einem Verlies eingesperrt wären und nur schimmliges Brot bekämen, könnten Sie auch nicht arbeiten«, fauchte ich Herrn Binder böse an.
»Halt bloß die Klappe! Ich lass mich doch nicht von so 'ner Göre anmotzen.« Wütend sah er mich an.
»Göre« hatte der zu mir gesagt! Frechheit!
»Hätten Sie das Pferd wenigstens abends auf die Weide gebracht«, fing jetzt auch Tanja an.
»Bin ich etwa so blöd, das Vieh mein Gras wegfressen zu lassen? Dann kann ich kein Heu mehr machen und verkaufen.«
Dazu fiel uns nichts mehr ein.
Herr Heinrich und Herr Wankel sahen genauso fassungslos aus wie Greta, Tanja und ich. Schließlich wandte sich Herr Heinrich an Doktor Roßstein. »Was meinen Sie? Das Pferd können wir nicht hier lassen. Bringen wir es erst mal woanders unter?«
Ich sah Doktor Roßstein an und hoffte inständig, dass er zustimmen würde.
»Auf jeden Fall«, erwiderte er mit Nachdruck. »Hier kann die Stute keine Minute länger bleiben.«
Gott sei Dank!

Ich atmete erleichtert auf. Die Stute würde hier wegkommen! Ich warf schnell einen Blick zu Greta. Sie lächelte und nickte mir zu.
»Was?«, brüllte Herr Binder auch schon los. »Sind Sie verrückt geworden? Sie können mir doch nicht mein Pferd wegnehmen!«
»Jetzt beruhigen Sie sich aber!«, rief Herr Wankel. »Das muss Ihnen doch auch klar sein, dass das Pferd hier zugrunde geht.«
»Das ist doch Unsinn! Sie haben überhaupt keine Ahnung von Pferden!«
»Aber Sie«, erwiderte Herr Wankel trocken.
»Bitte«, fing Greta an, »können wir das Ganze nicht in Ruhe besprechen? Wir werden sicher eine Lösung finden, die für alle annehmbar ist.«
Wieso? Wir hatten eine Lösung gefunden, die für alle annehmbar war, außer für Herrn Binder. Aber der zählte nicht, schließlich war er an allem schuld.
Vielleicht kam die Stute sogar vorerst zu uns in den Stall? Das wäre toll.
Greta wandte sich an den Mann. »Ich könnte Ihnen das Pferd abkaufen«, sagte sie.
Abkaufen? Greta? Dieses Pferd? Ich war baff.
»Aber was machst du damit?«, fragte ich.
»Hochpäppeln und dann weiterverkaufen, irgendwohin, wo es ihm gut geht. Ich habe das schon einmal gemacht.«

Tatsächlich? Das hatte ich gar nicht gewusst. »Davon hast du aber noch nie etwas erzählt.«
»Ich erzähle es euch bei Gelegenheit«, versprach Greta. »Nun, was sagen Sie? Haben Sie es sich überlegt?«, fragte sie dann Herrn Binder.
Der sah genauso überrascht aus wie wir anderen.
»Äh …, das geht nicht, ich brauche das Pferd zum Holzrücken«, entgegnete er.
Doktor Roßstein lachte bitter. »Sie glauben doch nicht im Ernst, dass dieses Pferd weiter arbeiten kann! In seinem Zustand! Vielleicht noch ein paar Tage, aber dann ist Schluss.«
»Ich hab den Wald dort oben gepachtet, ich brauche das Pferd.« Herr Binder war ausgesprochen störrisch. Dabei musste er doch sehen, dass die Stute sowieso bald zusammenbrechen würde, völlig unbeeindruckt von seinem Pachtvertrag.
»Ich gebe Ihnen achthundert Mark«, sagte Greta, wohl in der Hoffnung, den Mann mit Geld locken zu können. Leider ohne Erfolg. Er lachte nur höhnisch.
»Ha, achthundert, das ist nicht mal die Hälfte von dem, was ich für das Pferd bezahlt habe.«
»Das Pferd ist ja auch nicht mehr die Hälfte von dem, was es mal war«, warf ich ein.
Herr Binder glotzte mich blöd an. Ha, mit so einer Antwort hatte er wohl nicht gerechnet! Mich nennt man nicht ungestraft eine Göre!

»Stellen wir doch mal klar«, meldete sich Herr Heinrich zu Wort. »Das Pferd kommt hier auf jeden Fall weg. Davon abgesehen würde es bis zum Ende der Pachtzeit sowieso nicht mehr durchhalten. Es braucht erst mal viel Pflege.«

»Na und?«, unterbrach Herr Binder kurz angebunden. »So viel Aufhebens wegen der Mähre. Kann auch hier gepflegt werden.«

»Ha!«, entfuhr es mir. »Von Ihnen vielleicht?«

»Langsam!«, sagte Doktor Roßstein mahnend.

Ach, ist doch wahr! Soll man hier nicht mal seine Meinung sagen dürfen?

Doch Tanja meinte ebenfalls leise zu mir: »Lass es lieber. Es ist wahrscheinlich besser, wenn wir vernünftig reden. Auf ruhige Art kommen wir bestimmt eher zu einer Lösung.«

Ich wusste ja, dass sie Recht hatte, ich hatte nur mal wieder meine Klappe nicht halten können. Aber jetzt wollte ich mich zusammenreißen. Für die Stute.

»Außerdem stelle ich mir vor, dass wir von einer Anzeige wegen Tierquälerei absehen könnten, wenn Sie sich kooperativ zeigen«, sagte Herr Heinrich. »So eine Anzeige ist eine unangenehme, langwierige Sache, kostet Geld und wird in diesem Fall zweifellos schlecht für Sie ausgehen. Da müssten Sie sicher mit einem saftigen Bußgeld rechnen. Auch die Kosten für die Unterbringung des Pferdes und den Tierarzt wür-

den zu Ihren Lasten gehen. So gesehen finde ich das Angebot von Frau Wagener durchaus annehmbar.«
»Ich kann mir aber von achthundert Mark kein neues Pferd kaufen«, entgegnete Herr Binder.
Wie bitte? Der wollte sich noch mal ein Pferd kaufen? Begriff er denn gar nichts? Ich holte gerade tief Luft, weil ich schon wieder meine Meinung sagen wollte, da erhaschte ich Gretas mahnenden Blick.
Na gut. Dann würde ich eben still sein.
»Sie sollen sich auch kein neues Pferd kaufen«, entgegnete Greta ruhig, aber mit drohendem Unterton. »Denn wenn Sie das tun, können Sie sicher sein, dass wir das Pferd regelmäßig anschauen, und wenn Sie es wieder so verkommen lassen, dann erwartet Sie garantiert eine Anzeige! – Sehen Sie mal«, fuhr sie etwas sanfter fort, »das Pachtjahr ist sowieso in etwa drei Monaten zu Ende. Sie können das Pachtverhältnis kündigen oder das Waldstück unterverpachten. Das wäre doch eine Lösung.«
Ich hatte den Eindruck, dass Herr Binder langsam etwas einsichtiger wurde.
Klar, er hatte sechs Leute gegen sich, davon zwei Polizisten und einen Tierarzt, und wir drohten mit einer Anzeige. Dass er dabei schlecht abschneiden würde, war wohl sogar ihm mittlerweile klar. Vor allem die Aussicht auf das Bußgeld und die Tierarztkosten schreckte ihn sicher.

»Trotzdem«, murrte er, »achthundert Mark sind zu wenig. Das ist für mich ein Riesenverlustgeschäft.«

»Achthundert Mark«, beharrte Greta. »Und wir nehmen das Pferd sofort mit.«

Als Herr Binder gerade den Mund aufmachte, um wieder zu protestieren, zog Greta ihren letzten und entscheidenden Trumpf aus dem Ärmel: »In diesem Falle werde ich natürlich auch von einer Anzeige wegen versuchter Körperverletzung an mir und den Kindern absehen.«

Großartig, Greta! Jetzt hatten wir ihn, jetzt fiel ihm nichts mehr ein. Versuchte Körperverletzung, das war Klasse! Das musste ihn umhauen!

Missgestimmt blickte Herr Binder erst das Pferd an, dann die Ansammlung zusammengeschusterter, verfaulter Bretter, in die er es jeden Tag steckte, und schließlich uns. Ein letzter mürrischer Blick, dann nickte er zustimmend.

»Gut«, murrte er, »von mir aus. Dann bin ich die Mähre wenigstens los. Soll mir recht sein.«

»Na also«, meinte Greta. »Ich werde sofort zurückfahren und mit dem Transporter und einem Scheck wiederkommen.«

Sie wandte sich an Tanja und mich. »Kommt ihr mit oder wollte ihr hier auf mich warten?«

»Ich bleibe lieber hier«, sagte ich.

Ich wollte die arme Stute nicht schon wieder allein

lassen. Sie sollte wissen, dass ich bei ihr war und mich um sie kümmerte.
»Ich bleibe auch«, schloss sich Tanja an.
Greta zuckte mit den Schultern. »Dann fahre ich eben allein. Bis nachher also!« Und schon ging sie zu ihrem Auto.
Ja, unsere Greta ist eine Frau von schnellen Entschlüssen. Das finde ich toll an ihr. Trotzdem denkt sie erst und redet dann – nicht umgekehrt, wie eine gewisse Person, die ich gut kenne.
Während wir warteten, versuchten der Tierarzt und die Polizisten Herrn Binder klarzumachen, dass auch ein Pferd ein Lebewesen ist, das Schmerzen empfindet, so wie er selbst. Genau wie ein Mensch braucht es Zuwendung und Gesellschaft, und genauso kann es auch nicht seine volle Leistung erbringen, wenn es krank oder verletzt ist oder schlecht ernährt und nicht richtig gepflegt wird.
Ich weiß nicht, ob das bei Herrn Binder etwas bewirkt hat. Er starrte nur verdrießlich vor sich hin, war aber wenigstens ruhig.
Ich sah ihn an und verstand einfach nicht, was in seinem Kopf vor sich ging.
Schließlich kam mir die Idee, der Stute etwas Wasser zu bringen. Am Haus war ein Wasserhahn, daneben standen zwei Eimer. Ich führte die Stute dorthin und gab ihr zu trinken. Sie leerte zwei ganze Eimer.

»Hatte noch keine Zeit dafür«, meinte Herr Binder.
Ich sagte nichts; auch die anderen schwiegen.
Dann führten Tanja und ich die Stute auf die Wiese neben dem Haus. Nach einigem Zögern begann sie hier und da ein paar Halme zu rupfen, immer mit kleinen Pausen, als wäre es ihr zu anstrengend.
»Bekommt das Pferd sonst eigentlich Gras?«, fragte der Tierarzt.
Herr Binder wusste schon, dass er sich wieder den Unmut aller Umstehenden zuziehen würde, deswegen verneinte er erst nach einigem Zögern.
Grüne Wiesen im ganzen Tal, und dieses Pferd bekam schimmliges Heu! Aber ich hatte mir ja vorgenommen meinen Mund zu halten.
»Dann lasst sie lieber nicht zu viel Gras fressen, sonst bekommt sie noch eine Kolik«, meinte der Tierarzt besorgt.
Ich sah die Stute an, wie sie im Zeitlupentempo das Gras halmweise verzehrte. »Das wird sicherlich nicht passieren«, murmelte ich vor mich hin.

Endlich kam Greta mit dem Transporter. Wir hatten Bedenken, ob die Stute überhaupt hineingehen würde. Ich hatte mich im Geist schon wieder als Heldin gesehen: Die Stute wurde völlig panisch und weigerte sich in den Anhänger zu steigen. Doch ich, mit viel gutem Zureden und der Kraft meiner Gedanken,

schaffte das Unglaubliche. Sie wurde plötzlich lammfromm und lief mir schließlich vertrauensvoll hinterher, direkt in den Hänger hinein. Alle bewunderten mich. Ich lächelte verlegen und sagte irgendwas Intelligentes wie: »Das Tier hat eben gespürt, dass ich ihm ehrliche Zuneigung entgegenbringe und dass es mir vertrauen kann.«
Es wurde jedoch nichts mit meinem Heldentum – wieder einmal! Entweder war es die Stute gewohnt, in einen Transporter zu steigen, oder sie war einfach zu schwach, um sich zu sträuben, jedenfalls ging sie ohne zu mucken hinein, wenn auch mit Anstrengung. Na ja. Es wäre sowieso nicht gut für das Pferd gewesen, wenn es sich in diesem Zustand aufgeregt hätte. Doktor Roßstein verschloss die Transportertür, nachdem Greta die Stute fest angebunden hatte. Dann stellte sie den Scheck über achthundert Mark aus und übergab ihn Herrn Binder gegen eine Quittung.
»Haben Sie irgendwelche Papiere von dem Pferd?«, fragte sie.
»Papiere?« Herr Binder sah sie verständnislos an.
»Na, einen Abstammungsnachweis und so was.«
»Abstammungsnachweis?«
Zweifellos hatte Herr Binder noch nie etwas von einem Abstammungsnachweis gehört und hatte sich auch beim Kauf der Stute nicht danach erkundigt. Das erkannte auch Greta.

»Ach, vergessen Sie es. Wissen Sie wenigstens den Namen des Verkäufers, von dem Sie das Pferd erworben haben?«
»Nee.«
Greta schüttelte den Kopf, sagte aber nichts.
Doktor Roßstein fuhr los, und Tanja und ich stiegen zu Greta ins Auto. Herr Heinrich und Herr Wankel sprachen noch mit Herrn Binder und wollten anschließend zu uns in den Stall kommen.
Kurz bevor Greta anfuhr, fiel mir noch etwas ein. Ich kurbelte rasch das Fenster herunter. »Wie heißt das Pferd eigentlich?«, rief ich.
Herr Binder sah mich an, als hätte ich nach dem Großvater der Stute mütterlicherseits gefragt.
Nicht einmal einen Namen hatte das Tier!

»Du, Greta«, fiel es mir unterwegs ein, »du hast doch gar keinen Kaufvertrag mit dem Mann. Ist das nicht ein bisschen leichtsinnig? Wenn die Stute nun irgendwas hat und eingeschläfert werden muss?«
»Wir wollen es nicht hoffen. Dann habe ich eben Pech gehabt. Vielleicht könnte man den Kauf anfechten, wenn es sich um einen Gewährsmangel handelt.«
Gewährsmängel, so hatte ich vor kurzem erst gelesen, sind bestimmte Krankheiten, auf die der Verkäufer den Käufer aufmerksam machen muss, sonst kann man das Pferd innerhalb einer bestimmten Zeit zu-

rückgeben. Es gibt sechs solcher Krankheiten, mir fielen aber gerade nur Dummkoller und Mondblindheit ein. Ach ja, und Rotz. Das konnte ich mir auch gut merken, es klang so unappetitlich.
Herr Binder hatte nichts von Gewährsmängeln gesagt, aber das war bei ihm nicht anders zu erwarten gewesen.
Sicherlich verstand er davon genauso viel wie von Abstammungsnachweisen.
»Ich hoffe, ich kann mich auf Doktor Roßsteins Urteil verlassen«, fuhr Greta fort, »obwohl man die Gewährsmängel bei so einer Untersuchung kaum erkennen kann. Ehrlich gesagt ist mir das im Moment auch alles egal, ich wollte nur das Pferd von diesem Mann weghaben, und zwar für immer.«
»Aber die Stute wäre ihm doch sowieso weggenommen worden.«
»Ja, und dann hätte man sie von hier nach da geschoben. Wer weiß, wo sie am Ende gelandet wäre. So kann ich sie gesund pflegen und einen guten Platz für sie suchen. Das ist mir lieber.«
»Woher hast du denn so viel Geld?«
»Na, ein bisschen habe ich gespart. Klar, das Geld für den Friseur. »Normalerweise bekomme ich mein Geld ja wieder, wenn ich das Pferd verkaufen kann. Sogar mehr, als ich bezahlt habe, weil das Pferd in gutem Zustand mehr wert ist.«

Es war dunkel, als wir endlich im Stall eintrafen. Herr Mink hatte auf Gretas Anweisungen bereits eine Box hergerichtet. Auf der Rückseite des Stalles wurden gerade einige Außenboxen angebaut. Drei davon waren bezugsfertig, in einer sollte die Stute stehen. Sie gleich zu den anderen Pferden in den Stall zu stellen war zu gefährlich. Immerhin konnte sie eine ansteckende Krankheit haben.
Ich durfte die Stute hineinführen und versank gleich knietief im Stroh. Hach, war das herrlich! Am liebsten hätte ich mich selbst in die Einstreu gelegt. Ich könnte mein Zimmer zu Hause auch mit Stroh auslegen, nahm ich mir vor. Das ist heimeliger und man muss nicht ständig Staub saugen.
Dann zeigte ich der Stute die Selbsttränke.
Sie schien so etwas zu kennen, denn sie trank gleich noch einige Schlucke. Etwas Heu lag schon in der Box und Herr Mink brachte gerade einen Eimer mit warmem Mash, bestehend aus Weizenkleie, Quetschhafer, Melasse und ein paar Pülverchen. Er kippte den Eimer in die Futterkrippe und die Stute fraß tatsächlich die halbe Portion auf.
Ich war so stolz wie Mutti, wenn sie mich dazu gebracht hatte, einen halben Teller Suppe zu essen, wenn ich mal krank war.
Doktor Roßstein, der mit zu uns in den Stall gefahren war, kümmerte sich inzwischen um die verschiede-

nen Wunden und Schrammen des Tieres und was es sonst noch zu verarzten gab. Danach schrieb er Greta ein paar Hinweise für unseren Tierarzt auf, der morgen vorbeikommen wollte.
Schließlich wurde es allerhöchste Zeit für mich und Tanja, nach Hause zu fahren.
»Wenn ich morgen nach der Schule herkomme, werde ich sie erst mal gründlich putzen«, erklärte ich Greta. »Mach bloß nichts ohne mich!«
Wieso interessierte ich mich eigentlich derart für diese Stute? Es war schon seltsam!

Ich habe ein Pflegepferd

Meine Eltern kamen gar nicht dazu, etwas zu sagen. Gemeinsam mit Ralf saßen sie vor dem Fernseher, als ich zur Tür hereinstürmte und sofort losquasselte. Das war natürlich Taktik. Auf diese Weise konnte ich eine drohende Auseinandersetzung, weil es doch ziemlich spät geworden war, gleich im Ansatz unterdrücken. Gnadenlos knallte ich die Tatsachen auf den Tisch und erzählte, wie schlecht es der Stute ergangen war. Ich ließ ihnen gerade mal Zeit, »Wirklich?« oder »Das ist ja schlimm!« zu sagen.
Meine Schilderung wirkte, besonders auf Mutti.
»Solche Leute gehören ins Gefängnis!«, schimpfte

sie, als ich sie zu Wort kommen ließ. »Aber nein, die kommen ja meist mit einer lächerlichen Geldstrafe davon, wenn überhaupt. Das soll einer verstehen. Als ob ein Tier kein Lebewesen wäre und keinen Schmerz oder keine Angst empfinden könnte! Ich finde, dass Tierschutzgesetze nur von Menschen gemacht werden dürften, die selbst Tiere haben und sich damit auskennen. Es ist doch unglaublich, dass bis vor kurzem Tiere laut Gesetz noch Sachen waren. Sachen! Da wurde ein Tier einem Gegenstand gleichgestellt, als wäre es nichts weiter als ein… ein Regenschirm oder ein Spazierstock. Das ist doch ungeheuerlich!«
Ralf starrte Mutti entgeistert an. So erlebt man sie nämlich selten. Vor Staunen stand ihm der Mund offen, er konnte gar nichts mehr sagen.
Dafür regte sich Papa auf. »Das ist wirklich ungeheuerlich. Da hast du absolut Recht. Wenigstens haben die beiden Polizisten gleich richtig durchgegriffen. Man stelle sich nur vor, das Pferd hätte noch länger dort bleiben müssen!«
Ja, in Momenten wie diesem bin ich richtig stolz auf meine Eltern!
»Genau«, kam es jetzt von Ralf. Er hatte sich offenbar erholt und die Sprache wieder gefunden.
»Ich finde es klasse«, wandte er sich an mich, »wie ihr dem armen Pferd geholfen habt. Und dass ihr den Mann heimlich verfolgt habt – nicht schlecht. Typisch

Melli«, fügte er noch hinzu. »Mut hat sie schon immer gehabt.«
Lob und Zustimmung von meinem Bruder! Dem einzigen Menschen in der Familie, dem ich zutraute, dass ihm ein Mofa wichtiger war als ein Tier. Es geschahen noch Zeichen und Wunder.

Wenig später lag ich total geschafft im Bett. Plötzlich, kurz vor dem Einschlafen, kam mir ein Gedanke: Was, wenn wir die Stute kaufen würden?
Nein, nein, wehrte ich die Idee sofort ab. Ich wollte kein Pferd, mit dem ich nur im Gelände reiten konnte. Und das war zweifelsohne das Einzige, was man mit der Stute anfangen konnte, so wie sie aussah. Ich wollte ein Pferd, mit dem ich auch Dressur reiten, an Prüfungen teilnehmen und irgendwann das bronzene Reiterabzeichen machen konnte.
Das kleine Reiterabzeichen hatte ich letztes Jahr auf einem Schulpferd absolviert, aber das bronzene wollte ich mit meinem eigenen Pferd bekommen. Davon träumte ich schon lange.
Außerdem wollte ich ein edles Pferd. Ein Vollblut. Oder ein Halbblut. Kein Pferd, das aussah, als wären unter seinen Vorfahren ein Kaltblut und ein Pony gewesen. Ich meine, nichts gegen Kaltblüter und schon gar nichts gegen Ponys! Sie sind wirklich reizend – aber ich wollte nun mal ein »edles« Pferd.

Und ich wollte wissen, wo es herkam und wo und wie es aufgewachsen war. Außerdem wollte ich mir bei seinem Züchter, wenn nötig, Rat und Hilfe holen, ja, genau das wollte ich! Ganz zu schweigen von meinen Fohlenfotos.
Nein, nein, ich würde Papa auf keinen Fall bitten, die Stute zu kaufen.

Als ich am nächsten Tag gleich nach dem Mittagessen in den Stall fahren wollte, drückte mir Mutti eine prall gefüllte Tüte in die Hand. Ich schaute hinein: frische Mohrrüben, mehrere Äpfel und einige Scheiben Brot. Für mich?, dachte ich überrascht und wollte gerade bemerken, dass ich vorhatte, zum Abendessen wieder hier zu sein, als Mutti meinte: »Für das Pferd. Damit es ein bisschen zunimmt.«
Logo, ich esse ja auch kein trockenes Brot. Wie lieb, dass Mutti an das Pferd gedacht hatte!
»Danke«, sagte ich und nahm die Tüte freudig. Ich fühlte mich, als wäre ich selbst beschenkt worden. Ich würde die Ration auf mehrere Tage verteilen müssen, damit die Stute nicht zu viel auf einmal bekam. Vorsicht war wichtig.
»Bleibst du die ganze Woche im Stall?«, fragte Ralf mit einem hoffnungsvollen Blick auf die Tüte, als er gerade mit seinem Helm in der Hand an uns vorbei Richtung Haustür strebte.

»Hast du deine Aufgaben schon gemacht?«, fragte mich Mutti, noch bevor ich »Ja klar, ich übernachte dort« sagen konnte.
»Logisch«, antwortete Ralf. »Hoffentlich hat Melli ihre Aufgaben auch schon gemacht«, fügte er dann spitz hinzu.
»Logisch hat Melli ihre Aufgaben schon gemacht«, erwiderte ich ebenso spitz. Das stimmte in gewisser Weise, den wir hatten heute gar keine Hausaufgaben auf, wir sollten nur eine Geschichte lesen. Das würde ich heute Abend noch erledigen, wenn ich wieder zu Hause war. Natürlich hatte es keinen Sinn, Ralf über solche Feinheiten aufzuklären. Auch Mutti hätte den Unterschied nicht verstanden.
Ralf grinste etwas dümmlich und wandte sich zur Tür. Dabei übersah er Dolores, stolperte über sie und wäre beinahe der Länge nach hingefallen.
Die Katze sprang erschreckt zur Seite und flüchtete zu Mutti.
Ralf fing sich gerade noch und schimpfte vor sich hin, dass man im ganzen Haus über Katzen stolpere, und wenn es schon Katzen sein müssten, ob man dann nicht solche aus Porzellan oder Plüsch nehmen könnte, die liefen einem wenigstens nicht dauernd zwischen die Füße…
Ich konnte es mir nicht verkneifen, sein Gezeter mit einer ironischen Bemerkung zu unterbrechen. »Viel-

leicht solltest du den Helm in Zukunft schon beim Verlassen des Zimmers aufsetzen. Sicher ist sicher.«
Ralf schnitt eine Grimasse. »Wahnsinnig komisch! Bitte erinnere mich heute Abend um acht daran, dass ich lache.«
Dann wandte er sich an Mutti. »Ich bin zum Essen wieder da«, erklärte er, bevor er die Tür hinter sich zuschlug. Muttis »Fahr vorsichtig« hörte er wahrscheinlich nicht mehr.
»Ich mach mich dann auch auf den Weg«, sagte ich, »und ich bin ebenfalls zum Essen wieder da.«
Bewusst achtete ich darauf, dass mir nicht Miranda oder Elenor im Weg standen, als ich zur Haustür ging. Ich bin ja schließlich nicht Ralf.

Tanja war noch nicht da, also ging ich zuerst zu der Stute. Sie stand in ihrer Box und ich war ganz sicher, dass sie zumindest ein klein wenig munterer aussah als gestern. Hoffentlich ging es ihr wirklich schon etwas besser.
»Hallo, Stütchen«, begrüßte ich sie.
Sie wandte den Kopf und machte nach einigem Zögern zwei Schritte Richtung Tür, sodass ich ihr eine Mohrrübe geben konnte.
Erst untersuchte sie die Rübe, als könnte sie sich nicht mehr erinnern, was das ist. Vielleicht hatte sie ja wirklich noch nie eine gesehen, wer weiß. Dann nahm sie

sie aber doch vorsichtig und kaute sie langsam und sehr bedächtig. Ich wollte das Pferd nicht gleich mit Äpfeln und Möhren überfüttern, ohne mit Greta geredet zu haben, und deshalb ging ich erst mal zurück in den Stall, um sie zu suchen.
Greta ritt in der Halle auf einem Privatpferd, das erst seit zwei Monaten unter dem Sattel ging. Ich wartete in der Tür. Als sie vorbeikam, hielt sie an.
»Hallo, warst du schon bei der Stute?«
»Ja, klar. Was hat Doktor Lippold zu ihr gesagt?«
Doktor Lippold war unser Stalltierarzt.
»Nichts Neues: Es wird ein Weilchen dauern, bis sie wieder durch die Gegend springt. Die beiden Polizisten haben auch noch mal kurz vorbeigeschaut. Sie waren sehr freundlich und hilfsbereit. Der Schmied war heute früh schon da und hat die Hufe ausgeschnitten. Sie sehen ganz gut aus.«
»Prima! Darf ich ihr Äpfel und Möhren geben?«
»Ja, bloß nicht auf einmal. Du kannst sie auch ein wenig grasen lassen, aber nicht zu lange.«
»Mach ich. Ich wollte sie jetzt erst mal abwaschen.«
»Gute Idee. Dann sieht sie bestimmt gleich besser aus. Sei vorsichtig, vielleicht kennt sie das gar nicht oder mag kein Wasser.«
»Natürlich.« Hatte ich etwa erst seit gestern mit Pferden zu tun? Was Greta sich nur dachte!
Voller Arbeitseifer ging ich wieder in den Stall. Die

Stute stand noch an der Tür und schaute sogar neugierig hinaus.
»Na, Stütchen, jetzt werden wir dem Dreck zu Leibe rücken, damit aus dir ein blitzsauberes Pferd wird.«
Ich legte ihr ein Halfter an, führte sie hinaus und band sie fest. Sie war so brav, dass es schon verdächtig war. Ich fragte mich, ob sie wirklich so friedlich war oder nur zu schwach, um Theater zu machen. Vielleicht war sie in Wirklichkeit ein kleiner Teufel und überlegte schon, was sie alles anstellen würde, wenn sie sich erst wieder kräftiger fühlte.
»Gleich wird es feucht«, bereitete ich sie schonend vor. Hoffentlich gehörte sie nicht zu jener nervigen Sorte Pferde, die Wasser für etwas Hochgefährliches halten und bei den ersten Tropfen in Panik ausbrechen. Vorsichtshalber ließ ich sie erst den Schlauch beschnuppern, aber er interessierte sie nicht sonderlich. Dann drehte ich langsam das Wasser auf, richtete den Strahl zunächst auf den Boden und beobachtete ihre Reaktion. Sie betrachtete das Wasser nur ein wenig müde.
»Na, dann fangen wir mal an.«
Wenn ich erwachsen bin, werde ich eine Pferdewaschmaschine erfinden, so ähnlich wie eine Autowaschanlage. Das habe ich mir fest vorgenommen. Man stellt das Pferd hinein – der Kopf bleibt natürlich draußen, ich mag ja auch kein Shampoo in den Augen

oder Wasser in Nase und Ohren – und dann wird das Pferd eingeweicht, abgeschrubbt, abgespült, weich gespült und getrocknet. Auf Wunsch können Schweif und Mähne gelockt werden. Das Pferd kann dabei fressen und als Hintergrundgeräusch gibt es nach Wunsch klassische Musik oder Vogelgezwitscher. Die Erfindung wird ein gigantischer Erfolg werden.
Bis es so weit war, musste ich allerdings notgedrungen nach der herkömmlichen Methode arbeiten.
Ich begann also vorsichtig an den Beinen, immer auf die Reaktionen der Stute achtend. Sie war ruhig. Sicher wunderte sie sich, warum ich so ein Theater machte, und dachte vielleicht, dass ich wohl selbst Angst vor Wasser hätte.
Nach und nach spritzte ich sie ganz ab.
Anschließend nahm ich eine großzügige Portion Shampoo – ich weiß, viel hilft nicht immer viel, aber es sieht zumindest so aus – und fing an sie einzushampoonieren, wobei ich die aufgescheuerten Stellen großzügig aussparte. Das schien ihr ausgesprochen gut zu gefallen, sie schaute sehr zufrieden drein und wieherte leise.
Beim Einschäumen fiel mir auf, dass die Stute ein Brandzeichen auf dem Hinterschenkel hatte, aber es war so verwachsen, dass man es beim besten Willen nicht mehr erkennen konnte. Vorne an der Brust entdeckte ich eine längliche Narbe. Da war sie wohl mal

an einem Nagel oder etwas Ähnlichem hängen geblieben und hatte sich die Haut aufgerissen.
Schließlich wusch ich alles wieder gründlich ab. Den Kopf reinigte ich mit einem Schwamm. Ich war immer wieder erstaunt, wie brav sie sich die Prozedur gefallen ließ. Sie schien tatsächlich daran gewöhnt zu sein. Wem sie wohl vor Herrn Binder gehört hatte? Sie hatte es sicher mal recht gut gehabt.
Ich schmierte gerade ganz vorsichtig die Salbe auf die offenen Hautstellen, als Tanja plötzlich hinter mir sagte: »Na, du bist ja schon fleißig.« Ich hatte sie gar nicht kommen hören.
»Hmmm. Ich hatte gedacht, dass sie vielleicht ein Schimmel wird, aber sie ist braun geblieben.«
»Ist auch besser so. Schimmel sind Ferkel.«
»Andere Pferde sind auch Ferkel, aber man sieht es bei ihnen nicht so.«
Tanja streichelte die Stute. »Ich finde, dass sie sehr schöne Augen hat«, meinte sie.
»Ja, das finde ich auch. Sie hat überhaupt einen hübschen Kopf. Einen richtigen Ponykopf.«
Tanja nickte. Dann verschwand sie mit einem »Ich kümmere mich jetzt mal um Püppi«.
Tanja hatte Püppi heute bestimmt noch nicht näher angesehen, sonst wäre sie nicht so gut gelaunt gewesen. Püppi war nämlich auf einer Seite durchgehend gelbbraun. Kein weißes Haar hatte sich gegen den

Mist behaupten können. Wenige Sekunden später hörte ich einen lauten Schrei und ein empörtes »Du Mistvieh!«. Ich grinste vergnügt vor mich hin.
»Eins sage ich dir«, erklärte ich der Stute. »Egal was für ein Pferd ich mir mal kaufe – es wird auf keinen Fall ein Schimmel sein.«
Dann schrubbte ich die Hufe ab und fettete sie ein. Die Hufe waren nach dem Ausschneiden durch den Schmied wieder ganz in Ordnung.
Ich hatte befürchtet, dass sie weit eingerissen wären, aber das war nicht der Fall. Beschlagen hatte man sie vorerst noch nicht.
»Jetzt bleibt noch dein Schweif. Der ist vielleicht eine Katastrophe.«
Ich betrachtete ihn eingehend, während ich das Band löste, mit dem ich ihn hochgebunden hatte, damit er beim Waschen nicht so nass wurde. Er war völlig verzottelt. Es schien aussichtslos, das je wieder hinzukriegen. Ganz abschneiden konnte und wollte ich ihn nicht, aber ein Stück musste auf jeden Fall weg. Unten war er auch viel zu dünn.
»Wir werden etwa fünfzehn Zentimeter abschneiden«, verkündete ich. Man musste dem Pferd schließlich Gelegenheit geben Einspruch zu erheben. Es kam jedoch keiner. Ich schnitt also gut fünfzehn Zentimeter weg. Die unteren fünf Zentimeter waren sowieso nur Dreckklumpen.

Und jetzt? War es besser, den Schweif erst zu waschen und dann zu verlesen? Kaum. Nass war das sicher noch schwieriger. Andererseits war der Schweif total verdreckt. Ach was, ich würde es einfach mal versuchen. Ich brauchte über eineinhalb Stunden. Und das auch nur, weil mir zwischendurch immer mal wieder eine mitleidige Seele half. Einige der Reiter, die mir halfen, meinten, es hätte keinen Zweck, abschneiden wäre besser. Aber als der Schweif dann schließlich ordentlich verlesen und gewaschen war, sah er wirklich toll aus.

Fast hätte ich die Mähne vergessen. Dabei half mir Greta und es fielen einige Haare der Schere zum Opfer, aber da machte es nicht viel aus.

Danach sah die Stute zwar immer noch dürr, aber doch schon gepflegt aus – ließ man die Stellen mit der Salbe einmal außer Acht.

»Jetzt ist es deutlich zu erkennen«, stellte ich zufrieden fest, »es ist ein richtiges Pferd.«

Ich ging ein bisschen mit der Stute spazieren und ließ sie hier und da ein paar Halme zupfen. Sie war ausgesprochen lieb und ganz ruhig. Behutsam streichelte ich sie immer wieder. Schließlich brachte ich sie noch kurz auf die Koppel. Tanja und ich setzten uns ins Gras und beobachteten sie aufmerksam.

»Sie braucht einen Namen«, stellte ich zum wieder-

holten Mal fest und sinnierte: »Es muss etwas sein, was zu ihr passt.«
»Gerippli? Skeletta?« Tanja lachte los.
»Das ist nicht lustig!«, fauchte ich, musste dann aber doch grinsen. »Ich meine natürlich einen Namen, der zu ihr passt, wenn sie wieder besser beieinander ist«, ergänzte ich.
»Dicky?« Tanja legte sich auf den Rücken und lachte aus vollem Hals.
»Du bist keine große Hilfe«, sagte ich ärgerlich. »Aber mir wird schon was einfallen.«
Tanja lachte noch immer. Schließlich setzte sie sich wieder hin und wischte sich die Lachtränen aus den Augenwinkeln. In ihren Haaren hatte sich kein einziges loses Grashälmchen verfangen. Ich dagegen hatte ständig irgendwelche Gras-, Heu- oder Strohhalme im Haar. Ich glaube, wenn ich irgendwo vorbeigehe, dann sagt ein Halm dem anderen Bescheid: »Achtung, Jungs, sie kommt wieder! Fertig machen zum Aufspringen!«
»Vielleicht Granada«, überlegte ich. »Oder was hältst du von Arielle?«
»Arielle, die Meerjungfrau.« Schon wieder lachte Tanja. »Da musst du aber gut auf die Betonung aufpassen, sonst heißt sie Ariel.« Sie prustete los. »Ariel! – Womit hast du sie eigentlich gewaschen?«
Ich tat so, als würde ich ihr Gegacker nicht bemerken.

»Melina. Melinde. Caprice.« So hieß ein Pferd, das ich kannte. Die Besitzerin sprach den Namen italienisch aus: Capritsche, Betonung auf i und natürlich ein langes i. Capriiitsche. Klang irgendwie toll.
»Na, ich weiß nicht.« Tanja hatte sich wieder ein bisschen beruhigt. »Ich finde, du solltest nicht so angestrengt überlegen. Sicher fällt dir irgendwann von selbst was ein.«
»Lianda. Lajata«, dichtete ich vor mich hin, immer in der Hoffnung, dass etwas ganz Tolles dabei herauskommen würde. »Lambada. Lilia. Limira. Lilila. Es ist echt schwierig.«
»Vergiss es. Reden wir doch lieber von was anderem. Wisst ihr schon, wo ihr nächstes Jahr in den Sommerferien hinfahrt? Ich hab gehört, dass Sarah mit ihren Eltern auf Samoa Urlaub macht. Das ist in der Südsee, da sind auch die Fidschiinseln. Ich bin total neidisch! Ich möchte…«
»Samoa!«
»Ja, toll, was? Ich will unbedingt auch mal…«
»Samoa, das ist es!«
»Wie – was meinst du denn?«
»Samoa, so wird sie heißen. Findest du nicht, dass der Name traumhaft zu ihr passt?«
Im Geiste sah ich ein wohlgenährtes, elegantes Pferd vor einem Palmenhintergrund am Strand entlanggaloppieren. Das Meer rauschte, die Wellen umspielten

die Hufe des Pferdes, ich saß auf seinem Rücken und der Wind wehte durch mein Haar.
»Meinst du?«, fragte Tanja zweifelnd und sah auf das dürre, schlappe Pferd, das gemächlich graste. »Ist das nicht eher ein Name für einen rassigen Vollblüter?«
Den Einwand ließ ich nicht gelten. »Samoa«, sagte ich noch einmal nachdrücklich. »Aber wir müssen erst Greta fragen.«
Wir fragten Greta und sie fand den Namen sehr schön. Es sei ihr aber nicht so wichtig, meinte sie, wie das Pferd heiße. Na ja, wenn man einen Wallach hat, der Trullala heißt, das härtet schon ab.
Ich finde, der Name eines Pferdes muss schön klingen. Lustige Namen mögen für manche Leute nett sein, aber es ist doch peinlich für das Pferd, wenn jeder, der seinen Namen hört, erst einmal lacht.
Die Stute hieß also von nun an Samoa. Es war noch etwas ungewohnt, sie so zu nennen – sie sah ja auch noch erbärmlich aus –, aber ich würde mich schon daran gewöhnen. Nachdem ich sie in ihre Box gebracht hatte, kramte ich aus dem Schuppen, in dem die Hindernisse und aller möglicher Kram aufbewahrt werden, ein Namensschild hervor, wischte es ab und schrieb mit Kreide in sehr schön geschwungenen Buchstaben darauf:

So. Zufrieden nagelte ich das Schild mit zwei Nägeln an die Boxentür. »Samoa«, las ich noch einmal laut. »Ich gewöhn mich langsam daran.«
Samoa ließ nichts darüber verlauten, ob ihr der Name zusagte, aber ich fand, dass sie sehr zufrieden aussah. Na ja, wenn man eine namenlose Mähre war, ist Samoa auf jeden Fall eine Verbesserung.

Später saßen Tanja und ich draußen vor dem Stall und ließen uns die Sonne ins Gesicht scheinen, als Greta herauskam und sich mit einem Seufzer neben uns auf die Bank plumpsen ließ. »Puh, für heute reicht's mal wieder!« Den ganzen Tag war wahnsinnig viel zu tun. Etwas Erholung muss auch mal sein.
Und schon fiel mir etwas ein. »Du, Greta«, begann ich, »wolltest du uns nicht die Story von dem Pferd erzählen, das du gekauft und hochgepäppelt hast?«
»Genau«, fiel Tanja ein. »Das, mit dem du schon mal dieses Anzeigentheater mitgemacht hast.«
»Moment, Moment«, warf Greta ein. »Das sind aber zwei verschiedene Geschichten.«
»Zwei?«, fragte Tanja.
»Ja. Das mit der Anzeige passierte in dem Stall, in dem ich vorher gearbeitet habe. Da hatte ein Mann in der Nähe einen Hof, auf dem er zwei Pferde, drei Hunde und jede Menge Katzen hielt. Nachdem er gestorben war, haben sich der Sohn und dessen Frau, die

alles geerbt hatten, darum gekümmert. Allerdings nicht besonders gut – sie hatten ja keine Ahnung davon und auch kein großes Interesse an all den Tieren. Leider ließen sie sich auch nichts sagen, wir haben es ein paarmal versucht. Als sich der Zustand der Tiere immer mehr verschlechterte, haben wir die beiden schließlich angezeigt. Die Tiere sahen aber lange nicht so schlimm aus wie die Stute – wie Samoa, meine ich. Und da wurde dann eben erst vom Richter entschieden, dass die Tiere woanders hingebracht werden. So schnell wie gestern ging das bei weitem nicht; es hat schon einige Wochen gedauert.«

»Und das andere Pferd?«, fragte Tanja.

»Das war kurz bevor ich hierher kam.« Greta war nun schon seit zwei Jahren bei uns im Stall. »In Holland. Ich war mit einer Bekannten unterwegs, die sich ein Pferd kaufen wollte. Einen Friesenhengst. Doch dann entdeckten wir in einem Kaff ein völlig abgemagertes Pferd vor einem Karren, auf dem ein alter Mann saß. Er hat damit Touristen durch die Gegend kutschiert. Das Pferd zockelte fix und fertig vor sich hin. Ich glaube nicht, dass es Absicht von dem Mann war, das Tier so zu behandeln, eher Gedankenlosigkeit und Unkenntnis und wahrscheinlich mangelndes Mitgefühl für andere Lebewesen. Vermutlich hatte er auch finanzielle Probleme. Na ja, lange Rede, gar kein Sinn: Wir haben mit dem Mann verhandelt – meine

Bekannte spricht ganz gut Holländisch – und nach vielem Reden hat er uns das Pferd schließlich doch verkauft. Den Transporter hatten wir ja dabei, und so haben wir das Pferd aufgeladen und sind damit nach Hause gefahren. Die Leute im Stall haben nicht schlecht gestaunt, als wir statt mit einem stolzen Friesenhengst mit einer dürren Krücke zurückkamen. Aber das Pferd hat sich recht gut gemacht und ich konnte es später an ein Mädchen aus dem Verein verkaufen, das ein Freizeitpferd suchte.«

Ich sah Greta bewundernd an. Was sie alles auf die Beine stellte!

Ob ich so etwas auch könnte? Mal eben ein Pferd kaufen und hochpäppeln?

»Habt ihr das Pferd denn ohne Schwierigkeiten über die Grenze gekriegt?«

Greta sah mich seltsam an. »Das haben wir, es hat sich keiner am Zoll dafür interessiert.«

Tanja und ich starrten Greta an. »Aber ...«

»Klar, eigentlich hätten wir eine Gesundheitsbescheinigung gebraucht. Und solltet ihr jemals ein Pferd in Holland kaufen, dann werdet ihr euch selbstverständlich so eine Bescheinigung für euer Pferd besorgen – meistens macht das der Verkäufer. Aber wir hatten schon Bedenken, ob wir die Bescheinigung so ohne weiteres bekommen würden. In dem Zustand, in dem es war. Papiere für das Pferd hatten wir auch keine.

Natürlich haben wir es hier sofort von einem Tierarzt untersuchen lassen.«

»Und wenn sie euch nun angehalten hätten?«

»Dann hätten wir wohl auf den Amtstierarzt warten müssen, damit der das Pferd untersucht.«

»Aha«, meinte Tanja bedeutungsvoll. Wir sahen uns an und warfen einen kurzen Blick auf Greta. Es war offensichtlich, dass sie nicht weiter darüber reden wollte. So wechselte Tanja schnell das Thema.

»Hat deine Bekannte dann wenigstens noch ihren Friesenhengst gefunden?«

»Ja, wir sind einen Monat später noch einmal nach Holland gefahren.«

»Hast du noch mehr solche interessanten Sachen gemacht?«, fragte ich ein bisschen neidisch.

»Nein«, Greta lächelte, »bis jetzt noch nicht.«

»Ich möchte auch mal so etwas machen, so was ... etwas Wichtiges eben, wo andere hinterher sagen: ›Das finde ich toll, dass du das gemacht hast‹«, sinnierte ich vor mich hin.

»Meine Güte«, meinte Greta, »du bist doch erst zwölf. Niemand erwartet von dir, dass du die Welt rettest. Und so großartig ist es nun auch wieder nicht, ein Pferd zu kaufen.«

Wie wichtig ist ein Stück Papier?

Die nächsten Tage kümmerte ich mich viel um Samoa. Wenn ich in den Stall kam, ging ich zuallererst zu ihr. Es dauerte nicht lange und sie wieherte mir entgegen.
Mit der Zeit schien sie mich zu kennen. Na gut, ein bisschen lag das vielleicht auch an Muttis Fresspaketen. Jede Woche gab sie mir eine Riesentüte mit Möhren, Äpfeln und trockenem Brot mit.
Irgendwie hatte ich den Verdacht, dass sie extra für Samoa Brot kaufte, denn so viel trockenes Brot hatten wir sonst nie gehabt.
Ich ging oft und lange mit Samoa spazieren, saß bei ihr auf der Koppel und selbstverständlich pflegte ich sie auch.
Im Lauf der Wochen besserte sich ihr Zustand deutlich. Sie nahm zu, die Rippen verschwanden langsam, die Hüftknochen und der Widerrist ragten nicht mehr so deutlich hervor. Ihre wunderschönen Augen glänzten wieder und blickten munter und unternehmungslustig umher.
Ich fand schon immer, ein Pferd musste unbedingt schöne Augen haben. Es konnte noch so toll und fehlerfrei im Gebäude und mit Wahnsinnsgängen ausgestattet sein – wenn es keine schönen glänzenden Augen hatte, gefiel es mir nicht.

Als es herauszufinden galt, ob Samoa daran gewöhnt war, geritten zu werden, war sonnenklar, dass ich das ausprobieren würde, auch wenn Greta mehr Erfahrung hatte. Vorgefühlt hatte ich bereits und hatte Samoa zum Beispiel öfter mal eine Trense angelegt. Sie hatte überhaupt keine Probleme gemacht und nicht im Geringsten gebockt.
Auch an einen Sattel war sie ganz offensichtlich gewöhnt. Ich hatte mich sogar schon vorsichtig an den Sattel gehängt. Also gab es eigentlich keinen Grund zur Besorgnis. Eigentlich.
Trotzdem war ich natürlich entsetzlich aufgeregt, als ich Samoa zum ersten Mal mit Sattel und Trense in die Reithalle führte.
Würde ich die Halle zu Fuß wieder verlassen oder würde man mich auf einer Trage hinausbringen?
Greta fragte mich zum wiederholten Mal, ob sie sich nicht selbst draufsetzen solle, aber ich wehrte energisch ab. Das kam nicht in Frage, schließlich war Samoa mein Pflegepferd.
Ich führte sie eine Runde und sie trottete seelenruhig neben mir her.
Immer noch kein Grund sich aufzuregen. Ich gurtete noch einmal nach, zog die Bügel herunter und dann – ja, dann war es so weit.
Greta hielt Samoa fest und fragte zum x-ten Mal, ob sie nicht doch lieber selbst aufsitzen solle.

Ich nahm die Zügel kürzer, setzte einen Fuß in den Bügel und holte tief Luft.
In der letzten Nacht hatte ich Visionen gehabt, wie ich mich auf Samoa setzte, die sofort wie ein Rodeopferd losbuckelte, und wie ich dann mit einem Salto vom Pferd flog, auf dem Kopf stehend an der Bande landete und keinen Plan mehr hatte... Dieser Albtraum ging mir durch den Kopf, als ich mich vorsichtig im Sattel niederließ. Ich konnte unmöglich mehr als eine Feder wiegen.
Und Samoa? Sie stand brav und still und wackelte nicht einmal mit dem Ohr. Ganz leicht drückte ich die Schenkel an ihre Seiten – sie setzte sich ohne zu mucken in Bewegung. Und deswegen hatte ich letzte Nacht Horrorvisionen gehabt?
»Na also«, meinte Greta, die noch ein paar Schritte neben uns herging und Samoa führte, die zunächst ein bisschen verspannt wirkte.
Nach einer Weile löste sich die Verspannung und Greta ließ los. Nun wurde ich mutig: Ich trabte an. Samoa hatte auf der Koppel im Trab immer eine hohe Aktion gezeigt, so wie man das von spanischen Pferden kennt. Ich hatte befürchtet, dass sie unmöglich zu sitzen wäre. Aber nein: Man saß auf ihr wie auf einem Sessel, der leicht hin und her wackelt.
Nach einer Weile entspannte ich mich. Samoa war recht angenehm zu reiten und sie ging ohne viel Trei-

ben vorwärts. Ein dicker Pluspunkt, muss ich zugeben. Ich glaube, ich habe schon erwähnt, dass ich durchaus nicht faul bin – nein, ich bin nur körperlich nicht so kräftig. Das ist ein Unterschied.
Nicht alles klappte auf Anhieb. Samoa ließ sich oft erst beim zweiten Versuch durchparieren und wenn ich antraben wollte, ging sie meist erst ein paar Takte schnellen Schritt. Auch beim Angaloppieren ließ sie sich meist mehrmals bitten. Es war nicht ganz einfach, die Hufschlagfiguren so exakt zu reiten, wie ich es sonst tat. Außerdem ging sie nicht immer taktrein. Aber im Großen und Ganzen war ich zufrieden. Ich freute mich schon auf die nächsten Monate, wenn ich Samoa jeden Tag reiten und richtig ausbilden würde. Vielleicht konnte ich ja sogar das Abzeichen mit ihr machen.

»Das klappt schon ganz gut«, meinte Greta zufrieden, als ich Samoa aus der Halle führte. »Da kann man was draus machen, fehlt nur die Feinarbeit. Es wird bestimmt kein Problem, sie zu verkaufen.«
Verkaufen?! Ich erstarrte innerlich. Verkaufen? Samoa? Meine Samoa? Ich musste mich verhört haben. Aber natürlich, Greta hatte doch von Anfang an gesagt, dass sie Samoa weiterverkaufen würde. Wieso hatte ich das vergessen? Hatte ich geglaubt, Greta wollte sie nun doch behalten?

Und überhaupt, ich wollte sie doch nicht haben, oder? Ich wollte schließlich ein edles Vollblut oder Halbblut mit Abstammung und Züchter und Fohlenfotos. Nicht so ein dürres, sonderbares Pferd. Dürr? Sonderbar?
Ich betrachtete Samoa, als ich sie auf der Koppel laufen ließ. Sie war nicht mehr so dürr, sie hatte einiges zugenommen. Sicher, ein bis zwei Kilos hier und da fehlten noch und sie musste viel geritten werden, um wieder Muskeln zu bekommen. Aber trotzdem – dürr war sie bestimmt nicht.
Und sonderbar? Wieso sonderbar? Wegen dem Ponykopf und dem Fesselbehang? Weil sie etwas schwerer gebaut war als ein Warmblut oder gar ein Vollblut? Wie konnte ich so was denken?
Ich beobachtete Samoa, wie sie übermütig über die Koppel galoppierte. Jetzt fiel sie in einen Schwebetrab. Hoch hob sie die Beine, ihr Kopf war in die Luft gereckt, die Ohren gespitzt, die Augen glänzten und sie wieherte laut. Sie flog förmlich über die Koppel. Es war unglaublich, wie sie gehen konnte!
Zum ersten Mal nahm ich wahr, wie sehr sich Samoa verändert hatte, seit sie auf Gretas Hof war. Sie war kein dürres, sonderbares Pferd mehr, das mit mattem Blick und hängenden Ohren müde herumstand. Sie war aufgeweckt, lebhaft, zuverlässig, interessiert und lieb. Und war sie nicht auch – bildschön? Wieso war mir das nie aufgefallen?

Sicher, Greta hatte gleich am ersten Tag eine Bemerkung gemacht, dass Samoa ein bisschen überbaut sei. Aber was machte das?
Und dass einige hier im Stall meinten, ihr Hals sei, jetzt wo sie wieder annähernd normales Gewicht hatte, viel zu dick für ein Reitpferd, hielt ich für Unsinn. Spanische Pferde haben auch dicke Hälse und mit denen kann man Hohe Schule reiten.
Samoa entsprach eben nicht dem Warmblutideal, aber wenn ich sie so ansah, gefiel sie mir viel besser als ein Warmblut. Sogar besser als ein Vollblut. Und mit der entsprechenden Feinarbeit würde sie bestimmt einmal ein gutes Reitpferd abgeben. Jetzt kam sie zu mir her, schnupperte an meinem Gesicht und dann an meiner Jacke. Ich streichelte sie auf der Stirn, an ihrer Lieblingsstelle. Hatte sie nicht einen wunderbaren Charakter, so wie man ihn sich bei einem Pferd nur wünschen konnte? Lieb, brav, zuverlässig – was konnte man mehr erwarten? Ich seufzte.
Sie war auch sehr menschenbezogen, wie mir plötzlich bewusst wurde. Und noch nie hatte sie nach mir geschnappt oder mich beim Spazierengehen über den Haufen gerannt, was durchaus nicht selbstverständlich war. Klar, sie war mir ab und zu auf die Zehen getrampelt – aber nur aus Versehen.
Und nun wollte Greta sie bald verkaufen. Aber ich wollte sie ja nicht haben. Oder etwa doch?

Nein, ich wollte ein Vollblut. Oder wenigstens ein Halbblut. Mit Abstammungsnachweis.
Ein Pferd, mit dem ich an Dressurprüfungen teilnehmen konnte und …
Aber konnte ich das nicht auch mit Samoa? Und die Herkunft eines Pferdes – war die so wichtig? War ein Stück Papier, auf dem stand, dass dieser Hengst der Vater und jene Stute die Mutter war, denn wesentlicher als ein guter Charakter?
Noch immer geisterte mir das Bild von meinem Traumpferd im Kopf umher, aber – hatte ich es nicht schon gefunden? Wie oft hatte das Wunderpferd, von dem ich träumte, Samoas Aussehen angenommen? Ein Pferd wie sie gab es kein zweites Mal.
Tanja kam aus dem Stall und stellte sich neben mich.
»Na, wie ging sie unter dem Sattel? Ich konnte leider nicht früher kommen.«
»Prima! Viel besser, als ich gedacht hatte. Wir müssen ein bisschen üben, es klappt noch nicht alles so, wie es sollte, aber insgesamt geht sie gut.«
»Du wirst sie jetzt sicher öfter reiten.«
»Ich glaube, Greta will sie bald verkaufen.«
»Wirklich? Ja, warum kaufst du sie denn nicht, du magst sie doch so gern, oder etwa nicht?«
So einfach sah Tanja das?
»Ich weiß nicht. Ich wollte doch ein Vollblut, mit dem ich an Dressurprüfungen teilnehmen kann …«

Ich kam mir schon doof vor, mit meiner ewigen Leier von dem unglaublichen Vollblut oder meinetwegen auch Halbblut mit super Gebäude, super Gängen, super Anlagen, super Charakter und trotzdem spottbillig. Hatte ich was vergessen? Ach ja, den dämlichen Abstammungsnachweis.

»Du immer mit deinem Vollblut«, kam es prompt von Tanja. »Wenn du schon unbedingt Dressur reiten willst, ist ein Warmblut sowieso besser.«

»Aber Samoa ist doch ein halbes Pony«, wandte ich ein – nur weil ich, wie ich mir eingestehen musste, wollte, dass Tanja mir zuredete. Was sie auch tat.

»Na und? So ponymäßig sieht sie nun auch nicht aus. Außerdem sind Ponys widerstandsfähig und gewitzt und viel lieber als andere Pferde. Was du bloß hast! Du bist viel zu anspruchsvoll.«

»Ja, aber... Ich wollte doch ein Pferd mit Abstammung, vielleicht möchte ich mal ein Fohlen und von Samoa weiß ich doch gar nichts – wo sie herkommt und so und...« Ich sagte nichts mehr, weil ich selbst nicht wusste, was nach dem »und« noch hätte kommen sollen. Es gab nichts.

»Pfeif auf die doofe Abstammung! Ein Pferd nicht zu wollen, weil es keine Abstammung hat! Du bist doch kein Züchter! Nur weil du in ein paar Jahren vielleicht mal ein Fohlen möchtest. Du musst es ja nicht ins Zuchtbuch eintragen lassen.«

»Hm.«
»Oder ist es dir egal, wenn sie verkauft wird und in fremde Hände kommt?«, fragte Tanja.
»Nein«, entgegnete ich sofort energisch.
»Na also! Wo liegt dann das Problem?«
Ja, wo lag das Problem? Ich stellte mir vor, dass Samoa mein Pferd wäre. Ein sehr schöner Gedanke.
»Ich muss mir das noch mal überlegen.«
»Überleg nicht zu lange. Sonst ist sie vielleicht weg.«
Damit ging Tanja in den Stall, zu dem gelbbraunen, immer dreckigen Wesen, das vorgab ein Schimmel namens Püppi zu sein.
Ich stand immer noch ganz versunken da und beobachtete Samoa. Plötzlich hatte ich eine verrückte Idee. Verrückt, weil ich Samoa heute zum ersten Mal überhaupt geritten hatte. Ich ging zu ihr hin, streichelte sie, fuhr mit den Händen über ihre Sattellage, während sie mich interessiert ansah, und lehnte mich an sie. Dann hielt ich die Luft an und schwang mich auf ihren Rücken.
Würde sie mich gleich wieder runterwerfen? Empört losbuckeln? Gespannt saß ich auf ihrem blanken Rücken und wartete. Es geschah – nichts. Samoa fing friedlich an zu grasen.
»Hey, Mädchen, komm, wir gehen mal ein paar Schritte!« Damit trieb ich sie ein bisschen an.
Samoa setzte sich gemächlich in Bewegung. Vor-

sichtshalber griff ich in ihre Mähne, denn meine Voltigierzeit lag schon lange zurück und ich ritt nicht oft ohne Sattel. Nach einer Weile wurde ich mutiger und trieb sie zum Trab. Sie trabte auch tatsächlich an und lief gemütlich über die Koppel.
Im Trab war sie fast einfacher zu sitzen als im Schritt. Ich versuchte sie mit Schenkel und Gewicht zu lenken und es klappte halbwegs.
Sollte ich auch noch galoppieren? Vielleicht wurde sie dann übermütig und buckelte, so wie vorhin, als sie über die Koppel tobte. Aber ich würde ja nicht hart fallen und auch nicht besonders tief...
Schon hatte ich die Galopphilfen gegeben und beim ersten Versuch sprang sie an. Hoffentlich sah mich Greta in diesem Augenblick nicht!
Wir galoppierten über die Koppel, der Wind wehte mir ins Gesicht, ich hatte beide Hände in Samoas Mähne und es war einfach unglaublich. Genau wie ich es mir immer vorgestellt hatte.
Mit der Stimme parierte ich sie dann wieder durch. Dabei wäre ich fast heruntergerutscht, als Samoa nach dem Galopp plötzlich in einen ziemlich flotten Trab fiel. Zum Glück ging sie aber gleich zum Schritt über. Schließlich, als keine Hilfen mehr von mir kamen, blieb sie stehen und fing wieder an zu grasen. Ich glitt schnell von ihrem Rücken und sah mich nach allen Seiten um. Hatte mich etwa jemand beobachtet?

Greta vielleicht, oder Tanja? Nein, ich konnte niemanden entdecken.
Ich setzte mich neben Samoa ins Gras. Ein Pferd ohne Sattel und Zaumzeug zu reiten, das war es, was ich immer schon gewollt hatte, noch bevor ich überhaupt mit dem Reiten angefangen hatte. Auf ein Pferd, mit dem man so etwas machen kann, ist meiner Meinung nach Verlass.
Es ist ein Pferd, mit dem man durch dick und dünn gehen kann – ein Pferd, das man kaufen sollte, wenn sich die Gelegenheit bietet.
Hatte ich tatsächlich eine Zeit lang ein Stück Papier über den Charakter gestellt? Wie beschämend!
Ich stand schnell auf und ging in den Stall, um nach Greta zu suchen.

Was lange währt …

»Du, Greta, kann ich dich mal kurz sprechen?«
Greta war in der Sattelkammer und tauschte gerade ihre reichlich dreckigen Reitstiefel gegen die bestimmt viel bequemeren, aber genauso schmutzigen Turnschuhe aus.
»Ja, sicher. Worum geht's?«
»Äh – um Samoa. Hast du sie…, ich meine, ist sie schon…, also, sie ist doch noch nicht verkauft,

oder?« Ich hielt den Atem an. Natürlich war sie noch nicht verkauft – wann sollte das geschehen sein? Vielleicht hatte vor fünf Minuten so ein reicher Schnösel angerufen: »Ich habe gehört, Sie haben da ein Pferd zu verkaufen. Ich nehme es unbesehen, zahle zehntausend Mark, bar auf die Hand, ich hole es in einer Viertelstunde ab.« Oder Greta hatte die Stute schon jemandem zugesagt: »Ich habe Samoa dem Waisenhaus versprochen, die freuen sich sehr. Du willst doch den armen Waisenkindern nicht das Pferd wegnehmen?«

»Nein, warum sollte sie verkauft sein?« Greta lächelte mich eigenartig an.

»Ach, ich dachte ja nur«, antwortete ich erleichtert. Kein reicher Schnösel, kein Waisenhaus, Gott sei Dank. »Es ist nämlich so«, fuhr ich aufgeregt fort, »ähm … ja, weil, weißt du, ich würde sie nämlich gerne …, also, wenn meine Eltern einverstanden sind, aber warum sollten sie nicht einverstanden sein? Ja, also, wenn sie einverstanden sind – und du natürlich auch –, dann würde ich Samoa gerne kaufen.«

So! Jetzt war es heraus. Was für ein schwieriges Wort »kaufen« manchmal sein kann.

»Ja, aber sicher! Ich freue mich, wenn du sie nimmst, da weiß ich wenigstens, dass sie in gute Hände kommt. Ich wundere mich schon lange, dass du bis jetzt noch nichts gesagt hast.«

Darüber wunderte ich mich jetzt auch. »Vielleicht bin ich ein bisschen blind gewesen«, murmelte ich und grinste Greta beschämt an. Ich und meine doofe Idee mit dem Vollblut! Darüber hätte ich fast das beste Pferd übersehen, das ich bekommen konnte.
Greta nickte zustimmend. »Das trifft den Punkt. Also, dann sprich mal heute Abend mit deinen Eltern und morgen können wir das Ganze dann perfekt machen. Dein Vater wird sich freuen, dass du endlich ein Pferd gefunden hast.«
Oh, da fiel mir noch etwas Wichtiges ein. »Ach ja – was ich noch wissen sollte: Wie viel möchtest du denn für sie haben?« Greta war zwar sicher nicht so wahnsinnig, plötzlich zehntausend Mark für Samoa zu verlangen, aber man konnte nie wissen.
»Mach dir mal keine Sorgen, da werden wir uns garantiert einig.«
Das war zwar keine richtige Antwort, aber immerhin. Ich nickte erleichtert.
Jetzt fehlte nur noch die Zustimmung meiner Eltern. Ich konnte mir nicht vorstellen, dass sie etwas dagegen haben würden. »Am besten fahre ich gleich nach Hause und frage sie«, meinte ich zu Greta.
»Tu das«, erwiderte sie. Dann lächelte sie wieder so eigenartig. »Und übrigens – deine Reithose ist am Hinterteil voller Pferdehaare.«
…

»Du willst diese Stute kaufen? Ist das gut überlegt? Irrtum ausgeschlossen?« Mein Vater wirkte ganz aufgeregt und auch irgendwie erleichtert. »Und du bist sicher, dass sie nett genug ist, nicht zu faul und dass dir auch ihre Augen zusagen? Es ist diesmal wirklich dein Wunschpferd?«
Veräppelte er mich? Ich nickte unsicher.
»Hurra! Hurra, hurra, hurra! Es ist geschafft! Inge, das müssen wir feiern. Unsere Tochter hat ein Pferd gefunden.«
Papa lehnte sich in seinem Sessel zurück und strahlte über das ganze Gesicht.
»Kein Umherkurven mehr von einem Händler zum nächsten, von einem Züchter zum anderen. Keine peinlichen Erklärungen mehr, warum uns dieses oder jenes Pferd nicht passt. Wunderbar! Wann können wir den Vertrag machen?«
»Äh, morgen?« Natürlich hatte ich damit gerechnet, dass meine Eltern einverstanden sein würden, aber dass Papa sich gleich so aufführte?
Ralf kam die Treppe runter, obwohl es noch nichts zu essen gab. »Was ist denn hier los?«
Klar, die Neugier und Papas Jubelrufe hatten ihn nach unten gelockt.
»Melli hat ein Pferd gefunden!«, verkündete Papa strahlend. »Ist das nicht phantastisch?«
»Gibt's nicht! Und? Was ist es für ein Vieh?«

Vieh! Er bezeichnete Samoa als Vieh. So eine Unverschämtheit! Dabei sprach ich von seinem Mofa immer ausgesprochen höflich, ich verwendete stets den Begriff »Mofa«. Und das war jetzt der Dank: Er beleidigte meine Samoa als »Vieh«! Künftig würde ich sein Zweirad nur noch »Karre« nennen. Oder »Blechhaufen«. »Schleichender Blechhaufen« am besten. Ralf konnte es nämlich nicht vertragen, wenn jemand sein Mofa als langsam bezeichnete.
»Es ist Samoa«, erklärte ich betont würdevoll.
»Hä? Wer ist das denn?«
Das war doch wirklich das Letzte! Seit Wochen erzählte ich täglich von Samoa und jetzt wusste er nicht einmal, wer sie war! Empört sah ich Ralf an. »Die Stute, die Greta – das ist meine Reitlehrerin –«, erklärte ich spitz, »vor ein paar Wochen von diesem Mann im Wald gekauft hat, der sie so schlecht behandelte. Na, dämmert es? Es handelt sich um die Stute, von der ich dir erst hundertmal erzählt habe. Eigentlich solltest du dich daran erinnern können. Bei deinem Supergedächtnis!«
»Ach, du meinst dieses dürre Pony?« Ralf grinste frech. Natürlich, das hatte er sich gemerkt.
»Samoa ist nicht mehr dürr. Und sie ist kein Pony«, entgegnete ich ziemlich gereizt.
Ralf grinste nur noch mehr.
Na gut! Er hatte mich herausgefordert, das schrie

nach Rache. »Im Übrigen fände ich es besser«, erklärte ich daher herablassend, »du würdest dich jetzt um deinen schleichenden Blechhaufen kümmern, damit er wieder anständig fährt. Es muss dir doch peinlich sein, von neunzigjährigen Fußgängern mühelos überholt zu werden.«

Ha! Das hatte voll gesessen! Ralfs breites Grinsen erstarb augenblicklich.

»Mein Mofa ist kein schleichender Blechhaufen«, giftete er. »Und nur weil der Vergaser …«

»Kinder«, mahnte Mutti, »benehmt euch doch und streitet nicht wegen so einem Unsinn. Ralf, wenn dich das Thema Pferd nicht interessiert, dann geh bitte nach oben oder nach draußen. – Also, Melli, wie viel soll die Stute denn nun kosten?«

Ralf warf einen verdrießlichen Blick in die Runde und wandte sich wieder der Treppe zu, um zurück in sein Zimmer zu gehen.

»Nicht so viel«, antwortete ich unbestimmt, als er außer Hörweite war. »Greta meinte, da würden wir uns schon einig werden.«

»Aber gesund ist sie doch nun, oder?«

»Ja, sicher. Ich habe sie auch schon geritten.«

»Und, wie geht sie?«

»Gut.« Ich wollte hinzufügen, dass man mit ihr noch ein bisschen üben musste, aber dann sagte ich lieber nichts, was bei meinen Eltern Zweifel an Samoas Eig-

nung als Reitpferd aufkommen lassen könnte. Außerdem würden sie solche fachlichen Dinge sowieso nicht verstehen. Sie wissen gerade mal, dass ein Pferd vier Beine hat und im Unterschied zu einer Katze wiehert. Das ist dann aber auch alles.
»Wir haben sie noch gar nicht gesehen«, warf mein Vater ein. »Anschauen möchte ich mir das Pferd schon, das ich bezahlen soll.«
»Kommt doch morgen am Abend in den Stall. Dann könnt ihr auch gleich alles was notwendig ist mit Greta besprechen und bei dieser Gelegenheit einen Blick auf Samoa werfen.«

Am nächsten Tag in der Schule ging ich wirklich durch die Hölle. Wieso war ich auf einmal so aufgeregt? Erst wollte ich Samoa nicht haben und jetzt konnte sie mir keiner wegnehmen. Und den Elterntest würde sie bestimmt auch bestehen. Warum regte ich mich also auf? Es gab keinen Grund dafür.
Natürlich hatten wir auch noch Mathe und Physik, die beiden meistgehassten Fächer.
Ich saß in meiner Bank und hatte keine Ahnung, worum es ging.
Immer wieder schweiften meine Gedanken ab. Neidisch blickte ich Tanja an, die interessiert und mit wissendem Gesichtsausdruck neben mir saß. Tanja verstand immer alles ganz leicht. Und dann musste

sie es mir drei- bis siebenmal erklären, bis ich es mit viel Mühe auch kapierte.
Morgen um diese Zeit war Samoa schon mein Pferd, wenn nichts dazwischenkam. Aber was sollte dazwischenkommen? Schon wieder drängte sich einer dieser dummen Gedanken in meinen Kopf: »Melli, es tut mir wahnsinnig Leid, aber der frühere Besitzer von Samoa ist plötzlich aufgetaucht. Man hat sie ihm gestohlen und nun will er sie wiederhaben. Seine kleine Tochter ist blind und hängt so an ihr...«
»Melli?«
Ich zuckte zusammen. »Ja?«
Herr Paul deutete auf die Tafel. Mehrere Zahlen in völlig unlogischer Reihenfolge standen da. Worum ging es? Waren wir noch bei Physik oder war dies schon die Mathestunde? Wann konnte ich endlich nach Hause gehen? Konzentrieren konnte ich mich heute doch nicht richtig.
Ach, es war Mathe, nicht Physik. Herr Paul unterrichtete beides. Was hatte der Lehrer gefragt?
»Äh – ich weiß es nicht«, sagte ich aufs Geratewohl. Das ist immer gut. Besser als »Ich habe nicht aufgepasst«. Meistens jedenfalls.
»Du weißt nicht, was 52 mal 3 ist?«
Ein paar aus der Klasse lachten.
Lacht nur, ich bekomme ein Pferd! Und zwar heute noch! Das ist wichtiger als Mathe.

»Ach so, ja, doch, das ist – äh – 156!«
»Sehr schön, Melli.« Herr Paul lächelte ironisch.
Pah! Ich möchte gern mal wissen, was er antwortet, wenn ich ihn nach den verwahrenden Hilfen frage, dieser – dieser Fachidiot!

Am Nachmittag informierte ich Greta, dass meine Eltern heute Abend vorbeikommen wollten.
Anschließend ritt ich Samoa. Es war merkwürdig, mit dem Gefühl zu reiten, dass sie bald mein Pferd sein würde.
Danach brachte ich sie auf die Koppel, damit sie sich noch ein bisschen austoben konnte und wirklich völlig ruhig war, wenn ich sie den Eltern vorstellte. Schließlich bürstete und polierte ich sie auf Hochglanz. Sie sollte den bestmöglichen Eindruck hinterlassen. Mutti legt nun mal sehr viel Wert auf Sauberkeit. Es wäre sicher nicht gut, wenn sie sich bei Samoas Anblick genötigt fühlte, nach einem Tuch zu greifen und sie abzustauben.
Ja, und dann war es endlich so weit.
Meine Eltern kamen. Ich stellte ihnen Samoa vor und sie benahm sich an diesem Abend vorbildlich. Sauber und gepflegt schnüffelte sie höflich ein wenig an Mutti und Papa und nahm ausgesprochen höflich die ihr angebotene Möhre entgegen. Sie ließ nicht etwa Möhrensaft auf meine Eltern tropfen oder schüttelte

wild den Kopf, sodass lauter kleine Möhrenschnitzel durch die Gegend flogen, sondern aß anständig und mit gebührendem Abstand vor sich hin.
Sie belästigte die Besucher auch nicht, indem sie sie kräftig anstupste, so nach dem Motto: »He, war das alles? Ich will mehr!« Nein, bescheiden und wohlerzogen stand sie in ihrer Box und ließ sich geduldig die Stirn streicheln.
Mutti und Papa waren begeistert. So ein nettes, höfliches Pferd! Körperbau und Gänge interessierten sie natürlich wenig. Und dass sich Samoa gut reiten ließ, hatte ich ihnen bereits erzählt.
Dem Kauf stand also nichts mehr entgegen. Nicht einmal der Preis. Greta wollte für Samoa nur das, was sie selbst bezahlt hatte, plus Tierarzt- und bisherige Unterhaltskosten. Damit waren meine Eltern mehr als einverstanden. Außerdem würden wir ja auch noch einen Sattel und eine Trense brauchen, denn bisher hatte ich für Samoa Sattel und Trense eines Schulpferdes verwendet.
Trotzdem legte Papa netterweise noch einen Bonus für Greta drauf. Wahrscheinlich aus Dankbarkeit, weil er jetzt nicht mehr jedes Wochenende mit mir Pferde anschauen musste. Außerdem war auch der Kaufpreis durchaus im Rahmen.
So war der Kauf meines Pferdes, von dem ich so lange geträumt und der uns solche Schwierigkeiten ge-

macht hatte, auf einmal in aller Stille und ohne jedes Problem erledigt. Nun konnte ich tatsächlich ein Pferd mein Eigen nennen! Überschwänglich bedankte ich mich bei meinen Eltern.

Es war schon ein seltsames Gefühl, als ich anschließend wieder zurück zu Samoa ging.

»Jetzt bist du mein Pferd«, erklärte ich ihr. »Du wirst nicht mehr hin und her geschoben. Und ich verspreche dir, dass du es bei mir immer gut haben wirst. Es wäre schön, wenn du dich dafür ein klein wenig erkenntlich zeigen und dich zum Dressurcrack entwickeln könntest. Aber wenn nicht, dann lassen wir uns eben was anderes einfallen. Dann werden wir zum Beispiel Wanderreiter oder so.«

Sehr feierlich teilte ich einen besonders leckeren Apfel, den ich heute Mittag zu Hause entwendet hatte und der ganz sicher nicht für Pferde bestimmt war, in zwei fast gleich große Hälften. Die größere Hälfte überreichte ich Samoa, die kleinere aß ich selbst. »Als Zeichen, dass ich auch meinen letzten Brotkrümel mit dir teilen würde. Weil wir doch jetzt zusammengehören.« Samoa und ich kauten friedlich vereint vor uns hin. »Wenn wir nun noch rausfinden könnten, wo du herkommst«, fügte ich hinzu, »dann wäre wirklich alles perfekt.«

Reiten mit dem eigenen Pferd

Von nun an übte ich fast jeden Tag Dressur mit Samoa. Im nächsten Frühling oder Frühsommer wollte Greta wieder einen Kurs für das Reiterabzeichen abhalten und diesmal wollte ich es wagen. Und zwar mit Samoa. Danach, nahm ich mir vor, wollte ich an ein paar kleineren Wettbewerben teilnehmen.
Ich achtete aber sehr darauf, dass es Samoa nicht zu viel wurde und sie nicht die Freude an der Arbeit verlor. Meistens ritt ich nur eine gute halbe Stunde und bemühte mich, die Arbeit so abwechslungsreich wie möglich zu gestalten. Manchmal ritt ich über Planen oder durch Autoreifen oder zog einen Plastiksack hinter mir her.
Samoa gewöhnte sich an alles. Außerdem legte ich Wert darauf, dass sie biegsam wurde, indem ich immer wieder verschiedene Seitengänge übte.
Bald war deutlich zu sehen, dass sie sich verbessert hatte. Sie reagierte viel genauer auf meine Hilfen und ging taktreiner als zu Beginn. Greta lobte uns häufig, was mich sehr stolz machte.
Nach der Dressur ging ich meistens noch eine Stunde mit Samoa ins Gelände, manchmal in Begleitung, oft auch allein. Stück für Stück baute ich ihre Kondition und ihre Muskulatur wieder auf. Mit jedem Mal wurde Samoa besser.

Am Wochenende ritt ich länger weg, erst zwei, später drei oder vier Stunden, auch bei schlechterem Wetter. Meistens ritt ich allein, denn mit den wenigen Privatreitern in unserem Stall hatte ich nicht viel zu tun. Im Winter blieben sie meistens in der Halle.
Tanja hatte immer noch kein eigenes Pferd, mit dem sie mich begleiten konnte – allerdings bestand Hoffnung, dass sie nächstes Jahr eines bekam –, und die Ausritte unter Gretas Leitung dauerten meist nur eine Stunde. Das war mir viel zu kurz.

Ein abenteuerlicher Ausritt

»Findest du nicht auch, dass es langsam genug ist mit dem Winterwetter?«, fragte ich Samoa und ließ ihr die Zügel lang.
Es war bereits März, aber seit drei Tagen schneite es wieder. Ein ausgesprochen unfreundliches Wetter für Reiter und Pferd.
»Ich denke, es könnte endlich Frühling werden. Was meinst du?«, fügte ich hinzu.
Samoa schnaubte nur zufrieden und wollte mir damit wohl bedeuten, dass sie keine Probleme mit diesem Wetter hatte.
Es war schön, auf einem Pferd wie Samoa, das so ruhig, zuverlässig und trittsicher war, durch den ver-

schneiten Wald zu reiten. Man musste nur warm genug angezogen sein.
Im Winter trug ich meistens die Reithose mit den ausgestellten Oberschenkeln, denn da konnte man gut noch ein, zwei lange Unterhosen und warme Wollstrumpfhosen darunter tragen. Dazu, wenn es auch nicht ganz der korrekten Reitkleidung entsprach, trug ich gefütterte Winterstiefel.
Wollte man draußen zwei Stunden herumreiten, ging die Zweckmäßigkeit vor. Ich hatte aber Stiefel, mit denen ich nicht in den Bügel hineinrutschen oder hängen bleiben konnte. Über zwei Wollpullovern hatte ich meine lange, wasserdichte Winterjacke mit Kapuze gezogen. Leider wurden meine Haare unter der Kapuze platt gedrückt. Wenn ich sie abnahm, sah ich reichlich komisch aus.
»Falls mich jemand fragt, wer ich bin, gebe ich einen falschen Namen an. Es ist doch wirklich zu peinlich, wie ich aussehe«, sagte ich zu Samoa, die momentan allerdings auch nicht so gepflegt wirkte wie noch vor einigen Monaten.
Sie hatte ein unglaublich dichtes Winterfell bekommen. Noch immer stand sie in der Außenbox.
Mittlerweile war das Ganze so umgebaut worden, dass sich an die ersten drei Außenboxen ein Paddock anschloss und die Boxen den Tag über offen waren, sodass die Pferde – genauer gesagt die Ponys: ein

Isländer, ein Norweger und Samoa, die wohl auch ein halbes Pony war – raus- und reingehen konnten, wie es ihnen gefiel.
Es gefiel ihnen übrigens sehr gut.
Ich war schon auf dem Rückweg, als es wieder kräftiger zu schneien anfing und man kaum noch etwas sehen konnte.
»Auch das noch. Ich wusste ja, dass die von der Wettervorhersage Unrecht haben.« Sorgen machte ich mir keine.
Schon öfter hatte ich, wenn ich einen neuen Weg ausprobiert und die Orientierung verloren hatte, einfach Samoa die Führung überlassen und sie hatte mich noch jedes Mal nach Hause gebracht. Selbst wenn ich also nichts mehr sehen würde – Samoa würde den Heimweg finden.
»Hoffentlich kommt bald das Tauwetter, von dem sie schon seit Tagen reden. Und dann ist der Winter vorbei, da bin ich ganz sicher. Dann wird alles wieder grün und warm, und die Sonne... Was ist denn da so Interessantes?«
Samoa spitzte die Ohren, drehte den Kopf leicht zur Seite und blickte irgendwo in den Wald hinein. Ich sah auch in den Wald hinein, aber natürlich entdeckte ich nichts außer verschneiten Bäumen. Und alles, was weiter als dreißig Meter entfernt war, verschwamm hinter einer dichten Flockenwand.

Jetzt blieb Samoa stehen. Sie starrte immer noch in dieselbe Richtung und blähte die Nüstern.
»Na, was ist da? Ein Reh, ein Hase? Ein Koffer mit Geld? Robin Hood?«
Mir wurde nun doch ein bisschen mulmig zumute. Es könnte auch etwas Gefährliches sein, ein wildernder Hund zum Beispiel, der Appetit auf ein Pferd mit Eisklumpen an den Tasthaaren hatte, oder irgendwelche zwielichtigen Gestalten, die mir mein Pferd klauen wollten.
Sollte ich abhauen? Abhauen war vielleicht das falsche Wort angesichts der Weglage. Davonschleichen wäre passender gewesen.
Oder sollte ich nachsehen, was Samoas Aufmerksamkeit erregt hatte? Es konnte auch etwas ganz anderes sein, ein verletztes Reh vielleicht oder eine ausgesetzte Katze – wir hatten schließlich nur drei.
Wenige Meter weiter führte ein Weg in die Richtung, in die Samoa starrte. Ich konnte mal schauen. Nur ein kleines Stück.
Ich trieb Samoa vorwärts und bog in den Weg ein. Sie starrte nicht mehr so konzentriert in die eine Richtung, sah aber immer wieder hin. Dann blieb sie erneut stehen. Ich bekam nun doch Angst. Ich war doch erst zwölf und konnte nicht einmal Karate. Sollte ich versuchsweise einmal rufen? Vielleicht war es nur der Förster?

»Hallo?«, flüsterte ich mit zitternder Stimme.
Mensch, Melli, reiß dich zusammen!
»Hallo?« Nun ja, es klang etwas lauter, mindestens so laut wie eine zirpende Grille.
»Hallo! Ist da jemand?«
Jetzt hatte ich gebrüllt und war über meine eigene Stimme ganz schön erschrocken. In der nächsten Sekunde war alles wieder still.
Noch immer fielen leise dicke Schneeflocken herab.
»Hilfe!«
Was war das? Hatte ich da jemanden um Hilfe rufen hören? Einbildung, sicher war alles nur bloße Einbildung. Wer sollte hier bei diesem Wetter herumlaufen und warum?
»Hilfe!«
Doch, jemand rief um Hilfe. Ich hörte es deutlich. Es war eine männliche, schwache Stimme.
Keine Einbildung!
Es kam aus der Richtung, in die Samoa lauschte. Aber ich sah noch immer niemanden.
»Ist da jemand?«, fragte ich überflüssigerweise. Mir war entsetzlich mulmig.
»Helfen Sie mir!«, konnte ich aus einiger Entfernung gerade noch vernehmen.
»Hallo, wo sind Sie?«, rief ich laut zurück.
»Hier«, kam die schwache Antwort.
Na toll, jetzt wusste ich es genau.

»Also dann«, sagte ich zu Samoa, um mir selbst Mut zu machen, »reiten wir einfach in die Richtung, in die du lauschst. Dort muss jemand sein, der unsere Hilfe braucht.«

Zunächst konnte ich noch auf dem Weg bleiben. Ich wusste, dass er sich einige Meter weiter gabelte. Rechts konnte man gemütlich weiterreiten, hielt man sich dagegen leicht links, ging es steil den Hang hoch. Wenn der Weg trocken war, ritt ich des Öfteren mit Samoa hinauf oder hinunter.
»Hallo?«, rief ich wieder.
»Hier! Hier bin ich!« Nun war die Stimme schon besser zu hören.
Offenbar musste ich nun in den Wald hinein. Ich duckte mich tief über Samoa.
Abzusteigen traute ich mich nicht so recht. Ich hatte immer noch Angst, dass ich womöglich schnell davonreiten müsste. Man hörte ja immer wieder von charakterlosen Gestalten, die die Hilfsbereitschaft anderer ausnutzten und sie dann beraubten oder so. Obwohl einer schon ziemlich doof sein musste, wenn er sich bei diesem Wetter mitten in den Wald stellte und darauf hoffte, dass jemand vorbeikäme, den er ausrauben konnte.
»Wo sind Sie? Sagen Sie bitte etwas, damit ich Sie finde.« Meine Stimme klang zittrig.

»Ich bin hier, an einen Baum gelehnt, ich habe eine schwarze Jacke an.«
Meter für Meter ritt ich vorsichtig weiter, immer der Stimme nach.
Obwohl es mitten am Nachmittag war, konnte man hier im Wald bei dem schlechten Wetter keine zehn Meter weit sehen.
Doch auch Samoa schien inzwischen begriffen zu haben, worum es ging. Sie richtete sich von selbst nach der Stimme.
»Hier bin ich, hier! Sehen Sie mich nicht? Ich sehe Sie schon!«
Der Mann sah mich? Wo zum Teufel war er?
Ich blickte mich um und suchte nach einer schwarzen Jacke. Endlich nahm ich ein Stückchen vor mir eine Bewegung wahr: Ein Mann kauerte an einen Baumstamm gelehnt und winkte schwerfällig mit einem Arm, damit ich ihn bemerkte.
»Was machen Sie denn da, bei der Kälte? Wollen Sie sich den Tod holen?«
Ich redete wie meine Mutter. »Melli, zieh dir etwas an, bei der Kälte, bist du verrückt geworden? Willst du dir den Tod holen?«
Rasch stieg ich vom Pferd und ging näher zu dem Mann. Ich sah, dass er schon etwas älter war, so wie mein Opa vielleicht. Bestimmt würde er nicht plötzlich aufspringen, um sich auf mich zu stürzen, mir die

Zügel entreißen, sich auf Samoa schwingen und mit lautem »Hey, hüah!« davonstürmen.
»Ich war spazieren, da oben.« Er deutete mit der Hand den Hang hinauf. Sein Gesicht war schmerzverzerrt und er zitterte am ganzen Körper. »Als ich den Hang hinuntergehen wollte, bin ich ausgerutscht und gestürzt. Ich glaube, mein Bein ist gebrochen, und meine Hand tut höllisch weh. Ich kann nicht mehr aufstehen und habe überall Schmerzen.«
»Um Himmels willen, wie lange liegen Sie denn schon hier?«
»Vielleicht eine halbe Stunde oder so, ich weiß es nicht genau. Was für ein Glück, dass du vorbeigekommen bist!«
Jetzt, wo er sah, wie alt ich war, duzte er mich. Schade. Es hatte mir durchaus gefallen, mit Sie angeredet zu werden.
»Bedanken Sie sich bei meinem Pferd. Ich hätte Sie nicht bemerkt. Meinen Sie, Sie könnten es irgendwie schaffen, sich aufs Pferd zu setzen?«
»Bestimmt nicht! Ich habe schon ein paarmal versucht aufzustehen – aber ich kann einfach nicht. Du musst Hilfe holen.«
»Aber das dauert eine ganze Weile. Halten Sie das denn noch aus?«
»Es wird mir nichts anderes übrig bleiben. Bewegen kann ich mich jedenfalls nicht.«

»Hier, nehmen Sie meine Jacke. Ich habe zwei Pullover an, mir ist nicht kalt.«
Hastig zog ich die Jacke aus.
»Nein, nein, sonst erkältest du dich«, wehrte der Mann entschieden ab.
»So ein Unsinn!«, erwiderte ich. Jetzt, wo ich wusste, dass keine Gefahr drohte, wurde ich etwas mutiger. »So ein lächerlicher Schnupfen bringt mich nicht um. Wollen Sie vielleicht erfrieren, wenn Sie hier so bewegungslos liegen?«
Ich legte meine Jacke über seine Beine.
»Wollen Sie sich irgendwie bequemer hinlegen?«, fragte ich besorgt.
»Ich glaube nicht, dass ich im Augenblick irgendeine Stellung als bequem empfinden könnte.«
Er stöhnte.
Ich bekam wieder Angst, diesmal um den Mann. Wie lange kann man nahezu unbeweglich im Schnee liegen ohne zu erfrieren?
Und wie schwer war er wohl verletzt?
»Ich beeile mich«, sagte ich entschlossen, »ich hole Hilfe.« Erst wollte ich noch hinzufügen: »Warten Sie hier auf mich«, aber zum Glück merkte ich rechtzeitig, wie dämlich das war.
Eilig griff ich nach Samoas Zügeln und stieg auf. Geduckt ritt ich auf den Weg zurück. Wo mochte das nächste Telefon sein?

Nicht sehr weit entfernt stand ein abgeschieden gelegenes Haus, fiel mir ein. Passans wohnten dort, ein nettes Ehepaar; wir grüßten uns immer, wenn ich vorbeiritt, und wir hatten uns auch schon unterhalten.
Wenn die beiden nicht zu Hause waren, würde ich durch den Abstecher zu ihrem Haus kostbare Zeit verlieren. Aber wo sollten sie bei diesem Wetter schon sein? Und zum Stall zurück würde ich mindestens eine halbe Stunde brauchen.
»Wir reiten zu dem Haus«, erklärte ich Samoa, »und dann kann ich bloß hoffen, dass die Passans nicht so verrückt sind wie ich und sich bei dem Wetter im Wald herumtreiben.«
Sobald ich den Weg erreicht hatte, ließ ich Samoa antraben. Ihre Hufe fanden recht gut Halt, und als ich an der Biegung auf den breiteren, ebenen Weg zurückkam, ließ ich sie sogar vorsichtig galoppieren. Im Augenblick hatte es aufgehört zu schneien, aber es war trüb und grau.
Ich musste zweimal abbiegen, dann sah ich das Haus des netten Ehepaares.
Und hinter zwei Fenstern brannte Licht!
»Dem Himmel sei Dank«, sagte ich erleichtert zu Samoa. »Gleich haben wir es geschafft. Dort vorne ist es bereits.«
Vor dem Haus parierte ich sie durch, sprang ab und ließ Samoa stehen, wo sie war. Ich konnte mich da-

rauf verlassen, dass sie sich nicht von der Stelle rührte, wenn ich abstieg; das hatte ich ihr beigebracht.
Ich rannte zur Haustür und klingelte Sturm. Wenige Augenblicke später öffnete Frau Passan.
»Ja?« Sie sah mich erstaunt und fragend an, erkannte mich offensichtlich nicht gleich. Ach ja, meine Haare. Sie waren nass und hatten sich wahrscheinlich zu so kleinen Löckchen gekringelt, dass ich aussah wie die Angehörige eines afrikanischen Naturvolkes.
»Ich bin es, ich reite doch öfter hier vorbei.« Ich deutete nervös auf Samoa. Vielleicht erkannte Frau Passan wenigstens mein Pferd, dieses zottelige, mit Schneeklumpen behangene Wesen.
»Oh, Melli, ich hatte dich erst gar nicht erkannt. Was gibt es denn?«
»Ein Mann hat sich verletzt, dahinten im Wald«, sprudelte ich aufgeregt heraus. »Er liegt schon eine ganze Weile im Schnee und hat Schmerzen. Wir müssen einen Krankenwagen rufen, sofort!«
»Was?« Frau Passan blickte mich einen Moment lang an, als würde sie überlegen, ob heute schon der erste April war. Aber ich muss so verzweifelt ausgesehen haben, dass ihr schnell klar wurde, dass ich es ernst meinte. »Um Himmels willen, ja, komm herein, ich rufe sofort an. – Georg, kommst du mal? Da hat sich jemand verletzt und braucht Hilfe!« Sie lief ins Haus zurück, ich hinterher.

Sie flitzte gleich zum Telefon, sah kurz auf einen Zettel an der Wand und wählte hastig.
Ihr Mann kam aus einem Zimmer heraus. »Was hast du gesagt, Susanne?«
Während Frau Passan bereits ins Telefon sprach, erklärte ich ihrem Mann noch einmal mit wirren Worten, was passiert war.
»Sie schicken sofort einen Krankenwagen hierher zu uns«, sagte Frau Passan, als sie aufgelegt hatte. »Aber es kann ein bisschen dauern, bei der Straßenlage. Alle Straßen sind ziemlich zugeschneit.«
»Wir sollten dem Mann wenigstens ein paar Decken bringen«, meinte Herr Passan. »Wo liegt er denn?«
»Kennen Sie den schmalen Weg, der sich gabelt... wo es dann rechts gerade weitergeht und links ganz steil den Hang hoch?«
»Die Ecke mit dem riesigen Ameisenhaufen?«
»Ja, genau da. Einige Meter weiter links in den Wald hinein, da liegt der Mann.«
»Die Stelle kenne ich. Reitest du wieder zurück und nimmst die Decken mit? Vielleicht kann meine Frau dich begleiten? Und ich komme dann mit dem Krankenwagen nach.«
»Aber zu Fuß bin ich doch viel langsamer als Melli mit ihrem Pferd«, warf Frau Passan ein.
»Reite bei ihr mit. – Das geht doch sicher, oder?«, wandte er sich an mich.

»Ich glaube schon«, erwiderte ich. Ausprobiert hatte ich das noch nie.
Ach was, es würde bestimmt gehen. Samoa war doch so zuverlässig.
»Was?« Frau Passan wirkte nicht gerade begeistert. »Ich habe seit Jahren auf keinem Pferd mehr gesessen und bin ängstlich.«
»Das klappt bestimmt. So leicht verlernt man das nicht«, ermutigte ich sie, obwohl ich selbst ein wenig im Zweifel war.
Andererseits wollte ich in der Dunkelheit nicht allein zurückreiten.
Frau Passan sah unsicher aus.
»Na gut«, meinte sie schließlich. »Georg, bringst du uns bitte die Decke aus dem Schlafzimmer oben? Ich hole die anderen beiden. Dann wird es dem Mann auf jeden Fall wärmer.«
Herr Passan lief die Treppe hoch, während seine Frau in einem Zimmer im Erdgeschoss verschwand und mit zwei Decken wiederkam.
Dann zog sie eine dicke Winterjacke und Winterstiefel an, dazu ein Paar Handschuhe.
Sie ging noch rasch in die Küche, holte eine Thermoskanne aus dem Schrank, ging damit ins Wohnzimmer, nahm vom gedeckten Tisch zwei Tassen und kippte den Inhalt in die Kanne. Dann gab sie noch zwei Löffel Zucker dazu.

»Gut, dass wir gerade beim Teetrinken waren«, bemerkte sie. »Da kann ich das gleich mitnehmen, das hilft sicher.«
»Tee?«, fragte ich und war trotz meiner Nervosität erstaunt. »Soll man in solchen Fällen nicht immer etwas Alkoholisches verabreichen?«
»Nein, das ist leider ein weit verbreiteter Irrtum«, klärte Frau Passan mich auf. »Alkohol ist bei Unterkühlung strengstens verboten. So, jetzt aber los!«
Wir liefen nach draußen, wo sich Samoa tatsächlich nicht vom Fleck gerührt hatte.
Ich stieg auf und half dann Frau Passan, die zum Glück recht klein und leicht war, sich hinter mich auf Samoa zu setzen. Es war bestimmt ein seltsames Gefühl, hinter dem Sattel zu sitzen, vor allem wenn man das nicht gewöhnt war.
Gespannt wartete ich auf eine Reaktion Samoas, aber sie verhielt sich ruhig.
Herr Passan reichte uns die Decken. Zwei legten wir zwischen Frau Passan und mich, die dritte nahm ich vor mich.
Hoffentlich fällt die Frau nicht runter, dachte ich noch und dann ritt ich los, erst mal vorsichtig im Schritt, damit sie sich an den schwingenden Pferderücken gewöhnen konnte.
»Und?«, fragte ich nach zehn Metern – das musste zum Eingewöhnen reichen. »Können wir traben?«

»Ja, es wird schon gehen«, antwortete Frau Passan und hielt sich noch fester an mir. »Aber mulmig ist mir schon.«
Ich trieb Samoa leicht an und sie fiel in ihren bequemen Wohnzimmersesseltrab.
So ritten wir den Weg zurück. Galopp wollte ich Frau Passan nicht zumuten, dann hätte ich sie vielleicht unterwegs verloren.
Endlich erreichten wir den schmalen Weg. Ich dachte unentwegt: Hoffentlich lebt er noch.
Wie lange war ich weg gewesen?
Es konnte doch nicht länger als eine Viertelstunde gedauert haben, oder?
Schließlich parierte ich durch. »Hier müssen wir absteigen und weiterlaufen.«
Frau Passan rutschte vom Pferd und nahm die Decken. Dann stieg ich selbst ab.
»Wir lassen Samoa hier stehen, so finden sie uns leichter.« Ich war stolz auf meine großartige Idee.
»Ja, gut. Am besten gehst du vorneweg.«
Ich nickte und lief schon los. Wo war die schwarze Jacke des Mannes – und meine blaue? Dort! Da saß er! Lebte er noch? Er bewegte sich kaum.
»Hallo?«
Er hatte die Augen geschlossen. Jetzt öffnete er sie und wendete leicht den Kopf. Gleichzeitig bemerkte ich, dass er zitterte.

Gott sei Dank, dachte ich. Ich hatte riesige Angst, aber natürlich sagte ich das nicht.
»Gott sei Dank«, flüsterte er. »Ich dachte schon, du kommst nicht wieder.«
»Na, hören Sie mal«, empörte ich mich, um ihn ein wenig aufzumuntern und abzulenken, aber auch weil ich so aufgeregt war und mir dann immer so dämliche Sachen einfallen. »Meinen Sie, ich lasse Sie hier liegen und trinke zu Hause gemütlich und in aller Ruhe ein Tässchen Kakao?«
Der Mann lächelte schwach.
»Ich bin Frau Passan«, stellte sich meine Begleiterin vor. »Wir haben Ihnen ein paar warme Decken mitgebracht. Der Krankenwagen ist schon unterwegs. Wie geht es Ihnen?«
Ich war ungeheuer erleichtert, dass sie da war und dem Mann helfen konnte. Eine riesige Last war von meinen Schultern genommen. Jetzt war ich nur noch die Helferin und würde tun, was Frau Passan für richtig hielt.
»Es ist ein bisschen frisch«, erwiderte der Mann zähneklappernd und versuchte zu lächeln.
Wir wickelten ihn vorsichtig in die Decken. Das verletzte Bein durften wir nicht berühren, es tat wohl höllisch weh. Erleichtert zog ich meine Winterjacke wieder an. Ganz so warm war es bei genauerer Betrachtung doch nicht.

Frau Passan griff in ihre Jacke und holte die Thermoskanne heraus.
»Hier, trinken Sie das, dann wird Ihnen ein bisschen wärmer.«
Sie hielt dem Mann die Flasche an den Mund und er trank ein paar Schlucke.
»Brrr, ist das ein furchtbares Zeug! Sie müssen wissen, ich mag eigentlich keinen Tee, und dieser ist auch noch so süß.«
Frau Passan nickte verständnisvoll. »Das glaube ich Ihnen gern, aber ein warmes und vor allem gut gezuckertes Getränk hilft bei Unterkühlung – und die werden Sie sicherlich haben – nun mal am besten, auch wenn es nicht schmeckt.«
»Na, dann trinke ich wohl noch ein paar Schluck«, meinte der Mann mit zittriger Stimme und würgte noch etwas von dem Tee hinunter.
»Jetzt müssten sie mit dem Krankenwagen aber wirklich bald kommen«, meinte ich ängstlich und allmählich ungeduldig.
»Wahrscheinlich haben sie Probleme mit dem Schnee. Hoffentlich hängen sie nicht irgendwo fest. Ob die mit dem Wagen überhaupt so weit in den Wald reinfahren können?«
»Vielleicht sollte ich ihnen entgegenreiten?«
»Ja, gute Idee, mach das. Ich bleibe hier.«
Also ging ich zurück zu Samoa und stieg auf. Zum

vierten Mal ritt ich heute diesen Weg entlang, zurück auf den breiteren Weg. Nach der nächsten Biegung sah ich sie auch schon: zwei Männer mit einer Trage, ein Mann mit einem Koffer – zweifelsohne der Notarzt – und Herrn Passan, der ein Seil trug. Im Laufschritt rannten sie durch den Schnee.

»Na, endlich! Wo bleiben Sie denn so lange?« Jetzt war ich aber mutig geworden. Meine Stimme klang richtig vorwurfsvoll.

»Wir haben leider kein Pferd, so wie du«, erwiderte der Notarzt keuchend. »Und den Krankenwagen mussten wir auf der Straße stehen lassen.«

»Wir haben zwei Seile mitgebracht!«, rief Herr Passan. Auch er rang nach Luft. »Vielleicht kann dein Pferd die Trage ziehen, das geht schneller.«

»Samoa soll die Trage ziehen?«

»Ja, sollen wir sie den ganzen Weg zurückschleppen?«, rief einer der Männer mit der Trage. »So kräftig sind wir nun auch wieder nicht. Womöglich rutscht noch einer aus, dann haben wir zwei Verletzte. Und überhaupt, wozu ist so ein Pferd schließlich da?«

Samoa als Zugpferd? Na ja, wieso nicht? Sie hatte doch auch Baumstämme durch den Wald gezogen, warum also keine Trage? Und der Weg war ja eben. Kein Problem. Dennoch hatte ich für Sekunden so ein Bild vor Augen, wie Samoa in einem Wahnsinnstempo durch den Wald fegte, den Verletzten hinter sich,

und ständig flog die Trage in die Luft und knallte wieder auf den Boden, während der Mann verzweifelt brüllte: »Au, aua, ah, Hilfe!« Wie in einem Slapstickfilm. Aber nein, das hier war kein Film und meine Phantasie ging mit mir durch.

Ich trabte langsam vorneweg, während die Männer hinterherkeuchten. Ja, mit einem Pferd kommt man doch sehr viel bequemer voran.

Endlich erreichten wir die Stelle, an der es direkt in den Wald hineinging. Während der Notarzt und die beiden Sanitäter gleich weiterliefen, um sich um den Mann zu kümmern, befestigte ich notdürftig die Seile, die Herr Passan mitgebracht hatte. Ich legte sie um Samoas Brust und wickelte sie dann um den Sattelgurt. Leider hatte ich nur eine sehr ungefähre Vorstellung davon, wie man ein Pferd anspannte, aber so musste es gehen.

Die beiden Rettungssanitäter kamen mit der Trage aus dem Wald, den Notarzt und das Ehepaar Passan im Schlepptau.

»So, Herr Gahbauer, jetzt dürfen Sie noch eine kleine Schlittenfahrt durch den Wald machen. So gut möchte ich es auch mal haben. Wir müssen leider zu Fuß gehen«, witzelte der Notarzt.

»Wollen Sie mit mir tauschen?«, fragte Herr Gahbauer und lächelte etwas gequält. Seine grauen Haare hingen nass herunter.

»Nein, ich denke nicht«, gab der Notarzt zurück, ebenfalls lächelnd, wenn auch nicht so gequält.
Ich befestigte die Seilenden an der Trage und stellte fest, dass die Trage zu tief auf dem Boden lag. So würde Herr Gahbauer höchstens als Schneeschaufel funktionieren. Also legte ich die Seilenden über Kreuz über Samoas Kruppe. Das ging einigermaßen. Vorsichtshalber hielt einer der beiden Rettungssanitäter die Seile über der Kruppe fest, damit sie nicht verrutschten. So musste es klappen.
Ich stieg in den Sattel und ritt vorsichtig an. Die Trage setzte sich in Bewegung.
»Geht es so?«, rief ich nach hinten.
»Es muss wohl«, antwortete Herr Gahbauer. »Immer noch besser, als wenn die Sanitäter im Schnee ausrutschen und mich fallen lassen.«
»Vielleicht sollte ich ganz leicht traben. Dann ruckelt es weniger.«
»Meinst du?«, fragte der Notarzt zweifelnd, der zusammen mit dem anderen Sanitäter neben der Trage herging.
»Ich versuche es mal sehr vorsichtig.«
Und so trabte ich ganz leicht an, gerade dass Samoa noch im Zweitakt ging. So langsam und vorsichtig wie möglich trabte sie vor sich hin.
Sie benahm sich einfach mustergültig!
Nach einer Ewigkeit, wie es mir schien, erreichten

wir den Krankenwagen. Herr Gahbauer wurde auf ein Gestell geladen und damit in den Wagen gehievt. Das Fahrzeug steckte leicht im Schnee fest und mit vereinten Kräften mussten wir es erst ein Stückchen zurückschieben.

Dann stiegen der Notarzt und der zweite Sanitäter ein und endlich fuhren sie davon.

»Bin ich froh!«, stöhnte ich erleichtert.

»Möchtest du mit zu uns kommen und dich etwas aufwärmen?«, fragte Frau Passan.

Mich aufwärmen? In meinen diversen Pullovern und langen Unterhosen war ich nass geschwitzt.

Ich sah auf meine Uhr. »Oh verflixt! Nein, ich muss sehen, dass ich zurückkomme. Es wird in einer halben Stunde dunkel. Aber wenn ich kurz im Stall anrufen könnte? Die erwarten mich längst. Wenn ich mich nicht melde, machen sie noch irgendeinen Unsinn – rufen meine Eltern an oder so. Dann sorgen die sich entsetzlich und verständigen womöglich sofort die Polizei. Bloß nicht!«

Frau Passan lachte. Ich lachte auch. Wir waren auf einmal alle sehr erleichtert. Erst jetzt merkte ich, wie angespannt ich die ganze Zeit über gewesen war.

Ich ging rasch mit zu ihnen ins Haus und rief im Stall an. Greta war am Telefon.

»Melli! Wo steckst du bloß? Wir haben uns bereits große Sorgen gemacht.«

»Keine Angst, Greta, es ist nichts passiert. Ich erzähl dir alles, wenn ich zurück bin. Ich reite jetzt los, in einer guten halben Stunde bin ich da. Tschüs.« Bevor Greta mich noch irgendwas fragen konnte, hatte ich bereits aufgelegt.
»So, dann will ich mich mal auf den Weg machen«, sagte ich zu Herrn und Frau Passan.
»Komm gut heim«, sagte Herr Passan. Er gab mir die Hand. »Und wenn du mal wieder in der Gegend bist, schau bei uns herein!«
Frau Passan reichte mir ein Stück Kuchen. »Für unterwegs. Herr Gahbauer hat wirklich ein Riesenglück gehabt, dass du mit Samoa vorbeigekommen bist«, sagte sie herzlich.
Ich grinste verlegen, verabschiedete mich, stieg auf Samoa und ritt in Richtung Stall.
Eigentlich war das Ganze Samoas Verdienst, stellte ich fest. Nur weil sie so aufmerksam war, hatten wir Herrn Gahbauer gefunden. Andernfalls... Nein, weiter wollte ich lieber nicht denken.
War Samoa nicht ein tolles Pferd? Das beste, das man sich wünschen kann? Ich weiß, ich habe es schon hundertmal gedacht, aber trotzdem. Und wie sicher ich mich immer mit ihr fühlte. Ich vertraute ihr, konnte mich hundertprozentig auf sie verlassen, das hatte der heutige Tag wieder bewiesen. Noch nie hatte ich es auch nur eine Sekunde lang bereut, dass wir sie ge-

kauft hatten, obwohl ich mir »mein« Pferd ursprünglich ganz anders vorgestellt hatte.
Samoa besaß eben einige Eigenschaften, an die ich vorher gar nicht gedacht hatte, die mir aber jetzt sehr wichtig waren.

Im Stall versorgte ich meine Stute, während Greta und Tanja mit in der Box standen und meiner Erzählung lauschten.
»Meine Güte, wie furchtbar!«, stöhnte Greta. »Wenn ich mir vorstelle, ich würde allein, verletzt und hilflos bei dieser Kälte irgendwo im Wald liegen und niemand hört mich und hilft mir. Der Mann hat wirklich riesiges Glück gehabt.«
Auch Tanja war entsetzt. »Mensch, Melli, so was kann dir auch jederzeit passieren. Du solltest nicht dauernd allein ausreiten.«
Plötzlich fing sie an zu kichern.
»Was ist denn los?«, fragte ich erstaunt.
Eben noch hatte sie entsetzt ausgesehen und jetzt kicherte sie wie blöd.
Hatte sie einen plötzlichen Schock? Nur wegen meiner Schilderung? War die so spannend, so dramatisch gewesen?
»Ich weiß ja, dass es unpassend ist, aber«, Tanja kicherte immer mehr, »Melli, deine Haare sehen zum Schreien aus.«

Zu Hause musste ich meinen Eltern und Ralf die ganze Geschichte noch einmal erzählen, während wir im Wohnzimmer saßen, jeder eine schnurrende Katze auf dem Schoß – außer Ralf. Katzen haben eben ein gutes Gespür.
Ich hatte einen großen Becher heißen Kakao in der Hand und schlürfte zwischendurch vor mich hin.
Papa vergaß sein Dauerlächeln und Mutti hatte noch gar nicht bemerkt, dass ich immer noch meine dreckige Reithose anhatte. Das wollte schon was heißen. Beide waren sehr stolz auf mich und lobten mein umsichtiges Verhalten. Außerdem lobten sie Samoa und meinten, dass ich wohl kaum ein besseres Pferd hätte finden können.
Selbst Ralf nickte beeindruckt und sprach dann das größte Lob aus, zu dem er fähig war: »Das muss ich morgen sofort meinen Freunden erzählen, die werden Augen machen!«
Dann musste ich mich aber endlich umziehen, denn ich merkte jetzt doch, dass die Reithose ein bisschen feucht war. Ich stand auf und legte Elenor rasch genau da hin, wo ich gesessen hatte – in der Hoffnung, dass ihr Fell den feuchten Fleck aufsaugte, bevor Mutti ihn bemerkte.
Später rief Papa im Krankenhaus an und wir erfuhren von einer freundlichen Schwester – nachdem Papa ihr erklärte, was wir mit dem Unfall zu tun hatten –, wel-

che Verletzungen sich Herr Gahbauer zugezogen hatte: einen Oberschenkelbruch, zwei angebrochene Rippen, eine verstauchte Hand und Prellungen.
Schließlich wollte ich nur noch ein heißes Bad und dann ins Bett.

Am nächsten Tag besuchten wir Herrn Gahbauer im Krankenhaus.
Er freute sich sehr mich zu sehen und versicherte meinen Eltern mehrmals, was für ein »tolles Mädchen« sie hätten.
Es war fast schon peinlich für mich.
Schade, dass Samoa nicht dabei sein konnte. Eigentlich gebührte ihr die Lobeshymne.

Es wird Frühling

Zwei Tage später setzte endlich das Tauwetter ein, auf das ich schon so lange wartete. Innerhalb von drei Tagen war alles weg: der weiße Schnee auf den Wiesen und die schmutzig braunen Eishaufen in der Stadt. Plötzlich hatten wir fünfzehn Grad Wärme. Es war richtig frühlingshaft, nur dass alles entsetzlich matschig war.
Gut, dass sich Samoa mit den beiden Ponys den Paddock teilen konnte, denn auf den Koppeln hätten sie

nur dieses braungrüne Zeug kaputtgemacht, von dem wir alle hofften, dass es auch in diesem Jahr wieder Gras werden würde.
Jetzt wo der Schnee weg war, war ich fast ein bisschen traurig. Es war einfach ein herrliches Bild gewesen, als alles weiß war und Samoa ausgelassen auf der Koppel durch den Schnee stob. Und die vielen Ausritte durch die Winterlandschaft hatten auch Spaß gemacht. Na gut, manchmal war es schon ein wenig kalt gewesen.
Nur ein wenig?
Ich erinnerte mich an den Tag im Januar, an dem meine Locken gefroren waren, als ich wieder im Stall ankam. Ich hatte Hilfe gebraucht, um Sattelgurt, Kinn- und Kehlriemen zu öffnen. Ich hatte den Hufkratzer nicht in der Hand halten können und war auf Eisblöcken durch die Gegend gestakt, die komischerweise wie meine Füße aussahen und sich auch dort befanden, wo meine Füße hingehörten.
Als ich wieder zu Hause war, musste ich ein heißes Bad nehmen und mich in zwei Wolldecken gehüllt im Wohnzimmer vor die Heizung setzen, um wieder warm zu werden.
Die nächsten Tage hatte ich es dann doch vorgezogen, mit Samoa in der Halle zu bleiben.
Nein, es war schon gut, dass es endlich wieder Frühling wurde.

In den nächsten Wochen übten Samoa und ich etwas mehr Dressur als in den eiskalten Wintermonaten. Schließlich wollte Greta bald mit dem Kurs für das Abzeichen anfangen und dann begann ja auch die neue Turniersaison.
Meine Idee mit dem Wanderreiten wurde ebenfalls aufgefrischt: Ende April meldeten vier Wanderreiter ihre Pferde für den kommenden Freitag bei uns an. Wir hatten zwar nur drei Boxen frei, aber sie hatten am Telefon gemeint, das mache nichts. Zwei der Pferde könnten sich eine Box teilen, die seien das gewohnt. Das Spannende an der Sache war: Sie hatten einen Ponyhengst dabei! Seit ich Samoa hatte, die ihre Ponyvorfahren nicht verleugnen konnte, war ich an Ponys plötzlich sehr interessiert. Vorher hatte ich sie irgendwie nicht als vollwertige Pferde betrachtet. Jetzt fand ich sie viel interessanter als Warmblüter – und sogar Vollblüter. Ich weiß, es klingt unglaublich, aber es ist wahr.

Als der Freitag endlich da war, konnte ich es vor Spannung kaum aushalten. Den ganzen Nachmittag wartete ich schon, aber bis jetzt war noch niemand zu sehen.
»Ich möchte auch einmal einen Wanderritt machen«, erklärte ich Greta und Tanja, als wir zusammen in der Sattelkammer waren.

Nebenbei lauschte ich auf jedes Geräusch, das eventuell ankommende Reiter ankündigte.

»Oh ja, das stelle ich mir toll vor«, fiel Tanja sofort ein. »Nachts bei den Pferden zu schlafen – das wäre echt Klasse!«

»Ich habe auch schon darüber nachgedacht«, erwiderte Greta. »So einen Zweitagesritt könnten wir vielleicht in diesem Sommer machen. Wir müssten natürlich vorwiegend Schritt reiten, denn unsere Schulpferde sind das nicht gewohnt.«

»Wir könnten zum Gestüt Wasserstein reiten«, schlug ich begeistert vor. »Dort können wir die Pferde über Nacht unterstellen und uns das Gestüt in aller Ruhe ansehen. Und dann reiten wir gemütlich zurück.«

Auf Gestüt Wasserstein wurden Isländer und Shetlandponys gezüchtet.

»Ja, das wäre eine Möglichkeit«, stimmte Greta zu. »Vielleicht im Juni? Dann ist es noch nicht ganz so heiß, aber die Fohlen sind schon da.«

»Ja, die Fohlen!«, rief Tanja entzückt. »Lauter süße Isländer- und Shettyfohlen!«

Vor meinem geistigen Augen tauchte ein winziges wollenes Wesen auf, das mir gerade bis zu den Knien reichte, mit großen, dunklen, vorwitzigen Augen und winzigen Öhrchen. Es zupfte an meiner Hose und gab ein Geräusch von sich, das kaum als Wiehern zu erkennen war. Wie niedlich!

»Wann kommen die denn endlich?«, fragte ich ungeduldig. »Ich muss allmählich nach Hause und ich will sie doch noch sehen.«
»Du kannst sie auch morgen begutachten. Morgen ist Samstag und die reiten ja nicht gleich um acht wieder weg. Sie wollen erst gegen zehn Uhr weiter, haben sie am Telefon gesagt.«
»Ach, ich bin aber schon so gespannt.«
»Die haben auch bloß Pferde mit vier Beinen dran, nichts Ungewöhnliches. Was hast du nur?«
»Es ist halt immer interessant, andere Pferde zu sehen. Und sie haben doch einen Ponyhengst.« Dass Greta das nicht verstand – sie als Reitlehrerin! Komisch. »Haben sie gesagt, was für eine Rasse er ist?«
»Nö, kann mich nicht erinnern. Ach ja, doch, irgendwas mit Welsh.«
Welsh? Ich kannte nur Welsh-Mountain-Ponys. So ein kleiner Hengst also? Ja, wer ritt denn dann darauf? Ein Kind? Oder war er das Packpony und trug die Lebensmittel? Vielleicht zog er einen kleinen Karren hinter sich her? Oder war er vielleicht doch nicht so klein?
Meine Ungeduld wuchs.
Schließlich mussten Tanja und ich wirklich nach Hause fahren, ohne die Wanderreiter samt ihrem sehnsüchtig erwarteten Ponyhengst begrüßt zu haben. Enttäuscht zogen wir von dannen.

»So was Blödes«, murrte Tanja. »Jetzt bekomme ich sie gar nicht zu sehen, weil ich morgen Vormittag mit meiner Mutter in die Stadt muss.«
»Aber ich werde sie mir auf jeden Fall anschauen«, erklärte ich entschlossen. »Ich bin morgen spätestens um neun Uhr im Stall.«

Besuch im Stall

Tatsächlich machte ich mich am nächsten Morgen um halb neun auf den Weg zum Stall. Es ist erstaunlich, wie leicht einem das Aufstehen fällt und wie schnell man morgens mit allem fertig ist, wenn man nicht in die Schule muss.
Das Wetter war Klasse. Vielleicht noch etwas frisch, aber das würde sich bald geben.
Als ich im Stall ankam, flitzte ich trotz aller Neugier erst zu Samoa.
Meine Samoa war nun mal wichtiger als alle Ponyhengste der Welt.
Sie wieherte mir freudig entgegen und ich gab ihr ein kleines Stück Möhre zur Begrüßung.
Dann ging ich eilig hinüber zu den anderen Außenboxen, in denen die Pferde der Wanderreiter untergebracht waren. Ein Fuchs schaute heraus, von den anderen war nichts zu sehen.

Der Ponyhengst war vermutlich so klein, dass er nicht über die Tür gucken konnte.
Ich betrachtete den Fuchs kurz. Normales Warmblut, ein nettes Pferd. Dann ging ich zur nächsten Box. Hier waren zwei Pferde untergebracht, zwei Stuten, beide dunkelbraun. Sie sahen sich zum Verwechseln ähnlich und waren etwas kleiner als der Fuchs. Insgesamt erinnerten sie mich ein bisschen an Samoa – sie hatten auch so kleine Ohren und ein ausgeprägtes Ponygesicht.
Der Hengst musste also wohl in der letzten Box stehen. Gespannt ging ich weiter und war zuerst enttäuscht: Das konnte kein Ponyhengst sein, dazu war das Tier viel zu groß. Das war nie und nimmer ein Welsh-Mountain-Pony!
Das Pferd stand in der Ecke und schaute mich an. Ich sah genauer hin: Doch, es war ein Hengst. Nanu?
Er kam interessiert näher. Ich war vorsichtiger als bei den anderen.
Von Hengsten hört man ja oft Schauermärchen und ich wusste nicht, ob sie stimmten, denn hier im Stall hatten wir keinen.
Dieser hier machte einen lieben, freundlichen Eindruck. Er streckte den Kopf über die Tür und schnupperte neugierig an mir.
Was für einen hübschen Kopf er hatte! Einen richtigen Ponykopf, so wie die beiden Stuten und Samoa.

Er war ebenfalls dunkelbraun und hatte einen Stern auf der Stirn, eine schwarze, recht lange Mähne und einen schönen Schopf.
Und natürlich hatte er wunderschöne Augen, groß und leuchtend. Wie meine Samoa. Die beiden würden gut zusammenpassen...
Ich musste unbedingt die Wanderreiter erwischen.
Vielleicht war Samoa auch ein Welshpony? Vielleicht gab es ja verschiedene Größen bei den Welshponys, und dies hier – und auch Samoa – war eben die größere Ausgabe?
Ich streichelte den Hengst noch ein wenig und ging dann zu Samoa zurück.
»Du kommst auf die Koppel, es ist so schön heute. Ausreiten können wir leider nicht. Ich muss dableiben, bis die Typen von den Ponys kommen. Vielleicht erfahren wir, zu welcher Rasse du gehörst. Aber auch wenn du ein Mischling bist, bleibst du das beste Pferd der Welt. Also mach dir keine Sorgen wegen deiner Abstammung.«
Samoa galoppierte los, kaum dass ich sie losgelassen hatte, und tobte freudig über die Koppel, völlig unbeeindruckt von der möglicherweise kurz bevorstehenden Auflösung der Frage, welcher Rasse sie denn nun angehörte.
Ich blieb am Zaun stehen und sah ihr wie jedes Mal bewundernd nach. Da hörte ich jemanden näher kom-

men und drehte mich um. Ein freundlich aussehender junger Mann in Reithosen kam auf mich zu. Endlich einer der Wanderreiter?

»Guten Morgen, du bist ja früh dran.«

»Guten Morgen. Gehören Sie zu der Gruppe von Wanderreitern?«

»Hmm.« Er nickte.

»Toll! Ich wollte Sie unbedingt sehen.« Huch, wie klang das denn wieder? Er war doch kein Affe im Zoo. Hätte ich nicht etwas anderes sagen können? So was wie: »Es freut mich, Ihre Bekanntschaft zu machen, ich interessiere mich ebenfalls fürs Wanderreiten und vor allem für Ponys und ich habe gehört, Sie haben einen Ponyhengst dabei.«

Na, jetzt war es zu spät.

Der Mann lachte schon. »So, sehen wolltest du uns. Tja, wir sind ganz normale Reiter, wir machen nur einen etwas größeren Ausritt. Ich bin übrigens Matthias. Kannst ruhig du sagen.«

Er reichte mir die Hand.

»Ich bin Melli.«

Ich lächelte verlegen und überlegte, wie ich – diesmal mit einer intelligenten, höflichen Bemerkung! – das Gespräch auf Samoa lenken könnte.

»Das ist Samoa«, erklärte ich knapp. Eine tolle Überleitung!

»Aha«, machte Matthias. »Hübsche Stute.«

»Hmmm. – Findest du nicht«, begann ich wieder, »dass sie – also im Körperbau und so, meine ich – deinen Stuten und dem Hengst irgendwie ähnlich sieht?«
Matthias blickte mich erstaunt an. »Ist sie denn kein Welsh-Cob?«
»Was für ein Ding?«, fragte ich und sah vermutlich recht dämlich aus.
»Ein Welsh-Cob. Weißt du nicht, was das ist? Ich dachte, deine Stute wäre eine Cobstute.«
»Ach ja? Meinst du, das könnte sie sein?«
Matthias warf mir einen seltsamen Blick zu. »Also, irgendwie komme ich gerade nicht mit...«
»Na ja, weißt du, das ist so...«
In groben Zügen schilderte ich, wie ich zu Samoa gekommen war.
»Meine Güte, das ist ja eine Geschichte!« Matthias lachte, als ich fertig war. »Hast du denn keine Papiere von ihr?«
»Nein, der Typ, dem sie früher gehörte, wusste gar nicht, dass es für Pferde Papiere gibt. Er hat sie auf dem Pferdemarkt gekauft und kannte nicht einmal ihren Namen.«
Matthias schüttelte den Kopf. »Also, ich denke schon, dass sie ein Welsh-Cob ist. Hat sie kein Brandzeichen? Das für Ponys und Kleinpferde?«
»Ich weiß nicht... Da ist schon was, aber man kann es nicht erkennen. Warte, ich zeige es dir.«

Ich rief Samoa und stieg über den Koppelzaun. Matthias folgte mir.
Samoa kam erwartungsvoll auf uns zu und beschnupperte Matthias. Schließlich konnte er sich das Brandzeichen in Ruhe ansehen.
»Du hast Recht, das ist kaum zu erkennen. Sieht aus, als hätte sie sich genau an der Stelle mal verletzt und das Brandzeichen ist dadurch verwachsen. Eine Nummer ist leider überhaupt nicht mehr zu sehen. Aber jedenfalls ist sie mal registriert worden.«
»Ist sie also ein Welsh-Cob?«, fragte ich aufgeregt.
»Sicher ist das nicht. Es gibt ja noch andere Rassen und natürlich Kreuzungen. Rein äußerlich würde ich sagen: Ja, aber ich kann dir keine Garantie geben. Sie könnte zum Beispiel auch ein Welsh-Partbred sein. Das ist ein Pony mit mindestens fünfundzwanzig Prozent Welsh-Anteil.«
Ach, und ich wollte es doch so gern genau wissen!
»Meinst du, wenn sie irgendwann mal registriert worden ist, könnte man herausfinden, wer sie wirklich ist und woher sie kommt?«
Matthias lachte. »Um Himmels willen, das schmink dir mal lieber ab, ohne die Nummer. Ich kann mir nicht vorstellen, dass das klappt. Das wäre eine ziemliche Sisyphusarbeit!«
Sisyphusarbeit? Ach ja, das Wort hatte ich doch letzte Woche in der Schule gehört. War Sisyphus nicht die-

ser griechische Knabe, der immer den Stein den Berg raufrollte? Aber warum nur?
Ich hatte wieder mal nicht aufgepasst, weil ich in Gedanken im Reitstall gewesen war.
»Aber ist das denn so wichtig?«, fragte Matthias. »Willst du züchten mit ihr? Also, ich finde sie ehrlich gesagt zu überbaut. Man sollte nicht mit Pferden züchten, die Gebäudefehler haben.«
»Hm, na ja, so wichtig ist es eigentlich nicht«, behauptete ich unsicher.
War es das nun oder nicht? Ich würde später in Ruhe darüber nachdenken.
»Wie ist das mit den Welsh-Cobs?«, fragte ich, um auf ein anderes Thema zu kommen und auch weil es mich brennend interessierte. »Sind sie verwandt mit Welsh-Mountain-Ponys?«
»Sicher, da gibt es schon einen Zusammenhang«, erklärte Matthias. »Welsh-Ponys gibt es in vier Größen, Sektionen genannt: Sektion A, B, C und D. Sektion A sind die Welsh-Mountain-Ponys, sie sind die Kleinsten, bis 122 Zentimeter Stockmaß. Man verwendet sie hauptsächlich als Kinderreitponys oder auch zum Fahren. In Sektion B heißen sie einfach Welsh-Ponys und werden etwas größer, bis 137 Zentimeter Stockmaß, und sie sind viel edler. Auf ihnen können natürlich auch schon größere Leute reiten. Oder man kann sie vor eine Kutsche spannen. Überhaupt sind eigent-

lich alle Welsh-Ponys ausgesprochen gut zum Fahren geeignet.«

Ich nickte und hatte eine Idee.

Bisher hatte Samoa nur Baumstämme gezogen und einmal eine Trage – wie wäre es, sie mal vor einen kleinen Wagen zu spannen? Dann könnten Tanja und ich ab und zu mit ihr durch die Gegend fahren.

»In Sektion C heißen die Ponys dann ›Welsh-Pony im Cob-Typ‹«, fuhr Matthias fort. »Sie dürfen so groß werden wie die von Sektion B, aber sie sind doch um einiges kräftiger gebaut. Da können dann auch die darauf reiten, die für ein Pony der Sektion B zu schwer sind. Und dann gibt es eben auch noch die Sektion D, unsere Welsh-Cobs. Sie haben ein Stockmaß ab 137 Zentimeter, dürfen also ruhig über das Ponymaß hinauswachsen. Und wie die aussehen, das weißt du ja mittlerweile.«

»Hmmm.« Ich nickte schon wieder und streichelte Samoas Hals, als mir noch etwas einfiel. »Im Trab, da hebt sie die Beine immer ziemlich hoch, ist das normal bei dieser Rasse?«

»Klar, gerade bei den Sektionen C und D, aber auch bei der Sektion A, das ist ganz typisch.«

Ich fand es toll, was Matthias so alles wusste. Ich hätte zum Beispiel von keiner Rasse sagen können, wie groß sie werden durfte.

Ein bisschen schämte ich mich.

Hätte ich mich schon früher für Ponys interessiert und auch mal ein paar Bücher gelesen, wäre ich vielleicht von selbst darauf gekommen, dass Samoa ein Welsh-Cob sein könnte.
Ich nahm mir vor, künftig mehr zu lesen, damit ich auch in der Theorie Bescheid wusste. Für das geplante Abzeichen war das ebenfalls wichtig.
Ob ich bei der Gelegenheit auch in der Schule ein bisschen mehr aufpassen sollte?
Schließlich stellte mir Matthias seine Pferde vor. Das Warmblut gehörte nicht ihm, aber die drei Welsh-Cobs. Als er fragte, ob ich mal auf seinem Hengst reiten wollte, dachte ich erst, er würde einen Scherz machen. Aber nein, er meinte es ernst, holte Sattel und Trense und wenig später ritt ich tatsächlich auf unserem Außenreitplatz zum ersten Mal in meinem Leben auf einem Hengst. Es war wirklich ein recht erhebendes Gefühl.
Ich merkte schnell, dass er ausgesprochen gut ausgebildet war. Matthias erzählte, das seine jüngere Schwester regelmäßig und auch oft mit ihm an Dressurwettbewerben teilnahm.
Mittlerweile waren auch die drei Freunde von Matthias eingetrudelt.
Wir unterhielten uns, während sie gemütlich ihre Pferde putzten. Dann packten sie alles zusammen, sattelten und verabschiedeten sich.

Ich sah ihnen noch nach, bis sie im Wald verschwunden waren.
Nachdenklich ging ich wieder zu Samoa auf die Koppel und setzte mich ins Gras.
»So, jetzt wissen wir also mit größter Wahrscheinlichkeit, dass du ein Welsh-Cob bist«, erklärte ich ihr. »Aber ich weiß immer noch nicht, wo du herkommst. Muss ich es denn wissen? Was ändert das?«
Ich saß da und dachte daran, wie schön es wäre, zu erfahren, wo Samoa geboren und aufgewachsen war, welcher Hengst und welche Stute ihre Eltern waren, was sie bisher erlebt hatte, wie sie zu Herrn Binder gekommen war und ob sie vielleicht sogar schon ein Fohlen gehabt hatte. War das alles nicht ungeheuer faszinierend?
»Es wäre viel einfacher, wenn du reden könntest«, stellte ich fest. »Aber für den Augenblick ist es gar nicht mal so wichtig. Vielleicht wende ich mich irgendwann doch einmal an den Ponyzuchtverband. Aber heute nicht mehr und morgen auch nicht. Vielleicht – am Montag ...?«